우리 어머니요 그리스도의 몸인 지구

제23차 프란치스칸 영성 학술 발표회
일시: 2022년 9월 26일~28일
장소: 서울 정동 프란치스코 교육회관
주최: 작은형제회(프란치스코회) 한국 관구 프란치스칸 연구소

학술 발표 모음 12
우리 어머니요 그리스도의 몸인 지구

교회 인가 | 2024년 6월 12일
발 행 일 | 2024년 7월 15일

펴낸이 | 김상욱
만든이 | 이상호
만든곳 | 프란치스코 출판사(제2-4072호)
주소 | 서울 중구 정동길 9
전화 | (02) 6325-5600
팩스 | (02) 6325-5100
이메일 | franciscanpress@hanmail.net

ISBN 978-89-91809-74-1 93230
정가 13,000원

이 도서의 국립중앙도서관 출판사도서목록(CIP)은
서지정보유통지원시스템 홈페이지(http://seoji.nl.go.kr)와 국가자료공동목록시스템
(http://www.nl.go.kr/kolisnet)에서 이용하실 수 있습니다.
CIP제어번호 | CIP

우리 어머니요
그리스도의 몸인 지구

．

김명겸 엮음

차례

학술발표 모음 12호를 발행하며 … 6

성경에서 보는 생태 영성 김영선 루시아 … 9

'구약성경에서 발견한 통합 생태적 세계관을 위한 몇 가지 단초들'을 읽고
김명겸 요한 … 57

생태와 종교 1 이용호 프란치스코 … 65

생태와 종교 2 이용호 프란치스코 … 89

종교와 생태 영성 오수록 프란치스코 … 115

토마스 베리가 제안하는 그리스도교 생태 영성 모델 맹영선 … 123

프란치스칸 사상 안에 나타난 생태 영성의 단초들 김현태 신부 … 167

김현태 루카 사제의 「프란치스칸 사상 안에 나타난 생태 영성의 단초들」에 대한 논찬
고계영 파올로 … 247

"찬미받으소서 회칙과 프란치스칸 영성"에 대한 논평 이정환 대건안드레아 … 259

프란치스칸 생태 영성 김일득 모세 … 267

프란치스칸 전망에 대한 논평 김종화 알로이시오 … 313

[학술 발표 모음 12호]를 발행하며

평화를 빕니다.

 기후 변화와 기후 위기의 상황에서 우리는 어떻게 살아가야 할지 고민하던 가운데 2022년 프란치스칸 영성 학술 발표회는 그것에 대해 생각을 모으게 하였습니다. 그리고 9월 26일부터 28일까지 "우리 어머니요 그리스도의 몸인 지구"라는 주제로 발표회를 가졌습니다.

　성경과 종교적 전망, 더 나아가 그리스도교적 전망과 프란치스칸 전망에서 현실을 바라보고 진단하며, 앞으로 우리가 나아가야 할 방향을 찾아보는 소중한 시간이었습니다. 과거에 인간이 세상을 바라보고 그 세상을 대한 방식의 결과가 지금의 모습이라면, 지금의 모습을 바꾸려면 우리가 세상을 바라보는 방식과 대하는 방식이 먼저 바뀌어야 할 것입니다. 그런 의미에서 각각의 전망이 제시하는 방식에 우리가 귀를 기울일 필요가 있습니다.

　여러 가지 전망에서 바라보니 바뀌어야 하는 방식이 한두 가지가 아닐 것 같아 보입니다. 또한 그것들이 서로 다른 것을 말하면 어떤 것을 선택해야 하는지 또 다른 어려움이 생길 것처럼 보입니다. 물론 바라보는 관점이 다르기에 제시하는 방식도 조금씩은 다르지만, 각각의 전망은 서로 비슷한 점을 이야기합니다. 모든 피조물이 서로 상관없이 각각 살아가는 것이 아니라, 서로 영향을 주고 받는다는 것입니다. 서로에게 의존하기 때문에 어느 하나라도 무시되거나 어느 한

쪽이 다른 한쪽을 지배하는 상황에서는 균형이 무너지고, 결국 모든 피조물이 어려움을 겪게 된다는 것입니다. 그래서 통합을 이야기하면서 각각의 피조물을 존중하고, 협력을 통해 지구 공동체를 만들어가야 함을 이야기합니다.

    우리가 겪는 기후 변화와 기후 위기는 지구 전체에서 일어나며, 한 곳에서 일어난 변화와 위기는 다른 곳에 영향을 줍니다. 그러므로 어느 한 사람만의 노력으로는 불가능하다는 것도 이번 발표회를 통해 얻게 된 결론입니다. 그렇다고 모든 사람에게 노력을 강요할 수 없고, 우리와 생각을 다르게 하는 사람들도 분명 적지 않습니다. 그럼에도 변화를 희망하는 사람이 각자의 자리에서 자신이 할 수 있는 것을 시작할 때 변화는 분명히 있을 것입니다. 발표회를 통해 알게 된 것을 우리가 직접 살아가면서 각자의 자리에서 변화의 한 발을 내디딜 수 있었으면 좋겠습니다. 각 전망에서 세상을 바라보고 방식을 제시해 주신 형제 자매님들께 감사를 드립니다.

2024년 6월 22일
김명겸 요한 형제

첫째날

성경에서 보는 생태 영성

김영선 루시아
(마리아의 전교자 프란치스코회, 광주가톨릭대학교)

구약성경에서 발견한
통합 생태적 세계관을 위한 몇 가지 단초들

서론

파키스탄은 2022년 6월에 장마가 시작된 이후, 10년 만에 최대 규모로 내린 기록적인 폭우로 최소 1,136명이 숨졌고, 국토의 1/3이 물에 잠겼다고 한다. 파키스탄 정부의 발표에 따르면 파키스탄인 3,300만 명 이상(전체 인구의 1/7)이 홍수의 피해를 본 것으로 추정된다.[1] 올해 홍수 피해가 유독 컸던 이유는 지난 4-5월 파키스탄을 덮쳤던 폭염의 탓으로 파키스탄 북부 산악 지역의 빙하가 녹아 인더스 강 지류로 흘러드는 물의 양이 증가하였기 때문이라는 분석도 나오고 있다.[2] 이런 현상들은 인간이 유발한 지구 온난화의 두려운 결과가 기후 과학자들이 예측하고 경고한 것보다 훨씬 더 빨리 나타나고 있음을 보여준다. 기후 변화와 기후 위기는 이제 더는 미래의 일이 아니다. 올여름 유럽은 기록적인 폭염과 산불로 고통을 받았고,[3] 우리나라 역시 지난 3월에 강원도에서 발생한 산불로 약 2만 헥타르의 산림이 소

---

[1] Leo Sanz, "기후 변화: 기록적 홍수로 파키스탄의 국토 3분의 1이 완전히 물에 잠겼다," BBC News Korea(2022.08.30.), https://www.bbc.com/korean/international-62669748 (검색일: 2022.09.17.).

[2] 김민재, "국가의 1/3이 잠긴 파키스탄… 올해 홍수 피해가 유독 큰 이유는?" The Science Times (2022.09.16.), https://www.sciencetimes.co.kr/news/국가의-1-3이-잠긴-파키스탄-올해-홍수-피해가-유독-큰 (검색일: 2022.09.17.).

[3] 참조. "기후 변화: 기록적인 폭염·산불… 또다시 '불타는' 유럽," BBC News Korea(2022.07.20.), https://www.bbc.com/korean/international-62233611#(검색일: 2022.09.17.).

실되었다. 지난 7월 중부지방에 내린 기록적인 폭우는 안전하다고 여겨지던 도심을 침수시킴으로써 더는 일상의 안전을 당연시할 수 없다는 사실을 분명하게 일깨워주었다.

우리가 사는 세상이 이런 생존의 위기에 처하게 된 것은 역사상 처음 있는 일은 아니다. 창세기 6~8장은 수천 년 전에 일어났던 대홍수에 관해 이야기한다. 창세기 6장에 의하면 홍수가 발생하던 당시의 세상은 하느님 앞에 타락해 있었고, 폭력으로 가득 차 있었다(6,11). 성경은 세상에 존재하는 모든 살덩어리가 타락한 길을 걷고 있었다고 말한다(6,12). 하느님의 개입이 없었다면 세상은 폭력으로 자멸하고 말았을 것이다. 그런데 이런 세상에서 노아만이 의롭고 흠 없는 사람으로 하느님과 함께 살았다(6,9). 하느님은 노아에게 방주를 만들라는 명령을 내리셨고, 이 방주는 멸망할 세상에서 피조물을 구할 수 있는 유일한 수단이었다. 노아가 방주를 완성하자 "살아 숨 쉬는 모든 살덩어리들이 둘씩 노아에게 와서 방주로 들어갔다."(창세 7,15). 그리하여 홍수가 끝났을 때 새로운 세상이 시작될 수 있었다.

지금 우리에게 닥친 기후 위기가 노아의 홍수 때처럼 새로운 삶을 위한 기회가 되려면 이 시대에 우리는 어떤 방주를 건설해야 하는가? 21세기의 방주는 한 사람의 의인에 의해 건설될 수 없을지 모른다. 기후 위기를 초래한 세계관이 아니라 그것을 역전시킬 수 있는 새로운 세계관을 전파하는 의인들에 의해 방주는 건설될 수 있을 것이다. 필자는 성경에서 발견할 수 있는 통합 생태적 세계관[4]이 방주를 건설하

---

4   통합 생태적 세계관이란 '모든 것이 서로 밀접한 관련을 맺고 있다'는 전제 아래 '자연 자체의 상호 작용과 자연계와 사회 체계의 상호 작용'을 고려하면서 '살아 있는 모든 유기체와 그 유기체가 성장하는 환경의 관계'를 바라보는 관점이다. 참조.『찬미받으소서』137, 138, 139항.

는데 필요한 밑그림이 될 수 있다고 본다. 물론, 구약성경은 인간에 의한 자연의 광범위한 개발과 파괴, 그로 인해 야기된 자연환경의 훼손이나 기후 위기와 같은 문제들이 아직 발생하지 않았던 시대와 환경을 배경으로 생겨난 책이다. 그러므로 구약성경이 오늘날의 환경 위기를 해결하는 데 도움이 될 어떤 해답을 담고 있다고 말하는 것은 적절하지 않을지 모른다. 그러나 성경의 세계관은 어떤 의미에서 오늘날의 환경위기를 초래한 인간 중심적 세계관을 교정할 새로운 세계관을 제시하는 데 필요한 어떤 기준이나 지혜를 제공할 수 있다고 본다. 다음의 고찰은 필자가 구약성경에서 발견한 통합 생태적 세계관을 건설하는데 유용한 요소들이다.

1. 만물은 서로 연결되어 있다.

구약성경의 시대에도 인간 사회는 분쟁과 다툼, 경쟁과 시기에서 자유롭지 못하였다. 호세아 예언자는 왜 분쟁과 다툼은 사라지지 않으며 경쟁과 시기를 멈출 수 없는가 하는 질문에 대하여 아주 흥미로운 답변을 제시한다. 당시 사회의 문제에 대한 호세아의 진단은 호세 4,1-3에서 찾아볼 수 있다.

호세아 4장은 법정 소송 양식을 갖춘 신탁이다. 호세 4,1-3은 이 소송의 도입부로 이스라엘의 계약 위반에 대한 고발과 그에 따른 심판을 경고한다.[5] 이 고소문의 주체는 주님이시며, 주님께서 고소하시

---

5 Cf. Douglas Stuart, Hosea-Jonah, Word Biblical Commentary 31, Waco, Texas: Word Books, 1987, pp.72-73.

는 상대는 '이 땅의 주민들'이다. 주님께서 고소하시는 내용은 이러하다: "정녕 이 땅에는 진실(אמת)도 없고 신의(חסד)도 없으며 하느님을 아는 예지(דעת אלהים)도 없다."(호세 4,1) 이 구절에는 구약성경에서 자주 언급되는 중요한 개념들이 등장한다. 하느님과 이스라엘 백성의 계약 관계를 남녀의 혼인 관계에 비추어 설명하는 호세아 예언자의 논지에 따라 이 구절을 해석한다면, 여기에서 진실과 신의, 하느님을 아는 예지는 이상적인 혼인의 3대 조건인 사랑의 항구성과 상호성, 배타성을 가리킨다. '진실'로 번역된 히브리어 단어 '에메트'(אמת)는 확고함, 믿을 만함, 항구함, 충실성 등으로 번역될 수 있으며, 둘 사이의 관계가 흔들리지 않고 지속하는 것을 의미한다. 에메트가 둘 사이의 관계의 지속성을 강조하는 것이라면, '헤세드'(חסד)는 계약 관계를 전제로 사용되는 말로, 쌍방이 계약의 내용에 충실한 것을 의미한다.[6] 곧, 헤세드는 계약의 당사자들이 계약에 전념하는 정도를 가리키는 말이다. 그래서 하느님의 헤세드는 보통 '한결같은 사랑'으로 번역되고, 이스라엘의 헤세드는 '충실성,' '신의' 등으로 번역된다. '하느님을 아는 예지'(דעת אלהים)는 종교적인 영역에만 국한된 지식을 말하는 것이 아니다.[7] '예지'로 번역된 명사 '다아트'(דעת)는 히브리어 동사 '야다'(ידע)의 부정사형이기도 하다. 히브리어 동사 '야다'는 남녀가 '잠자리를 함께하다'는 의미로도 사용된다(창세 4,1.17.25; 24,16; 38,26; 판관 19,25; 1사무 1,19; 1열왕 1,4 등 참조). 이것은 부부 관계 안에서 이루어지는 깊은 친교를 통한

---

[6] 헤세드와 에메트는 해소될 수 없는 충실성을 나타내기 위하여(창세 47,29; 여호 2,14; 시편 85,11), 혹은 하느님의 한결같은 사랑을 표현하기 위하여(탈출 34,6; 2사무 15,20; 시편 89,15) 종종 함께 사용된다. Cf. Hans Walter Wolff, Hosea: A Commentary of the Book of the Prophet Hosea, trans. Gary Stansell, Hermeneia – A Critical and Historical Commentary on the Bible, Philadelphia: Fortress, 1982, p.67.

[7] Cf. H. W. Wolff, Hosea, p.67.

앎을 의미하는 말로, 이 앎은 부부 관계가 아닌 다른 이들과 공유할 수 없는 앎이다. 그래서 이 앎은 배타성을 요구한다. 호세아 예언자는 예언서 곳곳에서 야다 동사를 이런 의미로 사용한다. 호세 2,22에서 주님은 이스라엘 백성에게 '내가 너를 아내로 삼으리니 그러면 네가 주님을 알게 되리라(ידע)'고 말씀하신다. 호세 5,3.4; 8,2에서도 야다 동사는 하느님과 이스라엘 백성 사이의 깊은 친교에 바탕을 둔 앎을 가리킨다. 이런 앎은 이스라엘 백성이 오직 하느님만을 알 것을 요구한다. 호세아 예언자에게 '하느님을 아는 예지'(호세 4,1; 6,6)는 하느님과 이스라엘 백성의 계약의 본질적인 면을 나타내는 말로, 하느님을 아는 예지는 희생 제사보다 더 중요하게 여겨진다(6,6).[8]

이스라엘 백성에게 진실과 신의, 하느님을 아는 예지가 없다는 하느님의 고발은 이스라엘 백성이 하느님과 맺은 사랑의 관계에 전혀 충실하지 않았음을 지적한다. 이스라엘의 불충실로 하느님과 맺은 사랑의 계약 조건들이 모두 깨어졌으니 결국 이스라엘과 하느님 사이의 관계는 파괴될 수밖에 없다. 이렇게 이스라엘이 하느님을 제대로 섬기지 못한다면 그 결과는 무엇일까?

호세아는 그 결과로 이런 일이 일어난다고 말한다: "저주와 속임수와 살인 도둑질과 간음이 난무하고 유혈 참극이 그치지 않는다."(호세 4,2) 하느님을 아는 예지가 결핍될 때, 하느님의 계명에 대한 불순종이 온 땅에 퍼져나간다. 그 결과 인간들 상호 간의 관계가 파괴된다. 인간관계의 파괴는 십계명을 위반한 것으로 설명된다. 호세 4,2의 말씀은 호세아 시절의 사회, 정치적 상황을 고스란히 반영하는 말이다.[9]

---

8   Cf. D. Stuart, Hosea-Jonah, p.75.
9   Cf. H. W. Wolff, Hosea, p.68.

그의 시대에 임금들은 계속해서 암살당하고 새로운 왕조가 들어서지만, 그마저도 오래 가지 못한다. 예로보암 2세의 아들이자 예후 왕조의 마지막 임금인 즈카르야는 왕위에 오른 지 6개월 만에 암살되고(2열왕 15,10), 그를 살해하고 왕위에 오른 살룸은 1개월 만에 므나헴에 의해 암살 당한다(2열왕 15,13-14). 므나헴의 아들 프카흐야는 왕위에 오른 지 2년 만에 암살되고(2열왕 15,23-25), 그를 죽이고 왕위에 오른 페카 역시 5년 후에 암살당한다(2열왕 15,30). 북이스라엘의 임금 호세아 시절에 이스라엘은 결국 멸망하고 만다(2열왕 17,6). 이렇듯이 유혈참극이 그치지 않는 상황이 이어진다. 이렇게 인간관계가 파괴되면 그 결과는 또 무엇일까?

그 결과는 자연에까지 영향을 미친다: "그러므로 이 땅은 통곡하고 온 주민은 생기를 잃어 간다. 들짐승과 하늘의 새들 바다의 물고기들마저 죽어 간다."(호세 4,3) 이것은 오늘날 우리의 세상 안에서 수도 없이 목격되는 현상이다. 먹이를 구할 수 없어서 수척해진 북극곰의 처참한 모습, 겨울 철새들의 떼죽음, 꿀벌의 실종, 폭염으로 인한 산불 재앙 등 자연은 계속해서 파괴되고 병들어간다.

호세아는 이런 일이 일어나는 이유가 인간과 하느님과의 관계가 파괴된 것에서 비롯된다고 진단한다. 하느님과 인간의 관계가 파괴되면, 이어서 인간 서로 간의 관계가 파괴되고, 결국 자연과의 관계도 파괴되기에 이른다. 그러므로 호세아 예언자의 진단에 따르면, 생태위기의 극복은 자연환경을 보호하기 위한 노력만으로 가능하지 않다. 근원적으로 잘못된 관계의 회복을 위한 노력이 수반되지 않으면 안 된다. 다시 말해서 이 세상에서 인간은 누구이며, 어느 위치에 있는지를 올바로 알고, 그것에 따른 관계 설정을 새로 해야만 한다.

이와 같은 관점은 요엘서에서도 발견된다. 당시 이스라엘에 메뚜기 재앙이 발생하였을 때 요엘 예언자가 그 상황을 어떻게 바라보았는지 눈여겨볼 필요가 있다. 요엘 예언자는 가뭄과 기근에 이어 메뚜기 떼의 공격으로 양식이 끊기고 성전 제사마저 바칠 수 없게 된 상태를 '주님의 날'이 다가오고 있는 표징으로 읽는다(요엘 1,15).[10] 구약성경에서 '주님의 날'이란 주님께서 승리하시는 날, 곧 주님께 반대하는 모든 세력을 물리치고 세상에 당신의 주권을 세우시는 날, 주님의 왕권을 확립하시는 날을 의미한다. 그러므로 주님의 날은 악인에게는 심판의 날이요, 의인에게는 구원의 때다. 예언자는 땅을 뒤덮은 메뚜기 떼를 바라보며 주님의 날에 이 땅을 덮치게 될 주님의 군대의 모습을 연상한다(2,1-11). 그리하여 예언자는 주님의 날이 가까이 왔다고 선포한다.

그는 먼저 사제들에게 탄식하며 통곡하라고 외친다(1,13). 자루옷을 걸치고 밤새워 기도하며 금식을 선포하고 집회를 소집하라고 말한다(1,13; 2,15). 원로들과 주민들을 성전에 모이게 하고, 함께 주님께 부르짖으라고 한다(1,14). 지금이라도 단식하며 울고 탄식하며 마음을 다하여 주님께 돌아가자고 초대한다(2,12). 지금 경험하는 재앙이 근원적으로는 하느님의 길에서 돌아선 그들의 잘못에 있다고 보았기 때문이다. 그들이 참으로 회개하고 하느님의 뜻에 맞는 삶을 산다면 그들의 불행이 구원으로 역전될 수 있다고 말한다. 요엘 예언자에게 가뭄과 기근, 메뚜기 떼의 공격은 단순한 자연 현상이 아니라 하느님과의 관계가 파괴된 결과로 일어난 징벌이요, 주님의 날의 긴박한 도래를 알

---

10 Cf. Hans Walter Wolff, Joel and Amos: A Commentary of the Books of the Prophets Joel and Amos, trans. Waldemar Janzen, S. Dean McBride, Jr., and Charles A. Muenchow, Hermeneia – A Critical and Historical Commentary on the Bible, Philadelphia: Fortress, 1977, p.36.

리는 경고였다.

이처럼 구약성경 안에는 하느님과 인간의 관계, 인간 서로 간의 관계, 인간과 피조물의 관계가 서로 연결되어 있다는 사고방식이 발견된다. 어떤 수준에서든 관계의 파괴가 일어나면 그것은 다른 관계들에도 영향을 미칠 수밖에 없다. 따라서 관계 회복을 위한 노력은 이 모든 차원을 포함하는 것이 되어야 한다.

2. 근원적인 회복을 위한 방향과 목표

구약성경은 우리가 어떤 세상을 건설해야 하는지에 대한 일종의 목표를 제시한다. 모든 것이 서로 연결되어 있다는 구약성경의 세계관은 태초의 연결이 생겨난 창조의 첫 순간을 가장 이상적인 때로 소개한다. 첫 번째 창조 설화(창세 1,1-2,4ㄱ)는 하느님께서 만드신 세상을 참 좋다고 말한다. 이 창세기의 본문은 하느님의 창조가 세상에 질서와 조화를 가져왔음을 보여주기 위하여 주의 깊게 구성되어 있다.[11] 하느님의 창조 행위에 이어 '하느님께서 창조하신 것을 보시니 좋았다'고 일곱 번(창세 1,4.10.12.18.21.25.31) 선포함으로써 태초에 창조된 세상

---

11 하느님은 6일 동안 열 가지 말씀과 여덟 가지 행위를 통해 세상을 창조하신다. 창조의 첫 3일이 공간을 만들어내는 일이라면 나머지 3일에는 이 공간을 채우기 위한 창조가 이루어진다. 창조의 첫 3일 동안 하느님께서 하신 창조 행위 가운데 가장 두드러진 행위는 분리하는 것이다. 어둠과 빛을 구분하시고, 밤과 낮, 윗물과 아랫물, 물과 마른 땅을 구분하심으로써 다른 피조물들이 존재할 수 있는 공간을 마련하셨고, 창조의 마지막 날에는 일곱째 날을 나머지 날들과 구분하심으로써 거룩하게 하셨다. 윌리엄 브라운(William P. Brown)은 하느님의 이런 창조 행위의 결과로 창조의 다양성이 생겨났다고 말한다. 창조의 다양성은 '번식하고 번성하여 땅을 가득 채우라'는 하느님의 명령을 통해 더욱 분명하게 드러난다(창세 1,22.28 참조). Cf. William P. Brown, "Biophilia, Biodiversity, and the Bible," Religions 12 (2021), pp.1-12, here pp.1-2.

의 질서와 아름다움을 강조한다.

두 번째 창조 설화(창세 2,4ㄴ-3,24)는 인간의 타락 이전의 태초의 환경을 '에덴 동산'이라고 부른다(2,8). 이 동산은 "보기에 탐스럽고 먹기에 좋은 온갖 나무"가 자라는 곳이며, 이 동산의 한가운데에는 "생명나무와 선과 악을 알게 하는 나무"가 자라고 있다(2,9). 그리고 여기에서 강 하나가 흘러나와 네 줄기로 갈라져 나간다(2,10). 그러므로 에덴 동산은 하느님의 모든 피조물이 조화와 평화를 이루고 있는, 생명력이 넘치는 곳이다. 에덴 동산은 성경의 다른 곳에서도 언급되는데, 그 구절들을 살펴보면 고대 이스라엘 사람들에게 에덴 동산은 어떤 곳으로 여겨졌는지를 잘 알 수 있다.

창세 13,10에서 아브라함의 조카 롯은 요르단의 온 들판을 바라보면서 '어디나 물이 넉넉하여 마치 주님의 동산과 같고 이집트 땅과 같다'고 말한다. 주님의 동산은 물이 넉넉하고 들판은 초목으로 가득 찬 풍요로운 곳으로 여겨졌음을 알 수 있다. 에제 28,13에서는 페니키아의 도시 국가 티로를 에덴 동산과 같았다고 말한다. "하느님의 동산 에덴에서 살았다. 너(티로 임금)는 홍옥수와 황옥 백수정과 녹주석과 마노 벽옥과 청옥과 홍옥과 취옥 온갖 보석으로 뒤덮였고 너의 귀걸이와 네가 걸친 장식은 금으로 만들어졌는데 네가 창조되던 날 그것들이 모두 준비되었다."(에제 28,13). 여기에서 에덴 동산은 온갖 보석으로 장식된, 참으로 아름다운 곳으로 묘사된다.

주님의 동산은 에제 31,8에서도 언급된다. 에제키엘 예언자는 이집트의 아름다움을 하느님의 동산에서 자라는 나무들과 비교하면서, 하느님의 동산에서 자라는 향백나무, 방백나무, 버즘나무뿐만 아니라 하느님의 동산에 있는 어떤 나무도 (이집트의) 아름다운 그 모습에 비길 수 없었다고 말한다. 여기에서 하느님의 동산은 온갖 아름다운 나무들이 자라는 곳으로 묘사된다. 에제 36,35도 에덴 동산을 언급한다. "그래서 사람들이, '황폐하였던 이 땅이 에덴 정원처럼 되었구나. 폐허가 되고 황폐해지고 허물어졌던 성읍들이 다시 요새가 되어 사람들이 살게 되었구나.' 하고 말할 것이다." 이처럼 고대 이스라엘 사람들에게 하느님의 동산은 아주 아름답고 살기 좋으며 풍요로운 곳으로 여겨졌다.

요엘 2,3에도 에덴 동산이 언급된다. "그들 앞에서는 불이 삼켜 버리고 그들 뒤에서는 불꽃이 살라 버린다. 그들이 오기 전에는 이 땅이 에덴동산 같았지만 그들이 지나간 뒤에는 황량한 광야만 남는다. 그들 앞에서는 살아남는 것이 하나도 없다." 여기에서 에덴 동산은 광야와 대조되는 곳, 태초의 아름다움을 간직한 곳을 가리킨다.

구약성경 안에 나타난 에덴 동산에 대한 묘사를 종합하면 에덴 동산의 모습은 이러하다. 그곳은 피조물 간의 적대감이 없으며, 상호협력과 존중이 존재하는 조화로운 세상이고, 물이 넉넉하고 아름다운 곳, 모두에게 살기 좋은 곳이다. 에덴 동산은 태초에 창조된 질서를 고스란히 간직한 곳이다.

에덴 동산의 이러한 모습은 예언자들이 종말론적인 구원의 완성에 대해 선포할 때 다시 나타난다. 종말론적인 특성을 지닌 에덴 동산은 구원과 완전한 회복이 이루어질 세상이며, 메시아에 의해 완성될 세상이다. 에덴 동산의 종말론적 모습은 이사 11,6-9에 의해 훌륭하게 묘사된다. 그곳에서는 피조물 간의 적대감이나 두려움이 모두 극복되어 그런 것들이 더는 존재하지 않는다. 이것은 묵시 21,22-22,5이 그리는 세상이기도 하다. 이 세상은 하느님과의 모든 거리감이 사라져버린 세상이며, 밤도 없고, 생명수의 강이 흘러넘치는 곳이다.

그런데, 이사 11,6-9의 말씀에는 앞서 소개한 호세아의 사상과 비슷한 것이 발견된다. 이사 11,9은 동물들 사이의 적대감이 사라지고, 사람들 사이에서 폭력이 사라지게 된 원인이 바로 세상이 주님을 앎(דֵּעָה אֶת־יְהוָה)으로 가득할 것이기 때문이라고 말한다. 곧 호세 4,1에서 주님께서 이스라엘 백성에게 '하느님을 아는 예지가 없다'고 고소하신 내용이 역전된 상황이 일어난 것이다. 종말론적인 에덴 동산의 모습은 묵시록 21-22장에서는 '새 하늘과 새 땅'으로 일컬어진다. 이곳에는 생명수의 강이 흐르고, 이 강 이쪽저쪽에는 열두 번 열매를 맺는 생명 나무가 서 있다(22,1-2). 그러므로 새 하늘과 새 땅은 태초의 인간이 에덴 동산에서 쫓겨나고, 생명 나무로 이르는 길이 막히게 된 상황이 완전히 역전된 곳이다. 그러므로 성경에 묘사된 종말론적인 회복은 태초의 창조 질서가 회복된 상황, 본래의 관계가 회복된 것임을 알 수 있다.

그렇다면, 근원적인 회복은 어떻게 가능할까? 에덴 동산의 원복을 되찾기 위해서는 어떻게 해야 하는가? 성경의 관점에서는 하느님과의 관계 회복 없이 이것은 불가능하다. 인간은 하느님을 불신하고, 하느님처럼 되고자 하는 교만의 결과로 낙원을 잃게 되었다. 이 죄로 인하여 인간의 후손들과 뱀의 후손들 사이에 적대감이 자리 잡게 되었고, 인간들 사이에는 남녀 간의 차별이 존재하게 되었으며, 땅은 저주를 받아 인간이 애써 노력하지 않으면 수확을 얻기 어렵게 되었다. 관계의 파괴는 여기서 그치지 않았다. 아담과 하와의 죄는 카인의 형제 살인으로 이어졌고, 라멕은 자신이 받은 상처를 일흔일곱 배로 복수하고자 하였다. 곧이어 온 인류가 타락하게 되었고, 세상은 폭력으로 가득 찼다. 이로 인하여 온 세상은 홍수로 뒤덮이게 되었다.[12]

---

12 Cf. RICHARD ACOSTA RODRÍGUEZ, "THE WORD OF GOD FOR SAFEGUARDING CREATION: BIBLE-

인간의 범죄로 땅이 저주를 받는다고 말한 창세 3,17에는 인간과 피조 세계 전체를 유기적인 관계로 이해하는 사상이 전제되어 있다. 구약성경은 인간의 도덕성이 창조 질서의 운명과 상호연관되어 있음을 강조한다.[13] 이것을 잘 보여주는 성경 구절은 호세 2,23-24이다. "그날에 내가 응답하리라. 주님의 말씀이다. 나는 하늘에 응답하고 하늘은 땅에 응답하리라. 땅은 곡식과 햇포도주와 햇기름에 응답하고 그것들은 이즈르엘에 응답하리라."(호세 2,23-24). 인간의 올바른 응답은 풍성한 소출을 가져온다. 에제 34,25에서도 이런 관점을 볼 수 있다. "나는 그들과 평화의 계약을 맺고 그 땅에서 사나운 짐승들을 없애 버리겠다. 그러면 그들은 광야에서도 평안히 살고, 숲에서도 편히 잠들 수 있을 것이다." 하느님과 인간관계 안에서 평화가 이루어지면 이것은 피조물 사이의 평화를 가져온다.

레오나르도 보프는 이렇게 말하였다. "소외되고 가난한 사람들에 대한 침해와 자연을 연결 짓지 않은 채 단순한 자연 존중을 주장하는 것으로는 충분하지 않다. 사회 불의의 상황은 생태적 불의를 가져오고 그 역도 마찬가지이다. … 다시 말해 생태학은 단지 동물, 식물, 지구, 깨끗한 대기 등하고만 관계가 있는 것이 아니라 또한 인간과 자연의 연대적이고 포괄적인 관계와도 관련된다. 참된 생태학적 관점은 항상 전체론적이고 자연과 함께 하는 연대적 계약을 전제로 한

BASED REFLECTIONS TO REESTABLISH THE GOD-HUMANITY-CREATION COVENANT," ANGLICAN THEOLOGICAL REVIEW 103 (2021) PP.112-131, HERE PP.116-119.

13   CF. GENE M. TUCKER, "RAIN ON A LAND WHERE NO ONE LIVES: THE HEBREW BIBLE ON THE ENVIRONMENT," JOURNAL OF BIBLICAL LITERATURE 116 (1997) PP.3-17, HERE P.9; JOHN J. COLLINS, "THE BIBLE AND THE ENVIRONMENT," WHAT ARE THE BIBLICAL VALUES?: WHAT THE BIBLE SAYS ON KEY ETHICAL ISSUES, NEW HAVEN; LONDON: YALE UNIVERSITY PRESS, 2019, PP.107-125, HERE P.110.

다."¹⁴ 이것은 성경의 세계관과 일치하는 관점이다.

하느님께서 보시기에 참 좋았던 태초의 세상과 인간의 범죄 이전의 에덴 동산은 하느님-인간-자연 사이의 유기적인 관계가 조화를 이루던 곳이었다. 그러므로 근원적인 회복의 방향과 목표는 이 관계를 회복하는 것이 되어야 한다. 보프가 지적하였듯이 하느님-인간-자연 사이의 유기적인 관계에 대한 이해를 전제하지 않는다면 우리가 하는 환경 운동이나 기후 위기를 해결하기 위한 모든 시도는 제한된 성공만 거두게 될 것이다.

그렇다면 우리는 이런 질문을 할 수 있다. 온전한 회복의 전망에 포함되어야 할 요소는 무엇인가? 생태적인 관점을 반영하는 새로운 인간 이해는 무엇인가? 우리가 버려야 할 낡은 가치관은 무엇인가? 성경의 인간관은 이 질문에 어떤 답변을 제시할까?

3. 성경의 인간관

성경은 인간을 어떻게 이해하는가? 미국의 역사학자 린 화이트(Lynn White)는 성경의 인간관이 자연환경을 해친 주된 범인이라고 지적한 바 있다. 그가 1967년에 발표한 "생태 위기의 역사적 뿌리"(The Historical Roots of Our Ecological Crisis)라는 논문에서 성경의 인간 중심적 세계관이 문제임을 지적하였다. 그의 문제 제기를 요약하면 이러하다.¹⁵

---

14   LEONARD BOFF, ECOLOGY & LIBERATION: A NEW PARADIGM, TRANS. JOHN CUMMING, MARYKNOLL, NEW YORK: ORBIS BOOKS, 1996, P.14.
15   LYNN WHITE, "THE HISTORICAL ROOTS OF OUR ECOLOGICAL CRISIS," SCIENCE 155 (1967) PP.1203-1207, HERE P.1205.

첫째, 생태적 위기는 인간이 자신의 본성과 운명을 어떻게 이해하는가와 깊은 연관이 있다. 둘째, 성경에 대한 서구 문화의 해석이 환경 위기를 초래한 원인으로 작용하였다. 서구 문화는 창세기 1장을 인간 중심적으로 이해함으로써 인간이 아닌 다른 모든 피조물을 인간의 목적을 위해 존재하는 것처럼 여기게 되었다. 그 결과 자연은 인간이 마음대로 착취할 수 있는 대상이 되었다는 것이다. 그래서 화이트는 그리스도교야말로 "가장 인간 중심적인 종교"라고 비판하였고,[16] 그리스도교의 인간중심주의가 인간이 환경을 마음대로 착취할 수 있는 조건을 제공하였다고 주장하였다.

그렇다면 과연 성경은 인간이 환경을 독자적으로 지배하는 것을 합법화하는가? 먼저 첫 번째 창조 설화에 나타난 인간 이해에 대해 살펴보자. 창세 1,26은 하느님께서 인간을 창조하시려는 의지를 드러내는 본문이다. 하느님께서 이렇게 말씀하셨다. "<u>우리와 비슷하게 우리 모습으로</u> 사람을 만들자. 그래서 그가 바다의 물고기와 하늘의 새와 집짐승과 온갖 들짐승과 땅을 기어 다니는 온갖 것을 <u>다스리게 하자</u>(רדה)." 창세 1,28은 하느님께서 창조된 인간을 축복하시면서 하시는 말씀이다. "자식을 많이 낳고 번성하여 땅을 가득 채우고 <u>지배하여라</u> [שבכ]. 그리고 바다의 물고기와 하늘의 새와 땅을 기어 다니는 온갖 생물을 <u>다스려라</u>[רדה]."

창세 1장이 말하는 인간은 하느님의 모습을 지닌, 하느님과 닮은

---

16 L. WHITE, "THE HISTORICAL ROOTS OF OUR ECOLOGICAL CRISIS," P.1205. 로날드 심킨스 (RONALD A. SIMKINS)는 화이트와는 달리 서구 그리스도교의 인간중심주의는 성경 자체에 뿌리를 둔 것이기보다는 인간 중심적인 계몽주의의 결과로 형성된 서구 문화에 뿌리를 둔 것이라고 주장한다. 성경의 세계관은 인간 중심적이기보다는 오히려 철저하게 신 중심적이기 때문이다. RONALD A. SIMKINS, "THE BIBLE AND ANTHROPOCENTRISM: PUTTING HUMANS IN THEIR PLACE," DIALECT ANTHROPOL 38 (2014) PP.397-413, HERE P.399.

존재이며, 하느님의 복을 받은 존재이다. 그런데 여기에서 하느님을 닮은, 하느님의 모상을 지닌 존재[17]라는 의미는 비슷한 표현이 등장하는 창세 5,3(아담은 ... **자기와 비슷하게 제 모습으로** 아들을 낳았다)에 비추어 이해해볼 수 있다. 이것은 하느님과 인간의 밀접한 근친 관계를 강조하는 표현인 동시에 인간이 하느님과 동일한 존재가 아님을 드러내는 표현이다. 인간은 세상에 하느님을 드러내는 존재이다.[18]

그렇다면, 첫 번째 창조 설화에서 인간과 다른 피조물의 관계는 어떻게 설명되고 있는가? 둘 다 하느님의 말씀으로 창조되었다. 둘 다 번식하고 번성하며, 창조된 공간을 채우라는 축복을 받았다. 다른 피조물 역시 창조된 후에 하느님이 보시기에 좋았다는 평가를 받는다. 그런데 피조물의 복됨은 그것이 인간에게 얼마나 쓸모가 있는지와 무관하게 주어졌다는 사실에 주목할 필요가 있다.[19] 첫 번째 창조 설화는 피조물이 좋게 창조되었다고 선언하지만, 피조물의 좋음은

---

17   고대 근동에서는 보통 임금이 신의 이미지로 일컬어졌고, 왕권은 신적인 힘이 이 지상에 구현된 것으로 여겼다, 이집트에서 임금은 신이 지상에 육화한 것으로 이해하였고, 바빌로니아와 아시리아에서는 임금을 신의 형상(ṢALMÛ)으로 이해하였다. 이 형상은 신의 실제적 권위를 표현할 뿐만 아니라 신의 본질을 나타낸다고 여겨졌다. 그래서 임금을 신의 형상이라고 말할 때 그것은 임금을 신의 완전한 구현이라고 말하는 것은 아니지만 임금이 신적인 권위를 지니고 있음을 나타낸다. 그런데 놀랍게도 창세 1,26-27은 모든 인간이 하느님의 모상으로 창조되었다고 선언함으로써 모든 인간이 임금이 지닌 품위를 갖는다는 확신을 드러낸다. CF. OTHMAR KEEL AND SILVIA SCHROER, CREATION: BIBLICAL THEOLOGIES IN THE CONTEXT OF THE ANCIENT NEAR EAST, TRANS. PETER T. DANIELS, WINONA LAKE, IN: EISENBRAUNS, 2015, PP.142-143; RICHARD H. LOWERY, "BIBLICAL SABBATH AS CRITICAL RESPONSE IN AN ERA OF GLOBAL PANDEMIC AND CLIMATE CHANGE," THE AMERICAN JOURNAL OF ECONOMICS & SOCIOLOGY 80 (2021) PP.1345-1380, HERE PP.1365-1366; ROBERT R. ELLIS, "DIVINE GIFT AND HUMAN RESPONSE: AN OLD TESTAMENT MODEL FOR STEWARDSHIP," SOUTHWESTERN JOURNAL OF THEOLOGY 37 (1995) PP.4-14, HERE P.5 AND FOOTNOTE #7.

18   CF. GORDON J. WENHAM, GENESIS 1-15, WORD BIBLICAL COMMENTARY 1, WACO, TEXAS: WORD BOOKS, 1987, PP.31-32.

19   CF. R. H. LOWERY, "BIBLICAL SABBATH AS CRITICAL RESPONSE," P.1360.

인간의 평가나 인정과는 무관하게 주어진 것이다.

    인간이 다른 피조물과 다른 점이 있다면 그것은 인간만이 하느님의 형상에 따라 하느님과 비슷하게 창조되었고, 다른 피조물을 지배하고 다스리라는 명령을 받았다는 점이다(창세 1,26-28). 이 선언의 놀라운 점은 고대 근동의 제국주의적 이데올로기가 지배할 때에 이런 선언이 이루어졌다는 점이다.[20] 첫 번째 창조 이야기의 저자는 모든 인간이 세상을 다스리도록 창조되었다고 대담하게 선언한다. 그래서 마크 브렛(Mark G. Brett)은 이 본문이 왕정을 민주화한, 또는 왕정을 반대하는 본문이라고 말한다.[21]

    그런데 여기에서 사용된 동사 카바쉬(שבכ)는 (땅을)'복속시키다'(민수 32,22.29; 여호 18,1; 1역대 22,18), (민족들을)'정복하다'(2사무 8,11), (사람을)'종으로 삼다'(2역대 28,10; 느헤 5,5; 예레 34,11.16), (여성을) '난폭하게 다루다, 강간하다'(에스 7,8; 느헤 5,5), '짓밟다'(미카 7,19; 즈카 9,15)는 의미를 갖는 동사이다.[22] 그리고 라다(הדר) 동사는 '밟다'(요엘 4,13), '지배하다'는 의미를

---

20   리차드 로우리(RICHARD LOWERY)는 하느님께서 인간을 당신의 모상으로 만드신 목적은 '인간이 세상을 다스리게 하기 위함'이라고 해석한다. 곧 모든 인간은 세상을 다스리도록 신적인 권위를 부여받았다고 해석한다. 여기에는 젠더나 신분의 차별이 전제되어 있지 않다. 창세 1장의 저자는 이 선언이 민주적인 통치를 의미한다는 것을 의식하지 못하였겠지만, 그는 이 구절이 분명히 그런 의미를 담고 있다고 본다. 하느님의 모상으로서 세상을 다스릴 수 있는 인간의 힘은 공유된 힘이며, 남성의 우위를 정당화하거나 폭력이나 위협을 정당화하지 않는다. 로우리는 이런 의미에서 창세기의 창조 신화가 주신의 권력을 정당화하는 다른 고대 근동의 창조 신화와 구별된다고 본다. Cf. R. H. LOWERY, "BIBLICAL SABBATH AS CRITICAL RESPONSE," P.1367.

21   MARK G. BRETT, "EARTHING THE HUMAN IN GENESIS 1-3," THE EARTH STORY IN GENESIS, EDS. NORMAN C. HABEL AND SHIRLEY WURST, SHEFFIELD: SHEFFIELD ACADEMIC PRESS, 2000, PP.73-86, HERE PP.77-78.

22   히브리어 동사 카바쉬(שבכ)는 구약성경 전체에서 14번 사용된다. 이 동사의 용례를 보면 주로 힘을 행사하는 경우에 사용됨을 알 수 있다. 군사적인 맥락에서는 적군을 물리치고 그들의 영토를 차지하는 것을 의미하고, 개별적인 상황에서는 사람을 종으로 삼거나 여성에게 폭력을 가하는 경우를 가리킨다. 하느님이 이 동사의 주어일 때 이

갖는다.²³ 창세 1,28에서 땅과 그 안에 있는 것을 지배하라는 명령은 그것을 인간의 지배권 아래 두라는 의미이다. 지배한다는 말이 현대인들에게는 거부감을 자아내는 말이지만 고대 근동의 관점에서 볼 때 이 말은 부정적인 의미를 갖기보다는 피지배자들에게 은혜를 베풀고 그들의 안녕에 관심을 쏟는다는 뜻으로 이해되었다.²⁴ 시편 72,2에 의하면 임금의 다스림은 백성에게 정의와 공정을 베푸는 것을 의미한다. 따라서 '다스린다'라는 말은 무엇인가에 대한 책임을 진다는

스라엘의 죄나 악인들을 무력화하는 것을 의미한다(미카 7,19; 즈카 9,15). Cf. S. Wagner, "כָּבַשׁ," Theological Dictionary of the Old Testament, Volume VII, eds. G. J. Botterweck, Helmer Ringgren, and Heinz-Josef Fabry, trans. David E. Green, Grand Rapids, MI: Eerdmans, 1995, pp.52-57.

23 라다(רדה) 동사는 구약성경에서 27번 사용된다. 라다 동사는 형태는 같지만, 의미가 다른 두 가지 형이 사용된다. 구약성경에서 24번은 '지배하다'는 의미를 갖는 1형이 사용되었고, 3번은 '잡다, 쥐다'는 의미를 갖는 2형이 사용되었다. 창세 1,26.28에 사용된 것은 1형이다. 1형 라다 동사는 주로 임금의 통치를 가리키기 위해 사용되며, 이 다스림이 분노와 폭력을 수반하는 때도 있지만, 반드시 그런 것은 아니다. 요엘 4,13에서 라다 동사는 '밟다'는 의미로 사용되는데, 어떤 학자들은 요엘 4,13에서 사용된 동사의 어근이 라다 동사가 아니라는 주장을 펼치기도 한다. 또 어떤 학자들은 라다 동사의 근본적인 의미가 '밟다'이기 때문에 라다 동사가 의미하는 다스림은 강제와 독재가 수반된 것이라고 해석한다. 이와 반대로 포도확에서 포도를 밟는 행위는 부정적인 것이 아니라 포도주를 만들어내는 새로운 창조 행위이기 때문에 라다 동사로 표현되는 다스림은 은혜를 베푸는 것을 의미한다고 주장하기도 한다. 이처럼 라다 동사로 표현되는 다스림은 폭력적인 지배가 되거나 은혜를 베푸는 행위가 될 가능성을 둘 다 내포한다고 볼 수 있다. Cf. Hans-Jürgen Zobel, "רדה," Theological Dictionary of the Old Testament, Volume XIII, eds. G. J. Botterweck, Helmer Ringgren, and Heinz-Josef Fabry, trans. David E. Green, Grand Rapids, MI: Eerdmans, 2004, pp.330-336.

24 제임스 바(James Barr)는 화이트의 비판에 맞서 창세 1,26-28을 새롭게 해석하면서 이 본문이 인간의 환경 파괴를 용인하는 본문이 아님을 밝히려 하였고, 다른 학자들 역시 그와 같은 해석을 제시하였다. 바는 환경 파괴의 원인은 창세기의 본문에서 비롯된 것이 아니라 인간을 더는 창조주 아래에 있는 존재로 보지 않게 된 자유주의적 인문주의에 있다고 역설한다. Cf. James Barr, "Man and Nature - The Ecological Controversy and the Old Testament," Bulletin of the John Rylands Library 55 (1972) pp.9-32, here p.30; Claus Westermann, Genesis, trans. David E. Orton, Edinburgh: T&T Clark, 1988, 11; Gordon Wenham, "The Old Testament and the Environment: A Response to Chris Wright," Transformation 16 (1999) pp.86-92, here p.89.

말로 받아들일 수 있다.[25]

또한 창세 1,28의 명령에는 동물을 마음대로 죽이는 권한은 포함되어 있지 않다. 창세 1,29-30에 의하면 모든 생물에게 초식만 허락하고 있기 때문이다. 인간에게 육식을 할 수 있는 권한은 홍수 이후에 주어진다(창세 9,2-3 참조).[26]

한편 어떤 학자들은 창세 1,28의 지배하고 다스리라는 명령이 홍수 이후 노아가 하느님과 맺은 계약에는 포함되어 있지 않다는 사실에 주목한다. 창세 9,1.7에서 하느님께서는 노아와 그의 아들들을 축복하시며, "자식을 많이 낳고 번성하여 땅을 가득 채워라."하고 말씀하셨다. 이 축복은 창세 1,28의 말씀의 앞부분을 그대로 되풀이한 것이다. 하지만 '땅을 지배하고, 바다와 하늘, 땅의 온갖 생물을 다스리라'는 말은 생략되어 있다. 이 사실에 기초하여 창세 1,28에서 허락된 인간의 지배는 홍수 이후에는 더는 유효하지 않다는 주장을 제기하기도 한다.[27] 그러나 같은 말이 언급되지 않았다고 해서 인간에게 주어진 지배권이 박탈되었다고 해석하는 것은 침묵에 근거한 논증이라 할 수 있다.

하지만 생태 정의의 관점에서 성경을 읽으려는 학자들은 이 본문이 지닌 위계적인 구조를 지적하고, 창세 1,28의 카바쉬 동사는 인간이 자연을 정복하고 지배할 권력을 가지고 있음을 확증해주기에 결코 친환경적으로 볼 수 없다고 주장한다.[28] 창세 1장의 창조 이야기에

25　Cf. G. J. Wenham, "The Old Testament and the Environment," p.89; J. Barr, "Man and Nature," p.21.

26　Cf. G. J. Wenham, "The Old Testament and the Environment," p.88.

27　Cf. N. Lohfink, "Growth," Great Themes from the Old Testament, trans. Edinburgh, 1982, pp.167-182, here p.180; H. W. Wolff, Anthropology of the OT, trans. Philadelphia, 1974, 248, n.13.

28　Cf. Norman Habel, "Geophany: The Earth Story in Genesis 1," The Earth Story in

따르면 창조된 세상은 분명한 위계 구조로 되어 있는 것으로 보인다. 모든 피조물을 능가하는 하느님이 이 위계 구조의 맨 위에 계시고, 그 밑에 창조된 세상을 관리하는 인간이 있으며, 땅과 그 안에서 사는 모든 생물을 포함한 나머지 세상이 위계 구조의 맨 아래에 위치한다.[29] 이외에도 다른 피조물에 대한 인간의 수위권을 명백하게 인정하는 성경 본문들이 있다. 예를 들면, 시편 8,7은 이렇게 말한다: "당신 손의 작품들을 다스리게 하시고[לְהַמְשִׁילֵ] 만물을 그의 발아래 두셨습니다(וַתְּמַשִּׁילֵהוּ תַּחַת)."[30]

그렇다면 성경은 인간에게 어떻게 지배할 것을 명하는가? 인간의 지배권은 하느님의 모상성에 의해 조건 지어진다. 하느님의 모상인 인간은 세상에 하느님을 드러내는 존재이며, 하느님과의 근친 관계를 망각하지 않아야 하는 존재이다. 그러므로 하느님께서 세상을 다스리시듯이 세상을 돌보고 보살펴야 한다.[31] 창조계의 선을 원하시는 하느님의 뜻에 합치되도록 통치권을 행사해야 한다. 인간에게 부여된 세상의 통치권은 동물을 제 마음대로 살육할 수 있는 권한이 아니다. 이 통치권은 오히려 땅과 동물들이 하느님께서 창조하신 질서대로 살아갈 수 있도록 보호하고 돌보는 책임을 의미한다. 따라서 인간

GENESIS, EDS. NORMAN C. HABEL AND SHIRLEY WURST, SHEFFIELD: SHEFFIELD ACADEMIC PRESS, 2000, PP.34-48, HERE PP.46-47.

29   CF. GENE M. TUCKER, "RAIN ON A LAND WHERE NO ONE LIVES: THE HEBREW BIBLE ON THE ENVIRONMENT," JOURNAL OF BIBLICAL LITERATURE 116 (1997) PP.3-17, HERE P.7.

30   비록 시편 8편이 인간 중심적인 세계관을 반영한다고 하더라도 이 시편에서 말하는 인간의 다스림은 온 세상의 주권자이신 하느님께 대한 감사와 찬미에 바탕을 둔, 청지기로서의 다스림이지 전제 군주로서의 다스림을 말하는 것이 아니라는 해석도 제시되었다. CF. R. R. ELLIS, "DIVINE GIFT AND HUMAN RESPONSE: AN OLD TESTAMENT MODEL FOR STEWARDSHIP," P.6.

31   CF. G. J. WENHAM, "THE OLD TESTAMENT AND THE ENVIRONMENT," P.89; FRÉDÉRIC BAUDIN, ECOLOGY AND THE BIBLE, TRANS. DAMON DIMAURO, PEABODY, MA: HANDRICKSON, 2020, P.16.

에게 주어진 통치권은 처음부터 그 한계가 분명하게 주어진 것이었다. 인간에게는 기후나 수원을 관장할 권한도 주어지지 않았고, 자연의 과정에 간섭할 권한도 주어지지 않았다.³² 이스라엘 백성에게 주어진 땅과 후손에 대한 하느님의 약속은 그들이 하느님과 맺은 계약에 충실할 때만 실현되는 것처럼, 태초의 인간에게 주어진 축복으로서의 지배권은 인간이 하느님의 모상성에 온전히 합치되어 살 때만 실현 가능한 축복이라고 할 수 있다.³³

그리고 창조된 세상의 통치권은 모든 인간, 곧 인류 공동체에 주어진 것이다. 따라서 어떤 인간도 다른 인간 위에 있거나 다른 인간 아래에 있을 수 없다. 이 통치권은 동료 인간을 억압하거나 착취하는 결과를 낳을 수 없다, 동료 인간의 상호협력을 통해서만 그 목적을 달성할 수 있는 권한이다.

이제 둘째 창조 설화에 나타난 인간 이해에 대해 살펴보자. 창세 2,5은 창조가 아직 이루어지기 이전의 상태에 대해 다음과 같이 말한다. "땅에는 아직 들의 덤불이 하나도 없고, 아직 들풀 한 포기도 돋아나지 않았다. 주 하느님께서 땅(הָאָרֶץ)에 비를 내리지 않으셨고, 흙(הָאֲדָמָה)을 일굴[עָבַד] 사람(אָדָם)도 아직 없었기 때문이다." 창세 2,5은 땅과 인간, 그리고 하느님 사이의 상호의존성을 드러낸다.³⁴ 여기에서 흙으로 번역된 '아다마'(אֲדָמָה)는 경작할 수 있는 땅을 의미한다.³⁵ 인간의 역할은 땅을 일구어 생명이 자랄 수 있는 터전을 만드는 것이고, 하느님의

---

32 Cf. R. A. Simkins, "The Bible and Anthropocentrism: Putting Humans in Their Place," p.401.
33 Cf. R. A. Simkins, "The Bible and Anthropocentrism: Putting Humans in Their Place," p.403.
34 Cf. G. M. Tucker, "Rain on a Land Where No One Lives," p.8.
35 Cf. G. J. Wenham, Genesis 1-15, p.58.

역할은 비가 내리게 하는 것이다. 이 두 가지는 생존의 가장 근본적인 요소인데, 창조 이전에는 이 두 가지가 없었다.[36]

둘째 창조 설화에 따르면, 인간은 땅의 먼지(עָפָר מִן־הָאֲדָמָה)로 만들어진 존재이다(창세 2,7). 이는 다른 피조물들과 다르지 않다. 그들 역시 모두 땅에서 솟아났고, 흙으로 빚어졌다. 인간은 땅에서 와서 다시 땅으로 돌아갈 존재이다(창세 3,19). 여기에서는 인간이 다른 피조물들과 마찬가지로 창조된 존재임이 강조된다.[37]

그런데 하느님께서는 사람을 데려다 에덴 동산에 두시고, "그곳을 일구고(עָבַד) 돌보게 하셨다(שָׁמַר)"(창세 2,15). 히브리어 동사 '아바드'(עָבַד)와 '샤마르'(שָׁמַר)는 종교적인 뜻을 가진 동사이다. 아바드 동사는 보통 사제가 하느님을 섬기고, 하느님께 예배를 드리는 행위를 가리키며(탈출 3,12; 12,3; 민수 3,7.8; 4,30 등), 샤마르 동사는 계명을 지키고(탈출 12,2), 하느님의 계약을 준수한다(창세 17,9; 탈출 19,5)는 의미로 자주 사용된다.[38] 따라서 창세 2,15의 맥락에서 땅을 일구고 돌본다는 의미는 하느님께서 경계를 지어주신 범위를 존중한다는 의미를 당연히 내포한다.[39] 이것은 무소불위의 권력을 휘두른다는 의미와는 거리가 멀다. 인간의 역할은 땅을 돌보아 생명이 움트는 곳이 되게 하는 것이다. 인간은 하느님과 협력하여 환경을 삶의 터전으로 변화시킨다.

둘째 창조 설화에서도 인간은 여전히 중심적인 주제가 된다. 인간은 다른 피조물들과 달리 하느님께서 생명의 숨을 불어넣으신 존재

---

36 Cf. Theodore Hiebert, The Yahwist's Landscape: Nature and Religion in Early Israel, New York: Oxford University Press, 1996, p.72.

37 Cf. G. M. Tucker, "Rain on a Land Where No One Lives," p.8.

38 Cf. G. J. Wenham, Genesis 1-15, p.67.

39 Cf. F. Baudin, Ecology and the Bible, pp.18-19.

이며(창세 2,7), 동물들에 이름을 붙여주는 존재이다(창세 2,19).⁴⁰ 비록 둘째 창조 설화가 첫째 창조 설화처럼 인간에게 피조물을 지배할 권한을 명백하게 허락하는 것이 아니기는 하지만 여전히 인간을 중심으로 세상을 바라본다는 한계를 가지고 있다.⁴¹

그런데, 인간중심주의가 "인간만이 내재적인 가치를 지니고 있으며, 나머지 자연 세계는 오직 인간의 목적을 위해 어떤 가치를 지닐 때만 가치 있는 것으로 여기는 사상"이라면, 성경에서 이런 인간중심주의는 발견할 수 없다.⁴² 비록 창세기 1장, 시편 8편은 피조 세계 안에서 인간의 우월성을 명시적으로 인정하지만, 그렇다고 해서 이 본문들이 모든 것이 인간의 이익을 위하여 창조되었다고 말하는 것은 아니다. 지금까지 우리가 살펴본 본문들에서 인간은 여전히 하느님의 통치 아래 있음이 분명하였다. 그뿐만 아니라 구약성경에는 더욱 명백히 신 중심적인 창조론도 발견된다. 욥기 38~41장과 시편 104편은 신 중심적인 창조론을 보여준다.⁴³ 이 본문들에서 하느님은 피조물을 그 자체를 위해 축복하며, 각각의 피조물은 독립적으로 하느님의 권능과 은총을 드러낸다.

---

40 이름을 붙여주는 행위는 어떤 것을 창조하는 행위이기보다는 창조된 것의 존재를 인정하는 행위이다. 그러므로 인간은 하느님께서 만드신 피조물에 이름을 붙여줌으로써 하느님의 창조사업에 협력하게 된다. Cf. O. Keel and S. Schroer, Creation: Biblical Theologies in the Context of the Ancient Near East, p.107.

41 Cf. G. M. Tucker, "Rain on a Land Where No One Lives," p.9; O. Keel and S. Schroer, Creation: Biblical Theologies in the Context of the Ancient Near East, pp.108 and 113.

42 David Keller (ed.), Environmental Ethics: The Big Questions, Chichester, West Sussex: Wiley, 2010, p.4.

43 Cf. John J. Collins, "The Bible and the Environment," What are the Biblical Values?: What the Bible Says on Key Ethical Issues, New Haven; London: Yale University Press, 2019, pp.107-125, here pp.110-111.

욥기 38~41장에서 하느님은 욥에게 두 차례 말씀하신다(욥 38,1-40,1; 40,6-41,34). 이 두 번의 대화에서 하느님의 말씀은 각각 욥에게 '허리를 동여매라'는 말씀으로 시작된다(욥 38,1; 40,8). 첫 번째 말씀이 하느님의 뜻(עֵצָה)에 대한 욥의 도전에 응답하는 것이라면, 두 번째는 하느님의 공의(מִשְׁפָּט)에 대한 욥의 도전에 응답하는 말씀이다. 욥은 3장에서부터 하느님께 도전하며 직접 만나 뵙기를 청하였지만, 그 만남은 사뭇 지연되다가 마침내 38장에서 이루어진다. 그런데 욥에게 주어진 하느님의 대답에서 욥은 그림의 바깥, 즉 우주의 중심의 먼 변두리에 서 있을 뿐이다. 하느님은 욥에게 우주와 별들, 동물들이 만들어질 때 어디에 있었느냐고 물으신다. 이 질문은 욥이 계속해서 피력한, 인간이 창조된 세계의 정점이라는 관점에 도전을 던진다. 땅과 바다, 빛과 어둠, 기후, 하늘이 만들어질 때 너는 어디 있었느냐? 암사자와 까마귀, 바위산양, 들나귀, 들소, 타조, 독수리에게 너는 무엇을 해주었느냐?

하느님의 두 번째 대답에 등장하는 브헤못과 레비아탄은 인간의 권위나 이해를 넘어서는 존재들로 인간의 문화 저 너머의 세상을 상징한다. 하느님께서는 인간 영역의 바깥에 존재하는 그들을 인간의 이익과 무관하게 돌보신다. 욥기 41장 전체가 레비아탄에 관한 말씀인데, 여기에서 레비아탄은 이렇게 묘사된다. "땅 위에 그와 같은 것이 없으니 그것은 무서움을 모르는 존재로 만들어졌다. 높은 자들을 모두 내려다보니 그것은 모든 오만한 자들 위에 군림하는 임금이다."(욥 41,25-26) 욥기 41장의 전망에 따르면 인간은 만물의 영장이 아니다.[44] 레비아탄은 인간이 장악할 수 없는 세상의 제왕이다. 레비아탄의 존재는 욥에게 그가 이해하고 파악할 수 있는 세상이 하느님께

---

44 Cf. W. P. Brown, "Biophilia, Biodiversity, and the Bible," p.9.

서 창조하신 우주의 지극히 작은 일부분에 불과함을 깨닫도록 이끈다. 그래서 욥은 "저에게는 너무나 신비로워 알지 못하는 일들을 저는 이해하지도 못한 채 지껄였습니다."라고 고백할 수밖에 없게 된다(욥 42,3).

시편 104편은 자연과 그 안에 존재하는 모든 것들을 지어내시고 돌보시는 하느님께 드리는 찬미가이다. 인간은 다른 피조물들과 마찬가지로 하느님의 돌보심으로 유지되고 그분의 선물로 즐거워한다. 시편 104에서 언급되는 대상들을 차례로 열거하면 인간의 위치가 어디인지를 잘 볼 수 있다. 하느님께서는 하늘, 구름, 바람, 땅, 대양, 물, 산과 계곡, 골짜기와 샘을 만드시고, 그들에게 제자리를 정해주셨다. 그리고 들짐승과 들나귀에게는 물을 주시고, 하늘의 새들에게는 나무 열매를, 가축에게는 풀을 주시고, 사람에게는 나물과 빵과 술을 주신다. 새에게는 나무를 주시고, 산양은 높은 산을 오르게 하시고, 오소리들에게는 바위를 주시며, 이 모든 존재들에게 시간과 밤, 휴식을 주신다.[45] 보다시피 이 시편의 내용과 형식에 있어서 인간은 중심을

---

45 여러 학자가 시편 104편과 창세기 1장의 유사성을 지적하였다. 이들에 의하면 이 시편의 구조는 창세기 1장에서 말한 창조의 각 날에 이루어진 창조와 연관 지을 수 있다. 예를 들면, 창조의 첫째 날은 시편 104,1-2와 일치하고, 둘째 날은 3-4절, 셋째 날은 5-9절, 넷째 날은 19-20절, 다섯째 날은 12, 17, 25-26절, 여섯째 날은 23절에 해당한다. Cf. Fred Gottlieb, "The Creation Theme in Genesis 1, Psalm 104, and Job 38-42," Jewish Biblical Quarterly 44 (2016) pp.29-36; W. P. Brown, "Biophilia, Biodiversity, and the Bible," p.4. 그러나 아델 베를린(Adele Berlin)은 시편 104편과 창세기 1장의 연관성은 인정하지만, 이 시편이 창세기 1장의 시간적 구조를 따른다는 점에는 동의하지 않는다. 그는 시편 104편은 오히려 창세기 1장의 시간적 구조를 "탈연대기화(dechronologizing)"하여 창조를 세상의 영역별로 제시하고 있다고 주장한다. Cf. Adele Berlin, "The Wisdom of Creation in Psalm 104," Seeking out the Wisdom of the Ancients: Essays Offered to Honor Michael V. Fox on the Occasion of his Sixty-fifth Birthday, eds. Ronal L. Troxel, Kelvin G, Friebel and Dennis R. Magary, Winona Lake, IN: Eisenbrauns, 2005, pp.71-84, here p.76.

차지하지 않는다.⁴⁶ 인간은 하느님이 모든 피조물에게 주시는 축복을 함께 기뻐하고 경축하도록 초대받은 존재이다.

이처럼 욥 38-41장과 시편 104편은 창세 1-3장이 소개하는 존재의 위계 구조를 따르지 않는다.⁴⁷ 다니 3,52-90의 '세 젊은이의 노래'에서도 인간은 피조 세계의 중심을 차지하지 않는다. 이 노래는 히브리어 본문 다니 3,23과 3,24 사이에 첨가된 그리스어 본문(다니 3,24-90)에 속한다. 다니엘의 세 동료인 하난야와 아자르야와 미사엘은 네부카드네자르 임금이 만든 금으로 된 상을 숭배하지 않았다는 이유로 불가마 속에 던져졌다. 그러나 그들은 천사의 도움으로 불가마 속에서도 아무런 해를 입지 않았다. 이에 그들은 이 놀라운 기적 앞에서 하느님을 찬미하는 노래를 바친다.

그들은 온 우주의 주인이신 하느님을 찬미하기 위하여 세상의 모든 피조물을 다 초대한다. 먼저 그들은 천상 영역에 자리한 모든 존재, 곧 주님의 천사들, 하늘과 하늘 위의 물, 주님의 군대들, 해와 달, 하늘의 별들을 초대한다(3,58-63).⁴⁸ 그다음에는 하늘의 천체들을 통해서 빚어지는 자연의 모든 현상, 비와 이슬, 바람, 불과 열, 추위와 더위, 이슬과 소나기, 서리와 추위, 얼음과 눈, 밤과 낮, 빛과 어둠, 번개와 구름에게 하느님을 찬미하자고 초대한다(3,64-73). 이어서 땅과 땅

46　Cf. Ken Stone, "'All These Look to You': Reading Psalm 104 with Animals in the Anthropocene Epoch," Interpretation: A Journal of Bible and Theology 73 (2019) pp.236-247, here pp.239 and 245.

47　신 중심적인 창조관이라는 점에서 시편 104와 욥기는 서로 연관성이 있다. 이외에도 두 작품에는 같은 어휘들이 사용된다는 점에서 서로 연관성이 있다. Cf. A. Berlin, "The Wisdom of Creation in Psalm 104," pp.81-82; 데이빗 G. 호렐, 『성서와 환경: 생태성서신학 입문』, 이영미 옮김, 한신대학교출판부, 2014, pp.105-106.

48　이 노래의 구조 분석은 다음을 참조하였다. John J. Collins, Daniel: A Commentary on the Book of Daniel, Hermeneia – A Critical and Historical Commentary on the Bible, Minneapolis: Fortress, 1993, pp.204-205.

아래의 영역에 속한 것들, 곧 땅, 산과 언덕, 땅에서 싹트는 모든 것들, 샘들과 바다와 강들, 용들과 물에 사는 모든 생물, 하늘의 새들과 들짐승과 집짐승들을 초대한다(3,74-81). 그리고 마지막으로 인간을 초대한다(3,82-90). 이 우주적인 합창에서 인간은 세상의 중심이나 정점이 아니다. 인간은 하느님을 찬미하는 수많은 피조물 가운데 하나일 따름이다. 이처럼 다니 3,52-90의 본문 역시 성경의 신 중심적 세계관을 드러낸다.

교황 프란치스코의 회칙 『찬미받으소서』 217항이 말하는 생태적 회개는 존재의 위계질서에 대한 새로운 이해를 요청한다. 인간은 만물의 영장이 아니라 다른 모든 피조물과 조화를 이루며 살아가야 할 피조물들 가운데 하나이다. 생태적 회개는 우리 사고의 범주를 확장할 것을 요구한다. 우리 사고는 종종 인간 중심적으로 작동한다. '우리'라고 말하는 범주에는 누가 포함되는가? 오직 사람만이 포함된다면, 우리의 사고는 지극히 인간 중심적인 상태에 머물러 있는 것이다. '우리'에는 식물과 동물, 대기와 강, 바다, 지구, 태양계와 다른 은하계, 현재와 미래 세대가 포함되어야 한다. 그래서 존재의 전 영역을 포함하는 진리, 정의, 선, 평화 개념을 구축해야 한다. 생태적 회개는 사고의 전환을 요구하고 패러다임 자체를 변화시킬 것을 요구한다. 지금까지 우리가 구축한 정치, 사회, 경제의 논리는 모두 지극히 인간 중심적이라는 한계를 갖는다. 그래서 『찬미받으소서』 219항이 말하듯이 현대 세계가 직면한 매우 복잡한 상황을 해결하기 위해서는 개인이 더 좋은 사람이 되는 것만으로는 충분하지 않다. 지속적인 변화가 일어나기 위해서는 새로운 세계관을 가질 필요가 있다. 성경의 신 중심적 사고방식은 이런 새로운 세계관을 구축하는데 필요한 초석이 될 수 있다고 본다.

4. 창조 질서와 안식일의 쉼

로우리는 안식일과 안식년에 관한 성경의 전통이 공정하고 생태적으로 지속 가능한 경제질서를 생각하고 그 안에서 노동과 휴식의 역할을 고려하는 데서 유용한 지표를 제공할 수 있다고 보았다.[49] 필자 역시 그의 의견에 동의하면서 성경의 안식일과 안식년이 통합 생태적 세계관을 건설하는 데 기여할 수 있는 바를 고찰해보고자 한다.

첫 번째 창조 설화는 사제계 문헌으로 여기에서 안식일의 쉼은 창조 질서의 온전함을 유지하기 위한 필수적인 요소로 제시된다. 왜냐하면, 안식일의 쉼은 창조의 절정이며, 창조와 쉼의 구조는 우주의 근본적인 원리로 제시되기 때문이다.[50] 쉼은 인간의 필요성에 기초를 둔 것이 아니라 창조의 기본 구조 속에 포함된 것으로 설명된다.[51]

안식일의 쉼은 십계명에 포함되어 있다(탈출 20,8-11; 신명 5,12-15 참조). 탈출 20,8-11에서는 창조신학에 바탕을 두고 안식일의 쉼을 요구한다.[52] 하느님께서 세상을 창조하시고 이렛날에 쉬셨기 때문에 안식일을 거룩하게 지키도록 명한다. 이렛날은 주님을 위한 안식일이기 때문이다(탈출 20,10). 신명 5,12-15에서는 구원신학, 곧 하느님께서 그들을 이집트의 노예살이에서 구원하신 사건에 근거를 두고 안식일의 쉼을 요구한다.[53] 이 사실에 바탕을 두고 로우리는 신명기의 안식일

---

49 Cf. R. H. Lowery, "Biblical Sabbath as Critical Response," p.1346.

50 Ibid., p.1354.

51 Cf. G. M. Tucker, "Rain on a Land Where No One Lives," p.7.

52 Cf. John I. Durham, Exodus, Word Biblical Commentary 3, Waco, Texas: Word Books, 1987, p.290.

53 Cf. Gerald A. Klingbeil, "The Sabbath Law in the Decalogue(s): Creation and Liberation

규정은 '노동권에 대한 인류 역사 최초의 법적 규정'이라고 말한다.[54] 한편, 레위 23,3은 이렛날은 거룩한 모임을 여는 안식의 날이기에 쉬어야 한다고 말한다.

안식일의 쉼의 근거가 어떻게 설명되든 성경의 저자들이 안식일의 쉼을 하느님의 뜻으로 받아들였다는 것은 분명하다. 그런데 탈출 34,21은 이 안식일의 쉼을 밭갈이하는 철과 거둠질하는 철에도 지킬 것을 요구한다. 밭갈이와 거둠질하는 철은 농사 절기 가운데서도 때를 놓치면 안 되는 매우 바쁜 시기를 의미한다.[55] 그런데 이런 시기에도 예외 없이 안식일을 지킬 것을 요구한다.[56]

이처럼 이스라엘 백성에게 있어서 안식일은 하느님과의 계약의 표지(탈출 31,16-17)였고, 하느님께 대한 신앙의 고백이었다.[57] 그들은 안식일에 하느님의 창조 업적에 대해 찬미하고 감사를 드렸으며, 묶인 자들에게 해방을 선포하고, 생산과 성취에 대한 강박에서 해방되고자 하였다.

안식일의 정신은 안식년으로 확대되어 안식년에는 휴경을 하고(탈출 23,10-11; 레위 25,4-7), 노예를 해방하며(탈출 21,2; 신명 15,12), 빚을 탕감해주

AS A PARADIGM FOR COMMUNITY," REVUE BIBLIQUE, 117 (2010) PP.491-509, HERE P.499.

54 CF. R. H. LOWERY, "BIBLICAL SABBATH AS CRITICAL RESPONSE," P.1346.

55 CF. WILLIAM H. C. PROPP, EXODUS 19-40: A NEW TRANSLATION WITH INTRODUCTION AND COMMENTARY, THE ANCHOR BIBLE 2A, NEW YORK: DOUBLEDAY, 2006, P.616; J. I. DURHAM, EXODUS, P.461.

56 모세오경에서 안식일에 해서는 안 되는 일로 규정하는 것은 다음과 같다: 밭을 갈고 수확하는 것(탈출 34,21), 굽거나 삶아서 음식을 만드는 일(탈출 16,23), 나무를 줍는 일(민수 15,32). 예레 17,21은 안식일에 짐을 지거나 그 짐을 예루살렘 성문 안으로 들여오는 것을 금지하고, 아모 8,5과 느헤 13,15-21은 물건을 사고파는 일을 금지한다. CF. JOHN E. HARTLEY, LEVITICUS, WORD BIBLICAL COMMENTARY 4, NASHVILLE: THOMAS NELSON PUBLISHERS, 1992, PP.375-376.

57 CF. J. E. HARTLEY, LEVITICUS, P.376.

도록(신명 15,1-3) 규정하고 있다.⁵⁸ 바로 이 때문에 예언자들은 안식일의 노동을 비난하였다(아모 8,5; 예레 17,21; 이사 58,13-14 참조). 그러나 인간의 이기심과 탐욕을 내려놓지 않는 한 안식일의 규정을 준수하기는 결코 쉽지 않다.

이것을 잘 보여주는 이야기가 바로 탈출기 16장에 나오는 만나 설화이다. 모세는 이스라엘 백성에게 이렇게 말하였다. "오늘은 이것을 먹어라. 오늘은 주님을 위한 안식일이다. 오늘만은 들에서 양식을 얻지 못할 것이다. 엿새 동안 너희는 그것을 거두어들일 수 있다. 그러나 안식일인 이렛날에는 아무것도 없다."(탈출 16,25-27) 이 말씀에도 불구하고 어떤 이들은 안식일에 만나를 거두려고 나갔다. 물론 그들은 아무것도 얻지 못하였다.

느헤미야가 지방관으로 있을 때 백성의 수령들은 레위인들과 사제들과 함께 율법을 구체적으로 실천하기로 자발적인 약속을 하였다. 이때 맺은 맹약의 내용이 느헤 10,29-40에 소개된다. 그중의 한 가지가 안식일과 안식년에 관한 것으로 그들은 다음과 같이 하기로 합의하였다. 이방인들이 안식일에 상품이나 온갖 곡식을 팔려고 가져오더라도, 안식일이나 축일에는 그것을 사지 않을 것이며, 일곱째 해마다 휴경을 하고 모든 빚을 탕감해준다(느헤 10,32 참조). 이것은 그들이 자발적으로 시행하기로 한 약속이었다. 그런데도 안식일 준수는 여전히 어려운 일이었다.

---

58 안식년 규정의 실천과 관련된 사항이 역사서에서 거의 언급되지 않기 때문에 어떤 학자들은 고대 이스라엘에서 안식년과 희년의 규정이 글자 그대로 지켜진 적은 거의 없었다고 본다. Cf. GORDON J. WENHAM, THE BOOK OF LEVITICUS, NEW INTERNATIONAL COMMENTARY ON THE OLD TESTAMENT, GRAND RAPIDS: EERDMANS, 1979, p.318. 그러나 안식년 규정의 실천에 대한 언급이 별로 없다고 해서 이 규정이 실천된 적이 없다고 결론을 내리는 것은 적절하지 않다고 보는 학자들 역시 있다. Cf. J. E. HARTLEY, LEVITICUS, pp.429-430.

느헤미야가 지방관으로서 두 번째 임기로 예루살렘에 왔을 때 그는 사람들이 스스로 한 약속에서 얼마나 멀어져 있는지를 발견하였다. 느헤 13,15-16에 따르면 사람들은 안식일에도 술틀을 밟아 술을 만들고, 곡식 더미를 날라다가 나귀에 실었으며, 포도주와 포도송이와 무화과와 그 밖의 온갖 짐을 예루살렘으로 들여왔다. 예루살렘에 사는 이방인들은 물고기와 온갖 상품을 가져다가, 안식일에 예루살렘에서 유다의 자손들에게 팔았다. 이것을 본 느헤미야는 안식일에 식품을 팔지 말라고 경고하였다. 그리고 안식일 동안에는 상행위가 이루어지지 못하게 아예 성문을 걸어 잠갔다. 그러자 상인들과 갖가지 물건을 파는 자들이 예루살렘 성 밖에서 밤을 지내며 안식일이 지나기만을 기다리는 일이 일어났다. 그래서 느헤미야는 레위인들에게 성문들을 지키게 함으로써 안식일을 거룩하게 지내도록 조처하였다.

현시대는 성장과 발전에도 한계가 있다는 사실을 직시하지 못하였다. 그 결과 환경은 심각하게 오염되고, 자원은 고갈되어 가며, 휴식을 빼앗긴 자연은 항상성을 유지할 힘을 잃고 있다. 인간 사회는 쉼의 가치를 제대로 알아보지 못하고, 성장을 향하여 끊임없이 앞으로만 달려가고 있다. 이제 우리는 자연의 질서에 포함된 한계를 인정하고, 그 한계와 더불어 사는 법을 새롭게 배워야 한다. 이런 의미에서 성경의 안식일과 안식년 규정에 주목하고, 이것을 실천할 수 있는 길을 찾을 필요가 있다.

일주일에 하루를 멈춤과 쉼을 위한 날로 정할 수 있을 것이다. 이 날에는 기술 문명에 대한 숭배를 멈추고, 모든 종류의 강박에서 해방될 필요가 있다. 이 멈춤의 시간은 세상의 참된 주인이신 하느님을 경배하는 시간, 본래의 질서가 회복되는 시간이 될 것이다. 이날은 이기심과 탐욕의 감옥에서 해방되기 위해 따로 떼어놓은 시간이요, 모든 파괴의 무기를 내려놓고 자신을 돌아보고 돌보는 시간이다. 지난 6일 동안 받았던 축복을 돌아보고 경축하는 시간이다. 이런 시간을 통하여 우리는 분열된 삶을 통합하는 시간을 갖고 내적인 평화와 자유에 이르게 될 것이다. 그리하여 도전에 새롭게 응답할 힘을 얻고, 새로운 길을 찾게 될 것이다.

그런데 이런 쉼이 누군가의 희생과 헌신을 토대로 이루어진다면, 이것은 성경적 의미의 참된 안식이라 할 수 없다. 성경의 요구대로 모든 노동자가 안식일의 쉼을 누리고, 자연도 안식을 누릴 수 있는 그런 쉼이어야 한다. 그래서 몰트만은 '생태적 안식일은 환경 오염을 멈추는 날, 자연이 안식을 경축할 수 있는 날이어야 한다.'고 말하였다.[59] 이렇게 안식일을 경축하고자 한다면 그것은 곧 안식일에는 생산을 위한 모든 활동을 멈추는 것을 의미한다. 공장들도 가동을 멈추어야 한다. 그래서 안식일을 지키는 일은 그때나 지금에나 여전히 어려운 일일 수밖에 없다. 그것은 인간의 이기심과 탐욕이 아니라 모든 생태계의 유익에 바탕을 두고 우리 삶을 새롭게 조직할 것을 요구한다.

지금 세계 곳곳에는 안식일 정신을 실천하려는 운동들이 일어나고 있다. 모두가 동시에 안식일을 준수하는 사회가 되기는 어려울 것이지만 우리가 있는 곳에서 먼저 시작하는 것은 가능하다. 창조와 쉼의 리듬을 자기 삶의 당연한 리듬으로 받아들이고 그것을 살아내는 이들을 통해 진정한 쉼과 안식이 어디에서 오는 것인지 드러나게 될 것이다. 어떤 의미에서 안식일의 쉼은 현재의 삶에 매몰되지 않게 하

---

[59] JÜRGEN MOLTMANN, GOD IN CREATION: AN ECOLOGICAL DOCTRINE OF CREATION: THE GIFFORD LECTURES 1984-1985, TRANS. MARGARET KOHL, ST. ALBANS PLACE, LONDON: SCM PRESS, 1985, P.296.

며, 종말론적 안식을 내다보며 궁극적인 자유와 해방을 지향할 수 있게 할 것이다.

5. 구약성경의 자연보호법

구약성경 대부분의 법 규정들이 인간의 삶과 관련된 것이기는 하지만 동물과 식물에 대한 배려와 보호를 위한 규정들 또한 찾아볼 수 있다. 고대 이스라엘이 동물을 번제물과 친교제물, 속죄제물, 보상제물로 살라 바쳤던 상황을 고려한다면 이러한 규정들은 의아하게 여겨질 수 있다. 따라서 이런 규정들이 의미하는 바가 무엇인지를 고찰하고, 그것이 오늘날 자연환경을 보호하려는 노력에 어떤 빛을 줄 수 있는지 살펴보고자 한다.

5.1. 짐승에 대한 배려

탈출 23,10-11은 안식년을 위한 규정이다. "너희는 여섯 해 동안 땅에 씨를 뿌리고 그 소출을 거두어들여라. 그러나 일곱째 해에는 땅을 놀리고 묵혀서, 너희 백성 가운데 가난한 이들이 먹게 하고, 거기에서 남는 것은 **들짐승이 먹게 해야 한다**. 너희 포도밭과 올리브 밭도 그렇게 해야 한다." 이 규정은 안식년에 땅에서 저절로 자라는 것, 포도밭과 올리브 밭에서 저절로 열리는 열매는 가난한 이들뿐만 아니라 들짐승들을 위한 몫이라고 말한다. 레위 25,7 또한 (안식년에) "너희 **가축과 너희 땅에서 사는 짐승까지도** 땅에서 나는 온갖 소출을 먹을 것"이라고 말한다. 여기에서는 들짐승뿐만 아니라 집짐승도 안식년

에 땅에서 저절로 자라는 것을 먹을 수 있다고 규정하고 있다.[60]

탈출 20,9-11은 안식일의 쉼의 대상에 집짐승도 포함한다. 안식일에는 집짐승도 일하지 말아야 한다고 규정한다. 안식일에 집짐승들도 쉬게 해주어야 하는 근거는 동물의 쉼 역시 하느님의 쉼에 연결된 것이기 때문이다.[61] 신명 5,14은 안식일의 쉼의 대상에 소와 나귀, 모든 집짐승이 포함된다고 말한다. 여기에서 소와 나귀가 특별히 언급된 이유는 소와 나귀가 주중에 특별히 힘든 일들을 도맡아 하는 짐승이기 때문일 것이다.[62] 이처럼 안식일의 규정은 사람에게만 해당하는 것이 아니라 함께 사는 짐승에게까지 적용된다.

집짐승에 대한 보살핌은 인간의 이해관계를 초월하여 이루어져야 한다는 규정도 발견된다. "길을 잃고 헤매는 너희 원수의 소나 나귀와 마주칠 경우, 너희는 그것을 임자에게 데려다 주어야 한다. 너희를 미워하는 자의 나귀가 짐에 눌려 쓰러져 있는 것을 보았을 경우, 내버려 두지 말고 그와 함께 나귀를 일으켜 주어야 한다."(탈출 23,4-5) 사실 이 규정은 길 잃은 짐승에 대한 배려이기보다는 다른 사람의 불행을 이용하려 들지 말라는 규정으로 보아야 한다는 해석도 있다.[63]

하바쿡 2,6-20에는 바빌로니아 제국을 향한 다섯 개의 저주가 선포된다. 그중의 하나는 레바논에서 함부로 짐승들을 살육한 죄에 대한 징벌을 받게 되리라는 선언이다. "레바논에게 휘두른 폭력이 너를 뒤덮고 짐승들에게 저지른 살육이 너를 질겁하게 하리라. 네가 사람들의 피를

---

60 Cf. A. R. Schafer, "Rest for the Animals? Nonhuman Sabbath Repose in Pentateuchal Law," p.178.

61 Cf. Ibid., p.180.

62 Ibid., p.182.

63 Cf. J. I. Durham, Exodus, p.331.

흘리고 세상과 성읍과 그 주민들에게 폭력을 휘두른 탓이다."(하바 2,17)

고대 이스라엘에서는 동물을 희생제물로 바쳤다. 그런데도 다음의 규정은 짐승의 어미와 새끼에 대한 최소한의 배려를 하고 있음을 보여준다.[64] "소나 양이나 염소가 태어나면 이레 동안 어미 품에 있어야 한다. 여드레째 되는 날부터는 주님을 위한 화제의 예물로서 호의로 받아들여질 수 있다. 너희는 소나 양을 그 새끼와 함께 같은 날에 잡아서는 안 된다."(레위 22,27-28; 비교. 탈출 22,29) 새끼 염소를 그 어미의 젖에 삶아서는 안 된다는 규정(탈출 23,19; 34,26; 신명 14,21) 또한 같은 배려에서 나온 규정으로 보인다.[65] 그런데 이 규정이 동물에 대한 배려 차원에서 나온 것인지, 아니면 풍산을 목적으로 한 이교도의 제의와 연관되어 금지된 것인지, 그것도 아니면 종교적 열성으로 어미와 새끼를 함께 제물로 바침으로써 생계가 어려워지는 것을 막기 위한 금지 조처인지 명확히 규정하기 어렵다.[66]

이와 유사한 규정을 신명 22,6-7에서도 발견할 수 있다. "너희가 길을 가다가 나무에서건 땅에서건 어린 새나 알이 있는 둥지를 보았을 때, 어미 새가 어린 새나 알을 품고 있거든, 새끼들과 함께 어미 새까지 잡아서는 안 된다. 새끼들은 잡아도 되지만 어미 새는 반드시 날려 보내야 한다. 그러면 너희가 잘되고 오래 살 것이다."[67] 가난한 자

---

64 Cf. O. Keel and S. Schroer, Creation: Biblical Theologies in the Context of the Ancient Near East, pp.46-47.

65 Ibid., p.47.

66 Cf. J. E. Hartley, Leviticus, p.362; J. I. Durham, Exodus, p.334; Duane L. Christensen, Deuteronomy 1:1-21:9, Revised, Word Biblical Commentary 6A, Nashville: Thomas Nelson Publishers, 2001, p.293.

67 이 규정의 형식이 십계명의 넷째 계명과 유사함은 고대 랍비 시대 때부터 지적되었다. 부모 공경의 결과 역시 약속의 땅에서 "잘되고 오래 살 것"이기 때문이다. 그런데 고대 랍비들은 이 규정에서 두 가지의 교훈을 끌어내었다. 하나는 만약 하느님께서 이렇게 가벼운

와 약자를 보호하고 보살피라는 신명기의 규정은 조류에게까지 확장된다.[68] 하지만 이 계명은 새끼 새들을 잡는 것을 막지 않고 있기에 과연 조류 친화적인 계명으로 볼 수 있는지 논란의 여지가 있다. 그럼에도 불구하고 베르코비츠(Beth A. Berkowitz)는 이 계명이 몸에 밴 인간 중심적 시각에서 벗어나게 하는 효과가 있다고 말한다.[69]

신명 25,4의 "타작 일을 하는 소에게 부리망을 씌워서는 안 된다"는 규정 역시 사회적 약자에 관한 관심과 같은 맥락에서 나온 규정으로 볼 수 있다. 짐승이라도 고된 일을 하는 동안에는 먹게 해줄 것을 명하기 때문이다.[70] 페어부르건(Jan L. Verbruggen)은 이 규정을 소를 빌린 사람이 지켜야 할 규정으로 해석하면서, 이처럼 동물에 대한 우선적이고 직접적인 관심을 표명하는 구절은 구약성경에 없다고 말한다.[71] 그러나 이 구절을 일종의 격언으로 이해하여 1코린 9,9과 1티모 5,18에서 한 것처럼 노동자와 그의 품삯에 관한 규정으로 이해하려는 해석도 있다.[72]

계명을 준수한 결과로 "잘되고 오래 살 것"이라고 말씀하신다면, 이보다 더 무거운 계명을 준수하면 얼마나 더 큰 복을 주시겠냐는 것이다. 둘째는 하느님께서 이렇게 작은 새에게도 관심을 가지고 배려하신다면, 인간은 얼마나 더 중요한 존재인가 하는 점이다. Cf. ROBERT M. JOHNSON, "'THE LEAST OF THE COMMANDMENTS': DEUTERONOMY 22:6-7 IN RABBINIC JUDAISM AND EARLY CHRISTIANITY," ANDREWS UNIVERSITY SEMINARY STUDIES 20 (1982) PP.205-215, HERE PP.208-209.

68   Cf. DUANE L. CHRISTENSEN, DEUTERONOMY 21:10-34:12, WORD BIBLICAL COMMENTARY 6B, NASHVILLE: THOMAS NELSON PUBLISHERS, 2002, P.497.

69   Cf. BETH A. BERKOWITZ, "BIRDS AS DADS, BABYSITTERS, AND HATS," WORLDVIEWS 26 (2022) PP.79-105, HERE PP.99-100.

70   Cf. PATRICK D. MILLER, DEUTERONOMY, INTERPRETATION: A BIBLE COMMENTARY FOR TEACHING AND PREACHING, LOUISVILLE: JOHN KNOX, 1990, P.171.

71   JAN L. VERBRUGGEN, "OF MUZZLES AND OXEN: DEUTERONOMY 25:4 AND 1 CORINTHIANS 9:9," JOURNAL OF THE EVANGELICAL THEOLOGICAL SOCIETY 49 (2006) PP.699-711, HERE PP.701 AND 705.

72   Cf. WALTER C. KAISER, JR., "THE CURRENT CRISIS IN EXEGESIS AND THE APOSTOLIC USE OF

신명 22,10은 레위 19,19의 이종교배를 금지하는 규정 대신에 "소와 나귀를 함께 부려서 밭을 갈아서는 안 된다"고 말한다. 이는 신체의 크기와 힘이 서로 다른 짐승들에게 같은 멍에를 씌우면 둘이 다 힘들게 되므로 이를 막으려는 것처럼 보인다.[73] 그러나 몇몇 학자들은 이 규정을 비유적으로 해석하여 가나안 사람들과 이스라엘 백성 사이의 혼종혼을 금지하는 규정으로 해석하기도 한다.[74]

동물 보호와 연관된 구약성경의 규정들은 고대 랍비들 시대부터 현시대에 이르기까지 오랜 구약성경 해석의 전통 안에서 종종 인간 중심적인 입장에서 해석되곤 하였다. 곧, 이 규정들이 구체적으로 사람들의 삶과 무슨 연관이 있으며, 사람을 위해 어떤 유익함을 주는지 물었던 것이다.[75] 그러나 최근에 이르러 이런 규정들에서 동물에 대한 하느님의 배려와 친환경적인 삶의 지혜를 읽어내려는 시도들이 더 많이 이루어지고 있다.[76]

DEUTERONOMY 25:4 IN 1 CORINTHIANS 9:8-10," JOURNAL OF THE EVANGELICAL SOCIETY 21 (1978) PP.3-18, HERE PP.14 AND 16.

73   CF. A. NOORDTZIJ, LEVITICUS, TRANS. RAYMOND TOGTMAN, BIBLE STUDENT'S COMMENTARY. GRAND RAPIDS: ZONDERVAN, 1982, P.200.

74   칼마이클(CALUM M. CARMICHAEL)은 신명 22,10의 소와 나귀의 조합을 비유적으로 해석할 것을 제안한다. 야곱의 딸 디나를 강간하였던 스켐은 하모르의 아들인데, 하모르는 나귀를 의미한다. 그리고 디나의 아버지 야곱은 창세 49,6을 근거로 소에 해당한다고 본다. 따라서 나귀와 소를 함께 부리는 것을 막는 것은 스켐으로 대표되는 가나안 사람들과 야곱으로 대표되는 이스라엘 사람들 사이의 혼종혼을 금하는 것으로 해석한다. CF. CALUM M. CARMICHAEL, "FORBIDDEN MIXTURES IN DEUTERONOMY XXII 9-11 AND LEVITICUS XIX 19," VETUS TESTAMENTUM 45 (1995) PP. 433-448, HERE P.437.

75   신명 22,6-7에 대한 고대 랍비들과 교부들의 인간 중심적 해석의 역사에 관해서는 다음을 참조. R. M. JOHNSON, "'THE LEAST OF THE COMMANDMENTS': DEUTERONOMY 22:6-7 IN RABBINIC JUDAISM AND EARLY CHRISTIANITY," PP.208-215.

76   다음 논문이 이런 시도의 대표적인 예라고 할 수 있다: HANS-GEORG WÜNCH, "DOES GOD CARE ABOUT THE OXEN? SOME THOUGHTS ON THE PROTECTION OF ANIMALS IN THE LAW TEXTS OF THE OT FROM A CANONICAL PERSPECTIVE," OLD TESTAMENT ESSAYS 33 (2020) PP.538-555.

5.2. 이종교배의 금지 규정

구약성경에는 이종교배를 금지하는 규정이 발견된다. 레위 19,19은 이렇게 규정한다.[77] "너희는 나의 규칙들을 지켜야 한다. 너희는 종류가 서로 다른 가축끼리 교배시켜서는 안 된다. 너희 밭에 서로 다른 두 가지 씨앗을 뿌려서는 안 된다." 이 구절이 정확히 금지하는 것이 무엇인가에 대해서는 다양한 해석이 가능하다. 코르넬리스 하우트만(Cornelis Houtman)은 이 금지조항의 이유를 이렇게 설명한다. "서로 다른 종을 섞는 행위는 세상 창조 때 존재하게 된 종들 사이의 경계를 허무는 것이며, 이렇게 종들의 구분을 모호하게 만들면 세상을 다시 태초의 혼돈 상태로 되돌릴 수 있으므로 이런 행위는 금지되었다."[78] 첫째 창조 설화는 세상의 창조가 혼돈 상태에 있는 것을 구분하고 갈라냄으로써 이루어졌고, 그 결과 종의 다양성이 생겨났다고 설명한다. 따라서 하우트만은 종의 다양성을 유지하는 것 또한 창조 질서를 따르는 것이 된다고 주장한다.

그런데 밀그롬(Jacob Milgrom)은 이런 해석에 반대한다. 밭에 씨앗을 섞어서 뿌린다고 해서 종들 사이의 결합이 일어난다고 보기 어렵기 때문이다. 나아가 다른 종의 동물을 교배하는 행위가 이스라엘 사회

---

77   레위기 19장은 레위기에서 중심적인 위치를 차지하며, 십계명에 대한 새로운 해설, 혹은 새로운 십계명이 제시되고 있다고 볼 수 있다. 레위 19,19-22은 거룩한 것과 일반적인 것을 섞는 것을 금지하는 규정인데, 레위 19,19은 이 단락의 첫 구절이다. Cf. J. E. Hartley, Leviticus, p.311; Jacob Milgrom, "The Changing Concept of Holiness in the Pentateuchal Codes with Emphasis on Leviticus 19," Reading Leviticus: A Conversation with Mary Douglas, ed. John F.A. Sawyer, Journal for the Study of the Old Testament Supplement Series 227, Sheffield: Sheffield Academic Press, 1996, pp.65-75; 장세훈, "레위기 19장 19절과 GMO 논쟁," Canon&Culture 2 (2008) 71-98쪽, 여기는 84쪽.

78   Cornelis Houtman, "Another Look at Forbidden Mixtures," Vetus Testamentum 34 (1984) pp.226-228.

에서 절대적으로 금지된 행위도 아니었기 때문이다.[79] 밀그롬은 이 규정을 성결법전(레위기 17-26장)의 주된 맥락 안에서 해석하고자 한다. 그는 이 규정 또한 거룩함을 보호하기 위한 규정으로 본다. 성막을 장식(탈출 26,1.31)하거나 사제들의 옷을 만들 때는 서로 다른 실을 섞어서 짜야 한다(탈출 28,6.15; 39,29)는 규정이 있다. 이처럼 서로 다른 것들을 섞는 것은 거룩한 공간의 성스러움과 그 공간에 출입할 권한을 가진 자들을 나타내기 위해 사용된다. 따라서 레위 19,19의 규정은 일반인들이 이것을 사용하지 못하도록 막는 규정이라고 설명한다.[80] 곧 거룩함을 보호하기 위한 규정이라는 것이다. 하지만 밀그롬의 해석은 레위 19,19의 후반부인 "서로 다른 두 가지 옷감으로 만든 옷을 걸쳐서는 안 된다"는 규정에는 적절하게 적용될 수 있겠지만, 동물의 이종교배를 금지하고 서로 다른 씨앗을 섞어서 뿌리지 말라는 규정을 설명하기에는 미흡한 점이 있다. 그래서 어떤 학자들은 서로 다른 씨앗을 섞어서 뿌리지 말라는 규정을 혼종혼을 금지하는 규정으로 해석하기도 한다.[81]

레위 19,19의 동물의 이종교배를 금지하는 규정을 하우트만의 주장대로 태초의 창조 질서를 보존할 것을 요구하는 규정으로 이해한다면, 이 규정은 현대의 유전자 조작 식품에 관한 토론과 연결하여 생각해볼 여지가 있다.

---

79 이사 28,25에 따르면 고대 이스라엘 사회에서 밭에 씨앗을 섞어서 뿌리는 행위가 이루어졌음을 알 수 있다. 또한 당나귀와 말의 잡종 교배를 통해 태어난 노새 역시 성경에 여러 차례 언급된다(2사무 13,29; 18,9; 1열왕 1,33; 18,5).

80 Jacob Milgrom, Leviticus 17-22, The Anchor Bible 3A, New York: Doubleday, 2000, pp.1660-1661.

81 C. M. Carmichael, "Forbidden Mixtures in Deuteronomy XXII 9-11 and Leviticus XIX 19," pp.437 and 447-448.

유전자 조작 식품의 유해성에 관한 논란은 여전히 진행 중이다. 유해성을 주장하는 이들은 생물학적, 신학적, 철학적 이유로 이것에 반대한다. 우선 생물학적 이유를 들자면 이런 식품들이 알레르기 반응을 유발한다는 것이다. 또한 유전자 조작 식물은 항생제와 살충제에 대한 내성을 전달하여 그 결과 슈퍼 잡초들이 번성하게 하고, 다른 유기체에 이차, 삼차적 악영향을 미친다고 한다. 유전자 조작 작물은 인위적으로 유전자를 삽입하여 만든 것이기에 유전적으로 매우 불안정하여, 유전자 구조를 교란함으로써 예상하지 못한 부작용을 초래할 수 있다. 그런데 이렇게 발생한 피해는 원상태로 되돌릴 수 없다는데 그 문제의 심각성이 있다.[82] 그뿐만 아니라 유전자 조작 식물이 생태계에 미치게 될 영향이 무엇이고, 또 어느 정도일지를 과학적으로 예측할 수 없다는 점도 크게 우려가 된다.[83]

레위 19,19의 규정은 유전자 조작 작물을 반대하는 이들이 제기하는 신학적, 철학적 이유와 더욱 직접적인 연관성이 있을 것이다. 제레미 리프킨(Jeremy Rifkin)은 유전자 조작 기술이 급격히 발전해가고 있는 현실을 바라보며 이런 질문을 던진다.

> "모든 종류의 생물을 단지 발명으로 간주하는 세계에서는 신성한 것과 세속적인 것 사이의 경계, 그리고 본질적 가치와 실용적 가치 사이의 경계가 사라진다. 그리고 생물 그 자체는 순전히 기계적인 것과 구별되는 어떤 독특하거나 본질적인 특성이 있지 않은 객관화된 지위로 떨어진다. 이런 세계에서 자라게 될 다음 세대들에게 이는

82　이종원, "GMO의 윤리적 문제," 『철학탐구』 36 (2014) 243-271쪽, 여기는 252쪽.
83　IBID., 257쪽.

무엇을 의미할까?"[84]

"생명은 본질적 가치를 지닌 것인가, 아니면 단지 이용 가치만 있는 것인가?"[85]

그는 유전공학 기술을 통해 자연에 함부로 개입하여 변형과 조작을 시도하는 인류에게 이렇게 경고한다. "결국 우리는 생명공학 세기에 우리 자신을 위해 스스로 만든 이 같은 인공적인 신세계에서 길을 잃고 표류하는 우리 자신을 발견하게 될지도 모른다."[86]

마이클 샌델(Michael J. Sandel) 역시 유전공학 기술이 제기하고 있는 윤리적 문제를 외면해서는 안 된다고 역설하였다.

"오늘날은 과학의 발전 속도가 도덕적 이해의 발전 속도보다 더 빠르기에, 사람들은 윤리적 불안감의 이유를 제대로 설명하지 못하고 힘겨워한다. ... 유전공학 기술이 초래한 윤리적 문제와 씨름하려면, 현대사회에서 거의 간과되고 있는 문제들을 마주할 필요가 있다. 바로 자연의 도덕적 지위에 관한 문제, 주어진 이 세계에서 인류가 취해야 할 적절한 태도에 관한 문제가 그것이다. 이런 문제는 거의 신학의 영역에 가깝기에 현대의 철학자들과 정치학자들은 피하려는 경향이 있다. 그러나 생명공학의 새로운 힘을 갖게 된 우리는 이제 더는 그런 문제를 외면할 수가 없다."[87]

---

84   제레미 리프킨, 『바이오테크 시대(THE BIOTECH CENTURY)』, 전영택, 전병기 역, 민음사, 1999, 92-93쪽.

85   IBID., 126쪽.

86   IBID., 213쪽.

87   마이클 샌델, 『완벽에 대한 반론(The Case against Perfection)』, 이수경 역, 와이즈베리, 2007, 24쪽.

동물의 이종교배와 식물의 이종 교잡을 금지하는 레위 19,19의 규정은 유전자의 존재뿐만 아니라 유전자 조작 기술은 상상도 할 수 없었던 시대에 만들어진 규정이다. 하지만 적어도 그 규정이 자연의 본래 질서를 존중하는 것이 하느님의 거룩함을 따라 사는 것임을 가르치는 규정이라면, 유전자 조작 기술이 우리를 어떤 위험 사회로 인도할지 알 수 없는 이 시대에 올바른 결정을 내리기 위해 귀 기울여 들어야 하는 규정임은 분명하다.

5.3. 과수와 산림에 대한 배려

"너희가 그 땅에 들어가 온갖 과일나무를 심을 경우, 그 과일들을 할례 받지 않은 포피로 여겨야 한다. 세 해 동안 그것들은 할례 받지 않은 것이나 마찬가지다. 그 과일들을 먹어서는 안 된다. 넷째 해의 과일들은 주님에게 축제 제물로 바쳐야 하고, 다섯째 해부터는 너희가 그 과일들을 먹을 수 있다. 이는 너희의 소출이 많아지게 하려는 것이다. 나는 주 너희 하느님이다"(레위 19,23-25). 이 법은 거룩함을 지키려는 이스라엘 백성의 관심이 일상생활의 모든 분야에 미친다는 것을 보여 준다.[88] 이 규정에 따르면 새로 심은 과수에서 첫 3년 동안 얻는 수확은 '할례 받지 않은 것'(עָרְלָה)으로 간주하기 때문에 취할 수 없다. 4년째의 수확은 '거룩한 것'(קֹדֶשׁ)으로 주님께 축제 제물(הִלּוּלִים)로 드려야 한다. 이것은 수확의 맏물을 하느님께 바치라는 규정에 상응하는 것이라 할 수 있다(탈출 23,19; 34,26; 레위 2,14; 34,26; 신명 18,4; 26,2 등).[89]

---

88 Cf. J. E. Hartley, Leviticus, p.319.
89 Ibid.

어린나무에 열린 열매를 거두는 것을 삼가는 이 법은 고대 사회의 농법과 연관이 있다. 이스라엘 땅에서 보통 과일나무들은 성장하는 데 수년이 걸린다. 대추야자 나무의 경우 평균 5년이 걸리고, 무화과와 석류나무는 5~7년이 걸리며, 포도나무는 3~6년, 아몬드나무는 4~5년이 걸린다.[90] 이런 현실을 고려하여 이 법은 과일나무를 심은 지 4년이 되었을 때 열리는 모든 과일은 성전에 봉헌하고, 5년째부터 이 나무에서 딴 과일을 수확하도록 규정하고 있다.[91]

이 법에는 과일나무에 대한 특별한 배려가 담겨 있다기보다는 자연의 질서와 리듬을 존중하며 사는 것이 곧 거룩함을 사는 것이라는 레위기의 정신이 반영된 것으로 보아야 한다.

또한 구약성경에는 산림을 함부로 훼손하는 것을 단죄하는 구절도 발견된다. 신명 20,19은 전쟁 중이라고 하더라도 무차별적으로 산림을 훼손하는 것은 금하고 있다. "너희가 어떤 성읍을 점령하려고 싸움을 벌여 오랫동안 포위하고 있을 때, 그 성읍의 나무에 도끼를 휘둘러 나무를 쓰러뜨려서는 안 된다. 너희는 그 나무에서 열매를 따 먹을 수는 있지만 그것을 베어서는 안 된다. 들의 나무는 너희가 포위해야 할 사람이 아니지 않으냐?" 이런 규정에 근거하여 이사야 예언자는 자연을 함부로 훼손한 아시리아의 임금 산헤립(기원전 704-681년)을 비판하였다.[92]

---

90 Cf. Jacob Milgrom, Leviticus 17-22, The Anchor Bible 3A, New York: Doubleday, 2000, p.1684.

91 Cf. J. Milgrom, Leviticus 17-22, p.1681.

92 Cf. Jeanne Kay, "Concepts of Nature in the Hebrew Bible," Environmental Ethics 10 (1988) pp.309-327, here p.319.

"너는 사신들을 보내어 주님을 조롱하였다. 너는 말하였다. '수많은 병거를 몰아 나는 높은 산들을 오르고 레바논의 막다른 곳까지 다다라 그 큰 향백나무들과 빼어난 방백나무들을 베어 버리고 그 정상 끝까지, 그 울창한 수풀까지 나아갔다. 나는 우물을 파서 낯선 물을 마셨으며 내 발바닥으로 이집트의 모든 강을 말려 버렸다.' … 너의 소란이 내 귀에까지 올라왔으니 나는 네 코에 나의 갈고리를 꿰고 네 입술에 나의 재갈을 물려 네가 왔던 그 길로 너를 되돌아가게 하리라."(2열왕 19,23-24.28)

산헤립의 니네베 궁정의 부조에는 그의 군대가 도시를 점령한 후에 군인들이 그곳의 대추야자 나무를 베어버리는 모습이 묘사되어 있다.[93] 성경은 환경 파괴를 가져오는 인간의 행위를 죄의 결과나 어리석은 교만에서 나오는 행위로 바라본다.[94]

5.4. 고대 이스라엘의 자연관

고대 이스라엘인들은 자연을 하느님의 정의가 이루어지는 도구라고 이해하였다. 자연이 베풀어주는 모든 은혜는 하느님께서 의인에게 주시는 축복으로 여겼고, 자연의 위험과 해악은 우상숭배나 도덕적인 실패의 결과로 간주하였다. 곧 그들은 자연환경의 변화를 하느님의 보상과 징벌이라는 관점에서 이해하였다.[95] 따라서 자연이 인간

---

93 O. Keel and S. Schroer, Creation: Biblical Theologies in the Context of the Ancient Near East, pp.26 and 29 (Figure 9).

94 Cf. J. Kay, "Concepts of Nature in the Hebrew Bible," p.320.

95 Cf. Jeanne Kay, "Human Dominion over Nature in the Hebrew Bible," Annals of the Association of American Geographers 79 (1989) pp.214-232, here p.218.

을 지배하게 된 상황은 신적인 징벌로 여겼다(이사 34,9.11.13-15 참조).⁹⁶ 반대로 구원의 상태는 자연에서 발견되는 모든 적대감과 위험이 사라진 상태로 묘사된다(이사 11,6-9; 65,25 참조).

고대 이스라엘 백성에게는 인간과 구별되는 물질적 세계로서의 자연, 자체의 법칙에 따라 운영되는 폐쇄된 계(system)로서의 자연 개념은 존재하지 않았다.⁹⁷ 고대 그리스인은 코스모스(우주 혹은 세상)를 존재하는 모든 것의 총체이며 그 자체로서 완전한 것으로 이해하였다면 이런 사고방식은 성경적 사고에는 낯선 것이었다.⁹⁸ 성경에 의하면 하느님의 권능은 자연의 모든 현상을 초월하며, 존재하는 모든 것은 그분을 통하여 창조되었고, 그분에 의해 유지된다. 성경은 자연에 질서가 존재함을 인정하지만, 이 질서의 출처는 하느님이며, 전적으로 하느님께 의존하여 움직이는 것으로 이해한다.⁹⁹ 이처럼 자연과 자연 현상에 대한 고대 이스라엘인들의 이해는 현대인들의 사고와 매우 다르기에 자연환경에 관한 성경의 구절들을 이해하기 위해서는 그들의 가치관과 사고방식에 바탕을 두고 접근할 필요가 있다. 동시에 구약성경에 언급된 생태계와 관련된 구절들을 곧바로 우리 시대의 위기를 해결하는데 적용하려는 시도 역시 주의가 필요하다.¹⁰⁰

---

96   Cf. J. Kay, "Concepts of Nature in the Hebrew Bible," p.316.

97   Cf. R. A. Simkins, "The Bible and Anthropocentrism: Putting Humans in Their Place," p.403.

98   Cf. Bina Nir, "Pro-Dominion Attitudes toward Nature in Western Culture: First Cracks in the Narrative," Genealogy 4 (2020), pp.2-13, here p.3.

99   Ibid.

100 Cf. J. Kay, "Human Dominion over Nature in the Hebrew Bible," p.219.

결론

하느님께서 창조하신 세상과 그 안에 포함된 피조물에 대한 구약성경의 관점에 대해 살펴보았다. 가장 먼저, 구약성경에는 하느님과 인간, 그리고 다른 피조물이 서로 연결되어 있으며, 하느님과 인간의 관계, 그리고 인간 상호 간의 관계, 인간과 피조물의 관계가 서로 분리된 관계가 아니라 영향을 주고받는 관계라는 인식이 나타난다. 그리고 인간의 도덕성이 다른 피조물의 안녕에 영향을 미친다는 사고방식도 발견된다. 성경의 이러한 관점은 생태적 관심에 환경과 경제, 사회의 모든 차원을 아우르고자 하는 통합 생태론적 관점과 일맥상통한다고 본다.[101] 교황 프란치스코는 회칙 『찬미받으소서』에서 "생태계들의 상호 작용과 사회의 다양한 영역 간의 상호 작용이 존재한다"고 분명하게 선언한다.

둘째, 성경은 우리가 추구해야 할 근원적인 회복은 태초의 창조 질서를 회복하는 것임을 분명히 하며, 구세사가 이 방향으로 전개될 것임을 선포한다. 사도 바오로는 이것을 믿음의 언어로 이렇게 표현한다. "사실 피조물은 하느님의 자녀들이 나타나기를 간절히 기다리고 있습니다. 피조물이 허무의 지배 아래 든 것은 자의가 아니라 그렇게 하신 분의 뜻이었습니다. 그러나 그것은 희망을 간직하고 있습니다. 피조물도 멸망의 종살이에서 해방되어, 하느님의 자녀들이 누리는 영광의 자유를 얻을 것입니다. 우리는 모든 피조물이 지금까지 다 함께 탄식하며 진통을 겪고 있음을 알고 있습니다. 그러나 피조물만이 아니라 성령을 첫 선물로 받은 우리 자신도 하느님의 자녀가 되기

---

101 『찬미받으소서』 137, 138항.

를, 우리의 몸이 속량되기를 기다리며 속으로 탄식하고 있습니다."(로마 8,19-23) 성경이 내다보는 회복은 인간에게만 주어질 선물이 아니라 온 피조물이 함께 누리게 될 완전한 회복이다. 이것이 바로 통합 생태론이 지향하는 바일 것이다.

셋째, 구약성경에는 인간을 만물의 영장으로 이해하는 인간 중심적인 세계관도 발견되지만, 동시에 신 중심적 세계관, 곧 인간을 하느님의 수많은 피조물 중의 하나로 바라보는 시각도 나타난다. 그리고 인간에게는 하느님께서 만드신 세상의 질서를 유지하고 보호하기 위한 역할이 맡겨져 있다. 이것은 다른 피조물을 작위적으로 착취하고 지배할 권한을 부여하지 않는다. 왜냐하면 인간은 하느님의 모상으로 창조된 존재답게 그 역할을 수행하도록 조건 지어졌기 때문이다. 그러므로 이제라도 "저마다 자신의 문화, 경험, 계획, 재능으로 하느님의 도구가 되어 피조물 보호에 협력"해야 할 것이다.[102]

넷째, 성경은 태초의 창조 질서를 존중하는 삶의 방식으로 안식일의 쉼을 강조한다. 일과 휴식 사이의 균형은 인간의 필요에 바탕을 둔 것이기보다는 하느님께서 세상을 창조하신 방식에 그 근원을 둔다. 모든 피조물은 하느님의 안식에 동참할 권리와 의무를 지닌다.

다섯째, 구약성경에는 짐승에 대한 배려, 이종교배에 대한 금지 규정, 과수와 산림에 대한 배려를 보여주는 구절들이 있다. 이런 규정들은 인도주의적 입장에서 취약한 피조물들을 보호하기 위한 규정일 뿐만 아니라 자연의 질서를 존중하기 위한 삶의 길로 제시된 것으로 보아야 할 것이다. 특히 레위기는 하느님의 거룩함을 따라 사는 길을 하느님께서 본래 창조 때에 심어놓으신 그 질서를 따라 사는 것이라

---

102 『찬미받으소서』 14항.

고 보기 때문이다.

　이상과 같은 고찰을 통하여 구약성경이 통합 생태론적 세계관을 위한 몇 가지 단초를 제공한다는 결론을 내릴 수 있다. 그러나 이 세계관을 인류를 위한 새로운 삶의 양식으로 삼기 위해서는 이 단초 위에 좀 더 섬세하고 포괄적인 구조물을 지을 필요가 있다.

　마지막으로 오늘날의 환경 문제에 관한 토론에서 성경을 사용할 때의 주의점을 언급하고 싶다. 사실 성경에서 어떤 본문을 취하느냐에 따라 성경은 이 문제를 풀어나가는 데 있어서 긍정적으로 이바지할 수도 있고, 부정적으로 이바지할 수도 있다. 이것은 성경 본문 자체가 오늘날과는 전혀 다른 시대를 배경으로 형성된 것이기 때문이다. 더 나아가 생태 문제를 다루기 위해 특정한 본문을 선택할 경우 해당 본문이 다양하게 해석될 가능성도 염두에 두어야 한다. 때로는 전혀 상반된 해석이 나올 수도 있기 때문이다. 이것은 비단 생태 문제뿐만 아니라 어떤 분야의 문제이든 성경에서 그것을 해결하기 위한 지혜를 얻고자 할 때 언제나 직면하게 되는 문제이다. 사실 필자가 앞서 살펴본 구약성경의 본문들도 여기에서 예외가 되지 않는다. 그런데도 필자가 감히 이런 시도를 한 것은 본 연구를 위해 선택한 수많은 성경 본문들이 "성경 전체의 내용과 일체성"을 고려하며 해석할 때 통합 생태론적 세계관을 향한 어떤 일관된 입장을 제시한다고 보았기 때문이다.[103]

---

103 『계시헌장』 12항.

논평

첫째날

'구약성경에서 발견한
통합 생태적 세계관을 위한
몇 가지 단초들'을 읽고

김명겸 요한
(작은형제회)

저자는 오늘날의 환경 위기를 해결하기 위한 답을 구약성경에서 찾으려고 한다. 인간 중심적 세계관이 오늘날의 환경 위기를 가져왔다고 보기 때문에, 그것이 아닌 구약성경이 제시하는 통합 생태적 세계관을 찾아 우리의 삶의 모습을 바꾸어 가야 한다고 주장한다. 통합 생태적 세계관이란 모든 피조물이 서로 연관되어 있으며 서로 영향을 주고받음을 전제로 한다.

1. 만물은 서로 연결되어 있다.

인간 사회의 분쟁과 다툼을 보여주기 위해 저자는 호세아 4장을 언급한다. 하느님 사랑에 대한 항구성과 상호성, 배타성을 잃은 이스라엘은 하느님과 맺은 사랑의 관계에 충실하지 않은 것으로 드러난다. 그 불충실로 하느님과의 관계는 파괴되고, 계명에 불순종하게 되어 그 결과 인간들 상호 간의 관계도 파괴된다. 그리고 인간관계의 파괴는 자연의 파괴로 이어진다. 즉 생태 위기는 근본적으로 하느님과 인간의 관계가 어긋난 것에서 시작되며, 그래서 생태 위기의 극복도 하느님과 인간의 올바른 관계 설정에서 시작되어야 한다. 이것이 호세아 예언서가 주는 교훈이다.

저자는 호세아 예언서와 요엘 예언서를 통해 모든 관계가 연결되어 있음을 제시한다. 하느님과 인간의 관계, 인간 서로 간의 관계, 인간과 피조물의 관계. 그리고 어느 한 관계가 파괴되면 다른 관계에도 영향을 줌을 언급한다. 지금까지 우리가 살아온 인간 중심적 세계관은 관계성 속에서 움직이지 않았다. 심지어 인간 서로 간의 관계마저도 이루어지지 않고, '나' 중심적으로 살아온 것이 모든 관계를 위험에 빠뜨리고 지금의 위기를 초래하지 않았나 생각된다.

2. 근원적인 회복을 위한 방향과 목표

모든 것이 서로 연결되어 있다는 구약성경의 세계관은 태초의 연결이 생겨난 창조의 첫 순간을 가장 이상적인 때로 소개한다. 하느님의 창조는 질서와 조화를 가져왔고 그 안에서 아름다움이 드러난다. 그렇게 창조된 공간이 에덴 동산인데, 그곳은 모든 피조물이 조화와 평화를 이루고 있는, 생명력이 넘치는 곳이다. 피조물 사이에 적대감이 없으며, 상호 협력과 존중이 존재하는, 모두에게 살기 좋은 곳이다.

하지만 인간은 하느님을 불신하고 하느님처럼 되고자 하는 교만 때문에 낙원을 잃게 되었다. 이 죄로 인해 인간의 후손들과 뱀의 후손들 사이에 적대감이 생기고, 남녀 간의 차별이 드러나게 되었고, 땅은 저주를 받게 되었다. 관계의 파괴는 살인으로 이어졌으며, 인류의 타락, 세상의 폭력으로 번져갔다.

하느님께서 보시기에 참 좋았던 태초의 세상과 인간의 범죄 이전의 에덴 동산은 하느님-인간-자연 사이의 유기적인 관계가 조화를 이루던 곳이었다. 그러므로 근원적인 회복은 태초의 창조 질서가 회복된 상황, 본래의 관계가 회복된 상태를 말한다. 하느님-인간-자연 사이의 유기적인 관계가 회복되지 않는다면 어떠한 환경 운동이나 기후 위기 해결을 위한 노력도 온전히 성공하지는 못할 것이다.

3. 성경의 인간관

창세기 1장을 인간 중심적으로 이해하면서 인간은 인간이 아닌 다른 피조물을 자신을 위해 존재하는 것처럼 생각하게 되었다.

창세기 1장이 말하는 인간은 하느님의 모습을 지닌 존재이다. 이것은 하느님과 인간의 밀접한 관계를 강조하면서, 동시에 인간이 하느님과 똑같지는 않음을 드러낸다. 또한 고대 근동의 관점에서 볼 때, 창세 1,28의 '다스린다'는 말은 피지배자들에게 은혜를 베풀고 그들의 안녕에 관심을 쏟는다는 뜻으로 이해되었다. 이어지는 1,29-30에서 모든 생물이 초식만 할 수 있다고 이야기되는 점으로 미루어, 1,28은 동물을 마음대로 죽이는 권한을 포함하지 않는다. 인간이 세상을 지배하더라도 하느님의 모상으로서 하느님의 뜻에 따라 세상을 돌보고 보살펴야 한다. 따라서 인간의 통치권에는 한계가 있다. 인간이 모든 것을 자신의 마음대로 할 수 없다. 그리고 창조된 세상의 통치권은 모든 인간에게 똑같이 주어진 것이다. 따라서 인간은 다른 인간을 억압하거나 착취할 수 없고, 서로 협력해야 한다.

창세기 2장에서 하느님께서는 인간이 땅을 일구고 돌보게 하신다. 여기에 사용된 히브리어 동사의 의미를 통해 볼 때 땅을 일구고 돌본다는 것은 하느님께서 지어주신 경계를 존중한다는 뜻도 포함한다.

구약성경의 본문들이 피조 세계 안에서 인간의 우월성을 인정하는 부분들이 있지만, 이 본문들이 모든 것이 인간의 이익을 위해 창조되었다고 말하는 것은 아니다. 인간은 여전히 하느님의 통치 아래에 있다.

오히려 인간은 만물의 영장으로서가 아니라 다른 피조물과 조화를 이루며 살아가야 할 피조물들 가운데 하나로 자신을 바라보아야 한다. 성경의 신 중심적 사고방식이 이러한 인식을 위해 필요하다.

4. 창조 질서와 안식일의 쉼

창조 질서의 유지를 위해 창세기 1장은 안식일의 쉼을 필수적인 요소로 제시한다. 안식일의 쉼은 창조의 절정이다.

안식일은 이스라엘 백성에게 있어서 하느님과의 계약의 표지였고, 하느님께 대한 신앙의 고백이었다. 그들은 안식일에 하느님의 창조 업적에 대해 찬미하고 감사를 드렸으며, 묶인 자들에게 해방을 선포하고, 생산과 성취에 대한 강박에서 해방되고자 하였다.

현시대는 성장과 발전에도 한계가 있다는 사실을 직시하지 못하고 있다. 그 결과 환경은 심각하게 오염되고, 자원은 고갈되어 가며, 휴식을 빼앗긴 자연은 항상성을 잃고 있다. 이제 우리는 자연의 질서에 포함된 한계를 인정하고, 그 한계와 더불어 사는 법을 배워야 한다. 멈춤과 쉼이 필요하다. 이것은 모든 노동자가 안식일의 쉼을 누리고, 자연도 안식을 누릴 수 있는 그런 쉼이 되어야 한다.

성장이라는 이름은 우리를 멈추지 못하게 만든다. 멈추지 못하는 우리의 모습은 한계가 없는 것처럼 무엇인가를 향해 치닫고 있다. 멈춤은 도태나 파괴가 아니다. 창조의 반대말도 아니다. 오히려 창세기 1장은 안식일을 창조의 첫 1주간 안에 포함한다. 쉼은 창조의 연속이며 창조의 완성으로 창조에 있어 꼭 필요한 요소이다.

5. 구약성경의 자연보호법

구약성경의 법 규정에는 동물과 식물에 대한 배려와 보호를 위한 규정도 있다. 짐승에 대한 배려, 이종 교배에 대한 금지 규정, 과수와 산림에 대한 배려를 보여주는 구절들이 있다. 이런 규정들은 인도주의적 입장에서 취약한 피조물들을 보호하기 위한 규정일 뿐만 아니라, 자연의 질서를 존중하기 위한 삶의 길로 제시된 것이다. 특히 레위기는 하느님의 거룩함을 따라 사는 길을 하느님께서 본래 창조 때에 심어놓으신 그 질서를 따라 사는 것으로 보고 있다.

결론

태초의 인간은 통합 생태적 세계관이 무엇인지 알지 못했을 것이다. 그런 개념을 알 필요도 없었다. 이미 그것을 삶으로 살고 있었기 때문이다. 하지만 인간 안에 하느님처럼 되고자 하는 교만이 생기는 순간, 인간이 자기 삶의 중심에 하느님이 아닌 자신을 두고 싶어 하는 순간, 서로 연결된 관계성은 하나둘 깨지기 시작하고, 지금 우리가 겪는 어려움이 하나둘 모습을 드러내기 시작했다.

자신이 삶의 중심이 된 인간은 모든 것을 자신의 마음대로 할 수 있다고 생각한다. 그 과정에서 나타난 현실의 문제도 인간의 노력으로 극복 가능하다고 생각한다. 저자가 이야기한 것처럼 그 노력은 우리에게서 쉼을 빼앗아 버렸고, 문제는 점점 심각해지고 있다.

피조물을 왜 보호해야 하는가? 그들은 우리가 돌보고 보살펴야 할, 우리에게 맡겨진 존재들이다. 우리도 하느님의 피조물이기에 우리도 돌봄과 보살핌이 필요하다. 우리가 피조물을 보호하는 만큼, 우리도 하느님의 보호를 받아야 한다. 그리고 그 보호는 서로의 유기적 관계성 안에서 이루어져야 한다.

　인간이 어떤 존재인지 돌아보아야 할 시점이 왔다. 인간은 모든 것을 할 수 없는 존재이다. 아니 모든 것을 하지 않아도 되는 존재이다. 나의 한계 안에서, 내가 할 수 있는 것을, 내가 할 수 있는 만큼만 하는 것이다. 그렇게 너의 영역을 존중할 수 있을 때, 자연의 영역과 하느님의 영역이 명확해질 때, 서로의 관계가 회복되어 갈 수 있지 않을까 생각한다. 이것이 저자가 이야기하는 근원적인 회복을 위한 길이지 않을까 이야기해 본다.

첫째날

생태와 종교 1

이용호 프란치스코
(작은형제회)

생태 기후 위기 해결을 위한
종교의 역할

    오늘날 전세계가 직면한 환경 생태 기후 위기에 종교는 어떤 역할을 수행할 수 있으며 얼마만큼 적극적으로 문제 해결에 참여하고 있을까요. 과거와 달리 현대 사회는 종교가 종교 공동체의 영적인 영역을 벗어나 정치, 경제, 문화, 사회 윤리에 영향력을 행사하는 것을 경계하는 경향이 있습니다. 이는 근대 유럽 사회 발전과 함께 두드러지기 시작한 현상으로 종교의 역할을 사적인 영역에 한정시키려 합니다. 종교의 사회로부터의 소외 현상은 학문 분야에서도 드러나는데, 근대 계몽주의 발전 이전 서구 유럽에서 신학이 모든 학문의 정점으로 간주되고 방향성을 설정한 반면, 이후 그리스도교 신학은 인문과학, 사회과학 그리고 자연과학에 주도권을 내주며 주변부로 내몰립니다.

    사회와 과학의 종교 도외시는 지구의 생태 위기 해결을 위한 종교의 적극적인 참여에 대한 비관적인 시각으로 이어지는데, 이러한 시각을 인식하며 프란치스코 교황은 회칙 '찬미받으소서'에서 종교가 과학과 더불어 위기 해결에 동참할 수 있음을 명시합니다.

> 정치와 철학 분야에서, 창조주의 개념을 단호히 부인하거나 타당하지 않다고 여기어 종교가 통합 생태론과 온전한 인류 발전을 위하여 커다란 이바지를 할 수 있다는 사실을 비합리적인 것으로 치부해 버리는 이들이 존재한다는 사실을 저는 잘 알고 있습니다. 다른 이들

은 종교를 그저 관용되어야 하는 하위 문화쯤으로 여깁니다. 그럼에도 과학과 종교는 각자의 고유한 현실 접근 방식으로, 서로에게 생산적인 진지한 대화를 나눌 수 있습니다. (찬미받으소서, 62항)[1]

실제로 과학이나 사회의 다른 분야에 비해 종교는 환경 문제에 뒤늦게 관심을 가지기 시작했는데, 18세기 산업화의 시작과 함께 대두된 환경 오염과 파괴 문제를 자연과학이 먼저 적극적으로 연구하기 시작했습니다. 하지만 시간이 지나면서 사람들은 환경 오염과 파괴가 직접적으로는 오염원 배출에 기인하지만, 더 근원적으로 경제, 정치, 문화 현실에 그 원인이 있음을 인지하기 시작합니다. 점점 그 정도와 범위가 커져가는 환경 문제를 해결하기 위해서는 자연과학과 공학을 통한 기술적 오염원 통제를 넘어 국가와 국제 사회 차원에서 경제 활동에 대한 의식 개선과 정치적 관여가 필수적임을 파악합니다. 더 나아가 한 사회의 경제나 정치 의식은 그 사회 구성원들의 사회, 자연, 그리고 인간 삶에 대한 이해에 기반함을 지적하지 않을 수 없습니다. 생태 위기는 그 복합성과 다양한 원인으로 인해 여러 분야의 과학 지식을 포함하여 개개의 민족들이 발전시켜온 다양한 문화를 비롯한 인류의 풍요로운 지혜를 모아 전 인류가 통합 생태적 해결책을 함께 모색해야 하며, 종교는 깊은 내적 영적 지혜를 나눔으로써 인류 공동체의 노력에 동참해야 합니다.[2]

이 글은 종교가 어떻게 과학과 사회와 "생산적인 진지한 대화"를 나누며 "통합 생태론과 온전한 인류 발전"[3]에 이바지 할 수 있는지 살

1　프란치스코 교황, 『찬미받으소서』, 한국천주교중앙협의회, 개정판 2021.
2　참조. 『찬미받으소서』, 63항.
3　『찬미받으소서』, 62항.

펴보고자 합니다.⁴

과학과 종교

1990년 1월 모스크바에서 열린 과학자들의 세계 포럼은 "지구의 보전과 돌봄: 과학과 종교의 공동 협력 호소 Preserving and Cherishing the Earth: An Appeal for Joint Commitment in Science and Religion"라는 선언문을 발표합니다.⁵ 선언문의 서명자들은 환경과 생태계 파괴로 인한 인류와 다양한 종들의 생존 위기를 종교 언어를 차용하여 "창조에 반하는 범죄 Crime against Creation"라고 규정합니다. 그리고 이처럼 엄청난 규모의 문제를 제대로 이해하고 올바른 해결책을 찾기 위해 세계 종교들의 적극적인 참여를 촉구합니다.

> [심각한 생태 위기가] 우리의 공동 책임임을 인식하고, 오랜 동안 환경 위기를 타결하기 위해 노력해온 우리 과학자들은 세계 종교 공동체가 말과 행동을 통해 적극적으로 지구 환경의 보전에 헌신해 주기를 긴급히 호소합니다.⁶

과학자들은 환경 위기가 단순한 정책 변화로 해결될 문제가 아니며 좀 더 광범위하고 근원적인 차원의 변화가 필요함을 인식하고, 종

---

4 이 글은 참고 문헌에 제시된 문헌들을 요약 정리 보충한 것임을 밝힙니다.
5 참조. Tucker, et al., "Introduction: The Emerging Alliance of World Religions and Ecology," 9–10.
6 "Preserving and Cherishing the Earth: An Appeal for Joint Commitment in Science and Religion," 1990.

교가 이미 인류 사회 발전에 기여해 왔음을 상기시키며, 인류가 당면한 문제 해결을 위해 인간 삶의 다양한 분야에서 적극적으로 참여해 줄 것을 요청합니다.

> 종교 단체들이 평화, 인권, 사회 정의와 같은 사회 문제들에 [관여했던 방식으로] 개인과 공적 차원에서, 무역, 교육, 문화, 대중 소통의 영역에서 국내와 국제 활동들을 시작하고 활성화하는 중요한 역할을 담당할 수 있습니다.
>
> 환경 위기는 공공 정책뿐만 아니라 개개인의 행동에서도 근본적인 변화를 촉구하고 있습니다. 역사를 통해 우리는 종교의 가르침과 모범 그리고 지도력이 인간이 [더 나은 가치 실현을 위해] 행동하고 헌신하도록 독려해 왔음을 알고 있습니다.[7]

아울러, 과학자들은 근대 문명의 발전과 함께 단절되어온 자연을 성스럽게 여기는 종교적 인식 회복을 지지합니다.

> 많은 과학자들은 우주 앞에서 깊은 경외감을 체험했습니다. 우리는 사람들이 성스럽게 여기는 것들을 존중하고 주의를 기울여 다룸을 알고 있습니다. 우리의 집인 지구 또한 이와 같이 성스럽게 대해야 합니다. 환경을 보전하고 돌보는 노력들은 성스러움이라는 관점을 통합할 필요가 있습니다. 또한 우리는 과학과 기술을 더 넓고 더 깊이 이해해야 합니다. 우리가 문제를 제대로 이해하지 못한다면 그 문제를 해결하기가 어렵습니다. 이처럼 종교와 과학 모두는 각자에게 주어진 필요한 역할이 있습니다.[8]

---

7 "Preserving and Cherishing the Earth," 1990.
8 "Preserving and Cherishing the Earth," 1990.

인간은 종교를 통해 초월적 신적 존재들과 소통하고 지구나 더 넓게는 우주의 존재들을 인식하고 관계를 맺게 되는데, 이 과정에서 자연에 성스러움을 부여하고 다시 자연의 성스러움을 통해 초월의 신비와 성스러움에 다가가게 됩니다. 성스러움과 함께 종교는 인간이 자연의 모든 생명체들과 가족적 관계를 가지고 또 서로 의존적인 존재들임을 가르치는데, 이러한 가르침들은 인간이 자연 혹은 생태계를 존중하고 돌보도록 촉구하는데 큰 도움이 될 수 있습니다. 이처럼 과학은 환경 생태 위기 극복에 도움이 되는 가르침들이나 관점들을 종교가 연구하고 제시해주기를 요구하고 있습니다.[9]

린 화이트의 "생태 위기의 역사적 근원": 인간중심적 그리스도교 세계관 비판

1990년 과학자들의 세계 포럼 성명서처럼 생태 환경 문제 해결을 위해 종교가 적극적으로 참여하고 기여하기를 촉구하는 이들이 있는가 하면, 프란치스코 교황이 언급하는 것처럼 종교의 역할을 경시하는 사람들도 있습니다. 더 나아가 환경 생태 문제에 대한 종교의 부정적인 기여를 주장하는 학자들도 있는데, 그 대표적인 인물이 린 화이트 Lynn White, Jr.입니다. 중세 역사와 과학사를 연구한 화이트는 유대교-그리스도교와 환경 문제의 부정적 상관 관계를 설명하였고, 그의 논문은 종교들이 적극적으로 고유의 자연관, 우주관 그리고 종교가 환경에 미치는 영향들을 연구하도록 자극하였습니다. 그는 1966년

---

[9] 참조. Tucker, et al., "Introduction: The Emerging Alliance of World Religions and Ecology," 14–16.

12월 16일 미국 과학 발전 학회에서 "생태 위기의 역사적 근원 The Historical Roots of Our Ecological Crisis"이라는 기조 발표를 하고, 이를 1967년 저명한 과학 학술 잡지인 "사이언스Science"에 기고하였습니다.[10] 여기서 화이트는 "모든 형태의 생명체는 주변의 환경을 변화시킨다"[11]는 전제에서 출발하여, 인간은 지구상에 출현한 이후 늘 주변 환경에 큰 영향을 받고 또 끼쳐왔음을 주장합니다. 특히 인류가 농경 사회로 접어들면서 그 영향력은 막대해지고, 가장 파급력이 큰 변화는 18세기 과학과 기술의 발전에 기반한 산업 혁명에 의해 초래되었다고 지적합니다. 인간이 늘 자연에 영향을 끼쳐 왔음에도 이 산업혁명의 파급력은 그 강도와 범위에서 과거와 견줄 바가 아닙니다. 예를 들어 인류가 불을 사용한 이후부터 연기는 발생해 왔습니다. 중세의 런던이나 조선 시대의 한양에서도 난방이나 요리를 위한 장작불 사용으로 온 도시가 연기로 가득 찼습니다. 하지만 석탄이나 석유 등 화석 연료의 사용과 여러 화학 물질의 사용 증가는 전 지구적으로 대기 성분을 바꾸고 있고 인간뿐 아니라 생태계 그리고 더 나아가 전 지구적 기후 변화에 심각한 영향을 미치고 있습니다.

화이트는 이처럼 환경에 큰 변화를 초래한 근대 과학 기술 혁명이나 산업 혁명 이면에는 자연과 인간의 분리 그리고 자연에 대한 인간의 지배라는 의식들이 있었음을 지적하고 이러한 의식 발전을 유대-그리스도교 종교관과 연결시킵니다. 인간이 자신의 생태 환경을 대하는 방식들은 자신들과 주변의 사물들의 관계를 어떻게 이해하느냐에 따라서 달라집니다. 이런 인간의 생태관은 인간이 자신의 본성을

---

10   Lynn White, Jr., "The Historical Roots of Our Ecological Crisis," *Science* 155 (1967), 1203–1207.

11   White, "The Historical Roots of Our Ecological Crisis," 1203.

어떻게 이해하고 어떤 삶의 목적을 갖는지에 근거하는데 이것이 곧 종교의 지적 요소입니다. 유대교 전통을 이어받은 그리스도교의 창조 설화에 의하면 인간은 하느님의 이미지로 창조되었고 영혼과 육신을 모두 가진 존재로 다른 피조물보다 우월하며 자신의 목적을 위해 그들을 이용할 수 있다고 정당화합니다. 이처럼 인간중심적인 anthropocentric 유대-그리스도교는 자연과 인간 세계의 구분이 명확하지 않고 경계가 열려있던 고대 유럽의 애니미즘같은 이교도 사상과 구분됩니다. 이후 그리스도교 신학자들은 화이트의 창세기 해석은 잘못된 것으로 하느님은 인간에게 지배가 아니라 "관리 stewardship"의 역할을 부여했다고 반박하고, 또 오늘날 서구 사회의 환경 의식은 단순히 유대-그리스도교의 영향으로 환원될 수 없으며 복잡한 문화, 역사적 사건들과 현상들이 함께 형성해 왔다고 주장합니다.

　화이트는 생태 기후 문제의 근원이 종교와 깊이 관련되어 있기에 그 치유책 또한 종교적이어야 한다고 주장하며, 자연의 모든 요소가 영적 주체성을 가진다고 보는 프란치스칸 영성이 그 방향을 제시해 줄 수 있기에 아씨시의 성 프란치스코를 생태학자들과 생태운동가들을 위한 주보 성인으로 지정할 것을 제안합니다. 이후 1979년 12월 요한 바오로 2세는 사도적 서한 Inter Sanctos를 통해 피조물을 하느님의 놀라운 선물로 받아들이고 피조물들을 통해 하느님께 찬미를 드렸던 성 프란치스코를 생태를 위해 헌신하는 모든 이들의 주보 성인으로 반포합니다.[12] 이어서 1990년 1월 1일 세계 평화의 날을 위한 메시지에서 세상의 평화는 창조물과 이루는 평화에서 분리될 수 없으며, 모든 사람들이 성 프란치스코의 영감을 받아 피조물을 존중하고

12　Ioannes Paulus PP. II, "Litterae Apostolicae Inter Sanctos," 29 December, 1979.

평화롭게 살도록 초대합니다.

그는 창조 세계를 깊이 존중한 이로서 그리스도인들에게 좋은 귀감이 됩니다. 성 프란치스코는 가난한 이들의 친구이자 하느님의 피조물들에게서 사랑 받은 이로서, 동물들, 식물들, 자연의 힘들, 그리고 형님인 태양과 누님인 달까지 모든 피조물들에게 주님을 찬미하고 영예를 드리자고 초대하였습니다. 아씨시의 빈자는 우리가 하느님과 함께 평화 안에 있을 때 모든 창조계와 평화를 이루는데 더 잘 헌신할 수 있으며 이 평화는 모든 인간들 사이의 평화와 결코 분리되어 있지 않다는 것을 놀랍도록 잘 보여줍니다. 나는 성 프란치스코가 전능하신 하느님께서 창조하신 모든 선하고 아름다운 것들과 형제애를 나눌 수 있도록 우리에게 영감을 주리라 희망합니다. 또한 성인은 인류 가족과 함께 거대한 형제적 공동체를 이루는 모든 피조물들을 존중하고 정성스럽게 돌봐야 할 중요한 의무가 있음을 우리에게 상기시켜 주리라 기대합니다.[13]

화이트의 1967년 발표 이후 그리스도교 신학자들뿐만 아니라 세계의 종교 학자들은 종교의 관점에서 기후 변화를 연구하려 시도하고 있습니다. 이들은 개별 종교의 우주관이나 윤리관을 연구하고, 이를 바탕으로 생태 기후 위기 해결에 기여할 수 있는 창조적인 아이디어를 연구합니다. 특히 세계 종교들은 인간중심의 세계관이 오늘과 같은 환경 위기 초래에 기여해 왔음을 인식하고 그 대안을 숙고하고 있습니다.

---

13   John Paul II, "Message of His Holiness Pope John Paul II For the Celebration of the World Day of Peace," 1 January, 1990.

종교의 생태 연구

세계의 여러 종교 전통들은 오랜 시간 동안 아주 다양하고 복잡한 방식으로 발전해 왔는데, 개별 종교 공동체들이 사회가 직면한 당대의 문제들을 이해하고 해석하며 대응하려는 노력들의 결과물이 종교 전통들의 중요한 부분을 이루게 됩니다. 이런 전통을 이어받아 21세기의 종교들은 환경 생태 기후 위기라는 범지구적 문제에 대면해서 주로 재발견retrieval, 재평가reevaluation, 재응용reconstruction이라는 세 가지 방법으로 신학적 종교적 대안을 찾으려는 노력을 하고 있습니다.[14]

먼저, 재발견은 교리, 경전, 종교적 규범 연구를 통해 개별 종교들이 어떤 자연관이나 우주관을 가졌는지 조사하는 과정입니다. 모든 종교가 인간과 지구 관계에 깊은 관심을 가지고 명확한 가르침을 제시해 온 것은 아닙니다. 이런 경우 학자들은 종교의 역사와 문헌을 통해 종교 전통 안에 암시적으로 내재되어 있는 우주론이나 자연관을 찾아내려 시도합니다.

재평가 과정에서 학자들은 전통적인 종교 가르침이 얼마만큼 현대 사회와 관련성을 가지는지 평가합니다. 해당 종교의 어떤 개념이나 사고, 교리, 윤리들이 생태적인 태도 고양이나 지속 가능한 실천 방안 고안에 유익한지 살펴보는 것입니다. 이 재평가 과정에서는 환경 보전에 적절하지 않다고 생각되는 종교 요소들도 평가하게 되는데, 예를 들어 지나치게 초월적이거나 강한 현실 거부의 종교 성향은

---

14 Tucker, et al., "Introduction: The Emerging Alliance of World Religions and Ecology," 16–17.

현재 당면한 실제 문제 해결에 유익하지 않다고 평가할 수 있습니다.

마지막으로, 재응용 과정을 통해 학자들은 종교가 전달해 온 전통적인 개념이나 종교 활동들을 새롭고 창의적인 방법으로 현실 문제들에 맞도록 재해석하고 적용하게 됩니다. 예를 들어 자연의 영적 가치, 인간과 자연계 존재들 사이의 가족적 관계성, 그리고 지구 환경에 대한 인간의 책임을 강조하는 신학이나 종교 가르침을 발전시켜 생태 문제에 적용할 수 있습니다. 인간 사이의 관계나 인간과 하느님 관계에 적용시켰던 '죄'의 개념을 인간과 자연 관계에도 적용하여 정립된 '생태적 범죄'라는 종교 생태학적 개념도 한 예라고 할 수 있습니다. 이상의 재발견, 재평가, 재응용 과정은 개별적으로 진행하기 보다는 통합적으로 수행할 수 있습니다.

이런 연구 과정을 통해 세계 종교들은 다양한 생태적 우주론을 제시하고 있는데, 먼저 세상의 모든 것이 상호 연결되어 있다는 힌두교의 세계관은 모든 존재들의 연대를 강조하며 인간 중심의 현대 세계관에 대안을 제공합니다. 또한 힌두교의 환생은 과거와 현재, 미래가 연결되어 있음을 주지시키며 미래를 고려한 행동을 촉구하기도 합니다. 반면 환생이나 반복되는 우주의 탄생과 소멸이라는 인간과 우주에 대한 이해가 숙명론적인 자세를 키울 수도 있음을 유의할 필요는 있습니다. 중국의 도교와 유교는 천인합일天人合一, 즉 하늘과 자연과 인간은 서로 밀접한 관계를 가지고 인간은 자연과 하늘과 조화롭게 살아야 한다는 우주관으로 인간 중심의 자연관에 대안이 될 수 있습니다. 도교의 가르침을 생태학적 관점에서 해석하는 것은 현대 생태 운동에 큰 도움이 될 수 있지만, 그 연구는 상대적으로 미비한 편입니다. 불교의 경우 다른 종교들에 비해 좀 더 일찍 적극적으로 실천 불교Engaged Buddhism를 중심으로 연기 사상, 자연과 모든 존재들의 존중, 마음 챙김 수행을 환경 운동에 적용해 왔습니다. 유대교 학자들은 반면 유대교 전통의 핵심 윤리인 정의와 환대 그리고 안식년을 자연에 확대해야 한다고 주장합니다. 또한 같은 유일신교인 이슬람 학자들은 자연 파괴와 기후 변화는 창조물을 통해 당신을 계시하는 창조주에 대한 불경으로 보고 이를 바로 잡아야 한다고 강조합니다.[15]

이처럼 개별 종교들은 자신들의 종교 전통 안에서 생태 기후 변화를 이해하고 대안을 제시해오고 있고, 환경 단체나 공동체는 특정 종교에 구애 받지 않고 기후 생태 문제 해결을 위해 도움을 줄 수 있는 사상이나 구체적인 실천 방안 마련을 위한 아이디어를 얻기도 합니다. 실제로 오늘날 환경 문제 관련 논의에서 종교와 비종교의 경계를 명확하게 구분하기 어려운 경우가 많습니다. 예를 들어 달라이 라마는 오랜 동안 기후 변화와 환경 파괴 중단을 위한 범지구적 참여 독려와 보편적 윤리 의식 형성에 기여해 왔는데 그의 주장이나 제안들은 불교 전통에 기반하면서 종교와 종파를 넘어 보편적인 호소력을 지니고 있습니다. 아울러 가톨릭 교회의 회칙 "찬미받으소서"는 환경 위기에 대한 전세계적 관심을 환기시키는 한편 가톨릭 교회 뿐만 아니라 종교계 안과 밖에서 큰 영향력을 미치며 환경 운동과 정책 마련에 길잡이 역할을 하고 있습니다.

기후 문제 해결을 위한 개별 종교내 논의 그리고 종교간 논의들 안에서 우리는 두각을 나타내는 세 가지 주제들을 발견할 수 있습니다. 이것들은 모든 종교들이 공통적으로 가진 사상이나 개념은 아니

---

15 Jenkins, et al., "Religion and Climate Change," 92–94.

지만 많은 종교들이 공유하거나 공감하는 주제들입니다.[16]

그 첫 번째는 관리인stewardship 개념입니다. 관리인은 다른 사람에게 속한 것을 관리하도록 위임 받은 사람입니다. 이것은 유대교, 그리스도교, 이슬람교 환경 운동에서 두드러진 개념으로 하느님은 당신의 창조물 사용과 관련하여 인간에게 책임을 묻는다는 세 유일신 종교들의 공통된 이해에 바탕을 두고 있습니다. 전지구적 규모의 환경 위기가 인간에 의해 유발되었음을 파악하고 과학자들도 이 개념에 동의하며 인간은 지구의 주인이 아니라 관리자라는 인식을 가져야 한다고 주장합니다.

환경 철학자인 로빈 아트필드Robin Attfield는 이 개념을 차용하여 인간은 자신들 또한 의존하고 있는 지구로부터 그 관리를 위탁 받은 관리인으로, 기후 변화로 그 책임이 커지고 있음을 지적합니다. 기후 변화는 인간이 지구의 변화에 얼마나 큰 영향력을 행사할 수 있는지 보여주는 진행형 사건이며, 지중해 지역 유일신 종교들의 "관리인" 개념은 이 종교에 속한 사람들이 자신들의 막강한 힘을 자각하고 하느님과 미래 세대를 위해 그 힘을 책임감 있게 사용하도록 독려하리라 기대합니다. 하지만 이 "관리인" 개념은 여전히 인간 중심적이며 인간의 지구 생태계 통제에 대한 합법성을 인정한다는 비판을 받기도 합니다.

많은 토착 문화권의 원주민들도 또한 인간은 지구의 관리인으로 지구를 보호하고 다음 세대에 건강한 지구를 물려주어야 한다는 데에 인식을 같이합니다. 하지만 이들은 초월적 신에 대한 종교적 의무가 아니라 자신들이 살아가는 터전인 자연 생태계와 맺는 상호 의존

---

16 Jenkins, et al., "Religion and Climate Change," 94–97.

적이고 상호 호혜적인 관계에 기인한 책임을 강조합니다. 이들은 신으로부터가 아니라 자신들과 똑같은 권리를 가지고 성스러운 자연 생태계의 다른 구성원들과 다음 세대로부터 그 보전과 관리를 위임받은 것으로 이해합니다.

두 번째로 중요한 주제는 기후 정의입니다. 기후 정의는 사회 정치적 관점에서 주로 논의되고 있지만, 종교도 그 논의에 참여하고 새로운 관점을 부여할 수 있습니다. 예를 들어 유엔 산하 원주민 대표들의 정치적 입장은 늘 자신들의 우주관에 기반하는데, 이들은 모든 피조물들이 신성한 어머니 지구에서 가족을 일구고 부양하며 자신들의 조상들이 살아온 땅과 물과 신성한 장소에서 삶을 유지해나갈 권리가 있음을 주장합니다. 하지만, 기후 변화로 인해 지구의 많은 소수민족과 원주민들 그리고 인간과 똑같은 권리를 가진 생명체들의 생존이 직접적으로 위협받고 있음을 지적합니다. 즉 기후 변화는 이들에 대한 권리 침해인 것입니다.[17] 원주민들은 예를 들어 탄소 배출권 거래를 비판하는데, 이것은 북반구나 제 1세계가 계속해서 오염원을 배출하는 것을 용인할 뿐 아니라 원주민이나 다른 소외된 사람들의 생계, 발전, 자기 결정권을 침해하며, 신성한 것들에 금전적 가치를 부여하고 사물화하며 자신들의 의도대로 범지구적 환경 정책을 결정함으로써 식민지 시대의 이데올로기를 그대로 계승하고 있다고 비판합니다. 이들은 기후 불의에 대한 저항에서 종종 종교 의식을 동반하고 지구와 맺는 가족 관계를 강조합니다. 이처럼 원주민들 편에서 기후 변화 논의는 그들의 종교적 우주관과 생존권을 벗어나 생각할 수

---

17 "Indigenous Elders and Medicine Peoples Council Statement" for United Nations Convention on Climate Change COP21 Paris, Francis, November 30, 2015–December 11, 2015.

가 없습니다.

이런 기후 정의는 생태 부채 ecological debt라는 개념과 깊이 연관되어 있는데, 원주민들과 많은 세계 종교들은 북반구 혹은 제1세계가 식민지 착취로부터 시작하여 역사적으로 지구의 자원들을 남용해왔고, 이로 인해 남반구나 제3세계의 사람들이 피해를 입고 있다고 이해합니다. 이 생태 부채 개념은 프란치스코 교황의 "찬미받으소서" 회칙에도 언급되고 있습니다.

세 번째로 주요한 주제는 묵시론적 종말 apocalyptic입니다. "아포칼립스 Apocalypse"라는 단어는 일반적으로 대재앙을 동반한 세상 종말의 의미를 내포합니다. 이런 면에서 묵시론적 종말이라는 주제는 아주 비관적으로 여겨질 수 있습니다. 하지만 고대 유대교와 그리스도교 전통에서 이 단어는 문자 그대로 미래의 발견 혹은 계시라는 의미를 가지며 이는 긍정적일 수도 비관적일 수도 있습니다.

예를 들어 미국 복음주의자들은 비관적 묵시론적 종말을 기후 변화에 대한 정치적 관여 반대를 위한 신학적 근거로 사용하고 있습니다. 묵시론적 종말, 즉 하느님의 역사 개입이 임박했다면 오랜 시간이 걸리는 기후 변화 대책에 관심을 가질 이유가 없다는 것입니다. 다른 한편으로 기후 변화는 하느님이 계시한 것이고 주도하시는 것으로 인간이 유도한 것이 아니므로 오히려 계시의 완성으로 환영해야 한다고 주장하기도 합니다. 이 두 가지 복음주의적 묵시론 내러티브는 모두 기후 변화에 대한 정치적 관여를 비판하는데 인용됩니다.

하지만 그리스도교 묵시론은 다른 한편으로 지금 이 역사적인 순간 인간이 강한 책임감을 가지고 위기에 임해야 할 것을 독려하기도 합니다. 하느님께서 기후 변화라는 혼돈을 통해 타락한 문명을 단죄하고 쇄신하려고 하신다고 이해한다면, 구약에서 자주 언급되듯 지금의 위기를 인간 개개인과 전세계 정부들이 회개할 수 있는 기회로 볼 수도 있습니다.

한편 기후 과학자들 또한 심각한 현재 상황을 묘사하기 위해 묵시론적 종말이라는 종교적 언어를 차용하기도 합니다. 또한 앞서 신학적 묵시론처럼 기후 변화로 인한 대재앙을 피할 수 없다는 비관적인 묘사와 아직은 상황을 무마할 시간이 있다는 희망적인 메시지를 내포할 수도 있습니다. 이처럼 기후 변화에 대한 과학적 해석은 이미 종교와 깊이 연관된 문화적 의의를 함의하고 있는 것입니다.

기후 생태 위기에 관한 종교 공동체들의 성명

과학자들과 환경 운동가들이 기후 변화와 생태 위기의 심각성을 환기시키면서 종교 학자들뿐만 아니라 종교 단체들도 이 문제에 관심을 가지고 그 해결을 위한 노력에 동참하게 됩니다. 종교 지도자들은 공식 성명을 통해 자기 종교의 신자들에게 문제의 심각성을 인식시키고 문제 해결에 협조할 것을 촉구하며 이 성명을 통해 문제 해결에 기여할 만한 세계관과 자연관 혹은 신관을 제시하기도 합니다.[18]

1980년대부터 세계 교회 협의회 The World Council of Churches, 콘스탄티노플의 바르톨로메오 대주교, 달라이 라마 등 많은 종교 단체와 지도자들이 공적인 성명을 통해 기후 변화의 심각성과 윤리적 의무를 강조해 왔습니다. 가톨릭 교회도 이에 동참해 왔는데, 2015년 프란치스코 교황이 반포한 회칙 "찬미받으소서"는 그 파급력이 상당

---

18   Jenkins, et al., "Religion and Climate Change," 90–92.

했고 그 영향은 현재도 진행되고 있습니다. 한편 회칙 반포 이후 이슬람, 유대교, 불교, 힌두교도 공식 성명서를 발표하게 됩니다.

이슬람 기후 변화 회의에서 작성한 "이슬람 기후 변화 선언 Islamic Declaration on Climate Change"은 인간이 지구를 보살피고 관리하도록 관리인의 역할을 부여 받았지만 khalifah 그 책임을 제대로 수행하지 못하고 변질시키면서 오히려 지구에 해를 가하고 불안정을 야기했다고 지적합니다. 이 성명은 구체적으로 산유국들에게 온실 가스 배출을 줄여나갈 것을 촉구하며 모든 나라가 온실 가스 제로 배출을 위한 대안 마련에 전념해 줄 것을 호소합니다.[19] 한편 "랍비들의 기후 위기에 관한 서한 Rabbinic Letter on the Climate Crisis"은 기후 변화를 하느님의 창조를 인간이 착취한 것으로 해석하고 지구에게 쉼sabbath을 부여해야 하는 의무를 저버렸다고 지적합니다. 이 서한은 모든 유대 공동체가 자신들의 오래된 전통인 사회 정의에 대한 투신의 연장 선에서 생태계 회복을 위해 노력할 것을 호소합니다.[20]

달라이 라마와 여러 국가의 불교 지도자들이 서명한 "세계 지도자들을 향한 불교 기후 변화 성명 Buddhist Climate Change Statement to World Leaders"은 연기설의 관점에서 세상 모든 것은 서로 연결되어 있음을 설명합니다. 이어서 환경 위기를 해결하기 위해서는 근본적인 원인을 알고 행동에 임해야 함을 지적하고, 그 원인으로 화석 연료의 사용, 지속 가능하지 않은 소비 습관, 인식 부족, 그리고 우리 행동의 결과에 대한 자각 부족을 제시합니다. 아울러 화석 연료에서 청정 에너지로의 전환은 탄소 배출 저하로 인한 지구 생태계의 긍정적

---

19 "Islamic Declaration on Climate Change," 18 August, 2015.
20 "Rabbinic Letter on the Climate Crisis," 11 May, 2015.

인 변화뿐 아니라 세상의 영적 쇄신을 위해서도 필요하다고 호소합니다.[21] "힌두 기후 변화 선언 A Hindu Declaration on Climate Change"은 나무와 모든 생명체 그리고 공기와 땅과 강과 바다 등 지구의 모든 부분이 신의 몸의 일부분으로서 신성한 것임을 명시하고, 힌두교에서 중요시하는 생명에 대한 경외, 비폭력ahimsa 그리고 업보karma 개념을 상기시키며, 기후 변화가 초래하는 자신과 타인들 그리고 지구의 고통을 경감해야 할 의무가 있음을 강조합니다.[22]

기후 변화는 인류 공동의 문제로서 한 종교가 감당할 수 없으며 함께 관심을 가지고 그 해결을 위해 노력해야합니다. 이에 세계의 종교들은 개별 성명서와 함께 연합 성명서를 발표하며 세계 정치 지도자들에게 적극적인 정책 마련을 통해 이 시급한 문제를 해결해 나가도록 촉구합니다. 예를 들어 2015년 12월 파리에서 있었던 국제 연합 기후 변화 회의에 앞서 전세계 종교 지도자들은 합동 성명서 Statement of Faith and Spiritual Leaders on the Upcoming United Nations Climate Conference, COP21 in Paris in December 2015를 통해 세계 종교들은 신으로부터 부여 받은 선물인 지구와 우주를 존중하고 보호할 의무, 다음 세대에게 이 지구를 물려줘야 할 의무, 기후 변화에 취약한 가난하고 소외된 사람들을 보호해야 할 의무가 있음에 동의합니다. 그리고 이러한 의무 실행을 위한 인류 개개인과 인류 공동체 전체의 쇄신과 개혁을 요구하면서 동시에 종교의 협력을 다짐합니다.[23]

---

21 "Buddhist Climate Change Statement to World Leaders," 29 October, 2015.

22 "A Hindu Declaration on Climate Change," 23 November, 2015.

23 "Statement of Faith and Spiritual Leaders on the Upcoming United Nations Climate Conference, COP21 in Paris in DecembeR 2015."

생태 환경 위기 해결을 위한 종교의 정치 참여

　2015년 파리 기후 변화 회의에 앞서 세계 모든 종교들이 각자 성명서를 발표하고 또 뜻을 모아 공동 성명서를 발표한 것은 전세계 정치 지도자들이 기후 문제의 심각성을 받아들이고 즉각적으로 행동하도록 독려하는 정치적 행동이었습니다. 지구상의 많은 곳에서 환경 보전을 위한 조치들이 종종 강한 저항에 직면하게 되는데, 금전적 이익 창출을 우선시 하는 기업가들은 환경 파괴를 부정하거나 도외시 하고 권력 유지에 집착하는 정치인들은 환경 문제에 적극적으로 개입하지 않는 소극적인 방법으로 그들을 비호하기도 합니다. 이러한 부정적 현실은 실질적인 문제 해결을 위해서 종교들이 사회에서 정치적 목소리를 높일 것을 요구합니다. 환경 생태 문제는 한 개인이 삶의 스타일을 바꾸거나 영적인 기도만으로 해결되지 않고 적절한 공공 정책과 법안 마련을 통한 규제가 필요하기 때문입니다.

　하지만 많은 종교인들이 자연과 생태에 관한 종교들의 관심에 동참하지 않을뿐더러 종교가 생태 위기와 관련하여 사회 문제, 즉 정치, 경제, 에너지 정책, 운송, 산업, 농업 등의 문제에 참여하는 것에 반감을 가지기도 합니다. 그들은 종교의 역할이 개인의 구원을 위한 노력이나 자선 사업 등 영적이고 사적인 영역에 머물러야 한다고 주장합니다. 성스러움을 지향하는 종교는 세속적인 것들을 지양해야 한다고 믿는 것입니다.
　하지만 도덕과 윤리가 근본적 요소들인 종교가, 타인에게 고통을 유발하는 현실을 묵과할 수는 없습니다. 오늘날 많은 이웃들이 생태 문제로 고통받고 있다면, 인간 중심적인 종교관에서 본다 해도 생태계 파괴는 윤리적인 죄가 되는 것입니다. 콘스탄티노플의 바르톨로메오 1세 총대주교는 하느님이 창조하신 자연 생태계의 다양성을 훼손하고 다양한 종들을 멸종으로 몰고 가며, 자연 우림과 습지를 파괴하고 물과 땅과 하늘을 독극물로 오염시키는 행위는 죄라고 간주했습니다.[24] 자연 파괴를 죄로 규정함으로써 총대주교는 이 문제를 윤리 문제, 영적인 문제로 변화시킨 것입니다.

실제로 기술, 경제, 정치적으로 글로벌화된 사회에서 이런 윤리적 문제들의 해결은 정치적 참여를 필요로 합니다. 우리가 생활하기 위해 사용하고 있는 석유 화석 연료들이 대기와 자연을 오염시키면서 우리 자신과 이웃, 더 나아가 지구의 다른 생명들을 위협한다면 우리는 이를 근절하거나 적어도 경감시키려는 노력을 해야하며, 이는 개인의 소비 생활 변화뿐 아니라 적절한 공공 정책 수립도 필요로 합니다. 예를 들어 아마존이나 인도네시아의 열대 우림 파괴가 기후 위기에 일조한다면 기업의 이익을 위해 생태계를 무분별하게 파괴하는 기업들을 규제하고 이를 허용하는 정부들을 압박할 수 있는 국제법적으로 합의한 규정들이 마련되어야 합니다. 이것은 결국 정치 참여입니다.

---

24 "Address of His Holiness Ecumenical Patriarch Bartholomew at the Environmental Symposium, Santa Barbara, CA, November 8, 1997," in This Sacred Earth: Religion, Nature, Environment (ed. Roger S. Gottlieb; 2nd ed.; New York: Routledge, 2004), 229–30.

마무리

　지금까지 종교가 어떻게 환경 생태 기후 위기 문제에 대응할 수 있는지 간략하게 살펴 봤습니다. 대부분의 세계 종교들은 자신들의 전통에 기반하여 생태 친화적 우주관이나 윤리관을 제시하고 위기 극복을 위해 동참할 것을 신자들과 세계의 정치인들에게 호소하고 있습니다. 하지만 모든 종교인들이 생태적 가르침에 귀를 기울이거나 실천에 동참하지는 않습니다. 살생을 금지하는 불교 국가들에서 집단적 폭력이 자행되고 사랑과 용서를 설교하는 그리스도교 국가들 안에서 반목과 전쟁이 끊이지 않는 것처럼, 종종 종교의 가르침과 그 실천이 꼭 일치하지는 않습니다. 이처럼 세계 종교들의 노력들이 환경 문제 해결을 장담하지 못한다 하더라도, 환경과 생태 문제를 좀 더 많은 사람들에게 환기시킬 수 있고 또 문제 해결에 동참하도록 격려할 수 있다면, 그것만으로도 종교의 협력은 큰 의의를 가집니다.

참고 문헌

프란치스코 교황, 『찬미받으소서』, 한국천주교중앙협의회, 개정판 2021.

Gottlieb, Roger S., "Introduction: Religion and Ecology-What is the Connection and Why Does It Matter?" in The Oxford Handbook of Religion and Ecology, edited by Roger S. Gottlieb, 4–25, Oxford: Oxford University Press, 2006.

Jenkins, Willis, Evan Berry, and Luke Beck Kreider, "Religion and Climate Change," Annual Review of Environment and Resources 43, no. 1 (2018): 85-108. https://www.annualreviews.org/doi/pdf/10.1146/annurev-environ-102017-025855.

Schwadel, P., and E. Johnson, "The Religious and Political Origins of Evangelical Protestants' Opposition to Environmental Spending," Journal for the Scientific Study of Religion 56 (2017): 179–198.

Tucker, Mary Evelyn, and John A. Grim, "Introduction: The Emerging Alliance of World Religions and Ecology," Religion and Ecology: Can The Climate Change?, Daedalus, Journal of the American Academy of Arts and Sciences (Fall 2001): 1-23. https://www.amacad.org/sites/default/files/daedalus/downloads/Daedalus_Fa2001_Religion-and-Ecology-Can-Climate-Change.pdf.

White, Jr., Lynn, "The Historical Roots of Our Ecological Crisis," Science 155 (1967): 1203–1207.

"Preserving and Cherishing the Earth: An Appeal for Joint Commitment in Science and Religion," 1990. https://fore.yale.edu/sites/default/files/files/Preserving%20and%20Cherishing%20the%20Earth.pdf.

종교계 성명서

"A Hindu Declaration on Climate Change," 23 November, 2015. https://hinduclimatedeclaration2015.org/english.

"Buddhist Climate Change Statement to World Leaders," 29 October, 2015. https://plumvillage.org/articles/buddhist-climate-change-statement-to-world-leaders-2015/.

"Indigenous Elders and Medicine Peoples Council Statement" for United Nations Convention on Climate Change COP21 Paris, Francis, November 30, 2015–

December 11, 2015. https://spiret.org/wp-content/uploads/2015/11/Formal-Statement_IndigenousEldersandMedicinePeoples_COP21.pdf.

"Islamic Declaration on Climate Change," 18 August, 2015. https://www.arrcc.org.au/islamic_declaration.

"Rabbinic Letter on the Climate Crisis," 11 May, 2015. https://theshalomcenter.org/civicrm/petition/sign?sid=17.

"Statement of Faith and Spiritual Leaders on the Upcoming United Nations Climate Conference, COP21 in Paris in December 2015." https://actalliance.org/wp-content/uploads/2015/10/COP21_Statement_englisch2.pdf.

첫째날

생태와 종교 2

이용호 프란치스코
(작은형제회)

환경 생태 위기 극복을 위한
불교의 가르침과 제안

　세상의 모든 종교인과 함께 불교인들 또한 현재의 환경 생태 기후 상황을 아주 심각한 문제로 인식하고 있으며, 불교 경전과 가르침에 바탕을 두고 세계가 맞닥뜨린 위기를 종교적 관점에서 이해하고 그 해결에 도움이 되는 아이디어와 환경 친화적 사상을 제시하려고 합니다. 실제로 불교의 가르침들 상당 부분이 이미 자연 친화적이며 현대적인 생태적 사고를 내포하고 있습니다. 또한 달라이 라마나 틱 낫 한과 같은 현대 불교의 많은 지도자나 스승들은 지구를 위한 "관리인"이라는 개념을 지지하고 있습니다.

　기원전 5-6세기 북인도지역에서 기원한 불교는 시간이 흐르면서 인도를 벗어나 아시아 곳곳에 전파되었고 지역에 따라서 다양한 전통으로 발전하게 됩니다. 아시아 불교의 역사적 발전과 전파는 대략적으로 세 개의 지역으로 나누어져 이루어집니다. 동남아시아 지역에서는 근본 불교가, 중국, 한국, 일본, 베트남을 포함한 동아시아 지역에서는 대승 불교가, 그리고 비교적 불교가 늦게 전래된 티베트와 몽골에서는 대승 불교의 한 갈래로 밀교가 발전해 왔고, 지금도 이 세 불교 전통은 그 지역의 사회, 문화, 종교 생활에 막대한 영향력을 행사하고 있습니다. 의심의 여지 없이 한 지역의 불교 지도자들이나 지식인들의 환경 생태 사상 또한 그 지역의 주도적인 불교 전통의 가르침과 수행에 뿌리를 둘 것입니다. 하지만 서구 불교의 경우 불교 전통의 지역적 구분에 얽매이지 않고 유용하다고 생각하는 개념이나 아이디어를 차용하고 발전시키기도 합니다. 본 글에서는 재발견, 재평가, 재응용이라는 종교 생태 연구 과정을 통해 불교 지도자들이나 불교 학자들이 제시하는 불교의 일부 생태 주제들을 소개합니다.

전통적인 계율과 생태 계율

불교 수행의 목적은 고통과 윤회輪廻를 끝내는 것입니다. 이 목적을 위해 가장 기본적인 수행으로 불교는 절제와 도덕적인 삶을 살 것을 독려합니다. 도덕적인 삶은 불교 용어로 '계戒 sīla를 지킨다'고 합니다.

부처는 일반 대중에게 기본적으로 지켜야 할 다섯 가지 계율, '오계'를 제시합니다.[1] 부처의 가르침을 따르는 신도들은 생명을 죽이지 말 것 (不殺生 불살생), 주지 않는 것을 가지지 말 것 (不偸盜 불투도), 부정한 성관계를 맺지 말 것 (不邪婬 불사음), 진실되지 않은 거짓말을 하지 말 것 (不妄語 불망어), 술을 마시지 말 것 (不飮酒 불음주)을 다짐합니다. 기본적으로 이 다섯 가지 계율들은 자기 절제와 통제를 계발하기 위한 방편들입니다. 부처는 중생들에게 고통을 유발하는 세 가지 독, 탐진치貪瞋癡를 경계할 것을 가르치는데, 이는 좋아하는 것에 대한 집착인 탐욕貪慾, 뜻에 맞지 않을 때 일어나는 분노나 증오심인 진에瞋恚, 그리고 탐욕과 분노에 사리분별이 흐리고 어리석은 것인 우치愚癡입니다. 그

---

1 Harvey, *An Introduction to Buddhist Ethics*, 66-82. 이 글에서 제시된 불교 가르침들의 이해 심화를 위해서 Peter Harvey의 *An Introduction to Buddhist Ethics*를 참조하기 바랍니다.

리고 이 세 가지 독을 극복하기 위해서 불자들에게 세 가지 덕, 너그러운 보시, 자애, 그리고 지혜를 제시합니다. 다섯 가지 기본 도덕 계율인 오계는 사람들이 세 가지 덕을 계발하도록 돕고 자신과 타인들 그리고 모든 중생에게 고통과 해를 가하는 세 가지 독으로부터 지켜줍니다. 이런 점에서 오계는 사람들이 아힘사 ahimsa 즉 비폭력의 삶을 살도록 돕는다고도 할 수 있습니다.

현대 불자들, 특히 실천 불교인들은 전통적인 오계 개념을 환경 생태 문제와 결부시키고 그 의미를 확장합니다.[2]

첫 번째 계율, 생명을 죽이지 말 것: 환경 파괴와 기후 변화가 초래하는 고통들을 인식하고, 우리는 자비심을 가지고 다른 사람들과 동물들과 식물들의 생명과 무생물들까지 보호하는 방법을 모색해야 합니다.

두 번째 계율, 주지 않는 것을 가지지 말 것: 우리는 기업의 자원 착취를 경계하고 전세계 공정 거래를 장려해야 합니다. 우리는 대량 생산, 무분별한 토지 사용, 지나친 살충제 사용, 다양한 오염 등 인류가 저지르는 행동으로 야기된 환경 문제로 생존을 위협받고 이 땅에서 번성할 권리를 침해당한 모든 인간, 동물, 그리고 식물을 기억해야 합니다.

세 번째 계율, 부정한 성관계를 맺지 말 것: 우리의 개인적 집단적 욕망을 충족시키기 위한 행동과 소비가 불러오는 고통들을 인식하여 우리의 욕구를 통제하고 자원 소비에 주의를 기울여야 합니다.

네 번째 계율, 거짓말을 하지 말 것: 우리는 개인, 지역, 국가, 그리고 국제적 차원에서 환경 생태 문제 의식을 고양시켜야 합니다. 또한

2　KAZA, "THE GREENING OF BUDDHISM: PROMISE AND PERILS," 191.

무분별한 소비를 부추기는 광고들과 환경 문제와 관련된 거짓 정보들에 주의를 기울여야 합니다.

다섯 번째 계율, 술을 마시지 말 것: 우리는 사회의 관심으로부터 소외된 사람들과 모든 생명체의 고통에 관심을 가지고 자비심을 키우고 그 고통의 원인과 진행을 올바로 이해하도록 노력해야 합니다.

사성제 四聖諦 catvāri āryasatyāni

불교에서는 계율 준수를 통해 몸과 마음을 다스리게 되면 마음이 통일된 선정禪定 상태에 들 수 있다고 가르칩니다. 그리고 마음이 통일되고 안정되면 세상을 꿰뚫고 관찰하여 바른 지혜智慧를 얻을 수 있습니다. 이처럼 계율, 선정, 지혜를 갈고 닦는 것을 삼학三學이라고 합니다.

불교에서 지혜(반야般若 prajñā)는 인간과 세상의 실재에 대한 명료하고 깊은 이해를 의미합니다. 부처가 깨닫고 설파한 지혜 중 가장 근본적인 가르침이 사성제입니다. 부처는 보리수 나무 아래에서 깨달음을 얻은 후 북인도 바라나시 근교의 녹야원 즉 사슴 공원에서 이전에 자신과 함께 수행했던 다섯 명의 수행자에게 처음으로 가르침을 펼칩니다. 이 첫 번째 설법, 즉 초전법륜(初轉法輪, '처음으로 법의 바퀴를 돌리다')에 사성제, 팔정도와 같은 불교의 가장 근본적인 가르침들이 포함되어 있습니다.

사성제는 '네 가지 고귀한 진리'로 구성되는데, 이것이 바로 고집멸도苦集滅道의 진리입니다. 첫 번째 고귀한 진리는 '삶은 고통이다'라는 고제苦諦, 두 번째 진리는 고통은 집착과 무지에서 비롯된다는 집제集諦, 세 번째 진리는 이 고통은 끝낼 수 있다는 멸제滅諦, 마지막으로 네 번째 진리는 여덟 가지의 올바른 길 팔정도八正道를 통해 고통을 끝내고 열반에 이를 수 있다는 도제道諦입니다.

여기서 팔정도는, 정어正語 바르게 말하기, 정명正命 계율을 지키며 바르게 생활하기, 정업正業 바른 직업을 갖기, 정정진正精進 바르게 정진하기, 정념正念 바르게 깨어 있기, 정정正定 바르게 집중하기, 정사유正思惟 바르게 결심하기, 정견正見 바르게 보기로 나누어집니다. 이 여덟 가지의 고귀한 길은 정어, 정명, 정업의 계율, 정정진, 정념, 정정의 선정, 그리고 마지막으로 정사유, 정견의 지혜로 구분하여 삼학으로 분류되기도 합니다.

사성제는 종종 의료 과정에 비유되고 부처 또한 사람들의 병을 치료하는 의사에 비유되기도 합니다. 사성제에서 첫 번째, 병이 있음을 인지하고(고제苦諦) 그 병의 증상을 정확하게 이해합니다. 이어서 병의 원인을 진단하고(집제集諦), 그 병이 치유될 수 있음을 예단한 뒤(멸제滅諦), 치료법을 제시합니다(도제道諦).

고통

사성제 중에서 첫 번째 고통의 진리는 네 가지 진리 중 다른 진리들을 추구하고 깨달음으로 이끄는 길의 출발점입니다. 환자는 병을 치유하기 위한 첫 번째 과정으로 먼저 자기 몸에서 통증이나 이상 증상을 자각하고 자신이 아프다는 것을 인지해야 합니다. 환경 생태 위기가 온 지구를 위협하고 있음에도 많은 사람들이 아직 인류와 생태계가 자연 파괴로 고통받고 있다는 것을 인정하지 않고 있습니다. 전 세계적 이상 기후 현상과 관련된 자연 재해로 수많은 사람들, 특히 가난하고 소외된 사람들이 고통받고 있음에도 그들은 환경 기후 위기를 거짓이라고 일축하며 지구를 구하기 위한 인류 공동체의 노력에 참여하지 않고, 도리어 국내, 국제 사회에서 진행되는 환경 활동들을 방해하기도 합니다.

원인: 자아 집착과 무아에 대한 무지

이들의 반생태적 태도는 또한 고통의 원인을 설명하는 두 번째 거룩한 진리와도 연결되어 있습니다. 부처는 인간의 실재에 대한 무지와 원하는 것에 대한 집착에서 고통이 비롯된다고 설명합니다. 가장 근본적인 무지는 영원히 계속되는 실체를 가진 '나'가 있다는 착각입니다. 이런 '나'에 대한 집착은 삼계육도三界六道, 즉 욕계, 색계, 무색계의 삼계와 지옥, 아귀, 축생, 아수라, 인간, 천신의 육도 세계에서 환생을 끝없이 반복하는 윤회輪廻를 포함한 모든 고통을 유발합니다. 여기서 중요한 것은 실체가 없는 '나'가 있다고 믿는 무지와 집착인데, 대승 불교에서는 '나' 뿐만 아니라 세상의 모든 것에 영속하고 불변하는 실체가 없다는 '공空'사상을 발전시킵니다. 초기 불교에서 '나'는 다른 물리적, 심리적 요소들로 구성된 개념이라고 이해했지만, 우주의 가장 근본적인 구성 요소들인 다르마(dharma 法)들은 실재한다고 보았습니다.[3] 하지만 대승 불교에서는 우주의 근본 구성 요소인 다르마 또한 불변하는 실체가 없다고 가르칩니다. 이 가르침이 바로 '공(空 śūnyatā)'입니다. 존재하는 모든 것은 이 '공'을 제외하고는 어떤 실재적

---

3 우주의 근본적인 구성 요소인 dharma 는 진리를 일컫는 Dharma 와 구별됩니다.

본성을 가지지 않는다고 봅니다. '공' 개념은 열반(涅槃 Nirvāṇa)에도 적용되는데, 모든 것이 '공'하기 때문에 삼사라samsara 즉 중생이 윤회를 거듭하는 세상과 열반 세계가 똑같이 '공'하다는 것입니다. 대승불교 경전의 하나인 반야심경般若心經은 이런 '공'사상을 간략하게 집약하여 설명하고 있습니다.

    色不離空, 空不離色, 色即是空, 空即是色

    색은 공과 다르지 않고, 공이 색과 다르지 않으니, 색은 곧 공이요, 공은 곧 색이다.

무아와 공 그리고 자비심

무아와 공 개념은 나와 타인들, 인간과 자연 사이 모든 경계를 허물어 버립니다. 다른 사람들이 우리와 다르지 않다는 것을 깨닫게 될 때 우리는 타인들의 고통에 무관심할 수가 없습니다. 그들의 고통이 곧 나의 고통이 되기 때문입니다. 그리고 타인들의 고통을 나의 고통과 동일시하고 함께 아파하는 것이 바로 자비심입니다. 이 자비심은 타인과 내가 다르지 않음을 인식하고 그들을 깊이 이해하고 그들과 아주 친밀한 관계를 형성할 때 생깁니다.

인연생기因緣生起

무아와 공 개념과 더불어 불교의 중요한 개념인 연기緣起 또한 사람들이 지구의 다양한 문제들의 본질을 이해하고 문제 해결에 동참하도록 설득하는데 유용합니다.

연기緣起는 인연생기因緣生起의 축약어로 모든 것은 직접적인 인과因果 관계나 간접적인 원인 혹은 조건(緣)에 의지해서 일어난다는 가르침으로, 어떤 조건이나 원인에 의해 생겨난 것은 그 자체가 다시 원인과 조건이 되어서 다른 것들을 생겨나게 합니다. 이 가르침의 관점에서 세상을 바라볼 때, 모든 존재하는 것은 서로 의존하고 조건 지우는 하나의 거대한 그물망과 같으며, 이 복잡하게 얽힌 그물망에서 어떤 한 인간이나 생물 혹은 사물이 독립적으로 생겨나거나 존재를 유지해 나갈 수 없다는 생태학적 결론에 이르게 됩니다.

화엄경과 인드라망

화엄경華嚴經에는 이처럼 우주의 모든 것이 한없이 복잡하게 연결되어 있음을 설명하기 위해 인드라망이라는 비유를 사용합니다. 이 인드라망은 수를 셀 수 없이 많은 구슬 보배들로 이루어져 있는데, 어느 한 구슬이 우주의 다른 모든 구슬을 비추고 그 구슬은 동시에 다른 모든 구슬에 비춰지며, 온 우주의 구슬들을 담은 다른 구슬의 영상이 다시 그 구슬에 비춰지는 이런 반영이 끊임없이 반복됩니다.

생태학적 관점에서 이 비유는 한 종의 멸종 혹은 한 서식지의 파괴가 지구의 다른 모든 구성원에게 영향을 미친다는 현실을 잘 반영합니다. 또한, 인드라망에서 어느 한 구슬이 덜 투명하다면 다른 구슬들을 선명하게 비출 수 없는데, 이는 환경이 오염될 때 그 안에서 살아가는 다른 생명체들이 해를 입고 약해지며, 반대로 강이나 습지나

산이 깨끗하게 보전될 때 그 안에 서식하는 모든 생명체가 활기를 얻고 건강하게 살아간다는 것을 보여줍니다. 이 상호 조건 혹은 상호 의존의 그물망은 모든 존재의 행동뿐 아니라 그들의 사고 또한 반영하게 되는데, 어느 한 존재의 사고나 의도는 우주의 사건이나 현상들을 결정하게 될 것입니다.[4]

베트남의 선 스승이자 실천 불교 활동가인 틱 낫 한 스님은 만물이 서로 연결되어 있음을 종이 한 장을 통해 설명합니다. 그는 제자들에게 종이 한 장에서 구름과, 태양과, 흙과 나무를 볼 수 있는지 묻습니다.

> 이 종이 한 장이 종이가 아닌 다른 수많은 요소들로 만들어지듯이, 한 개인도 자신이 아닌 다른 요소들로 이루어져 있습니다. 당신이 시인이라면 이 종이 한 장에 구름이 떠 있는 것을 선명하게 볼 수 있을 겁니다. 구름이 없다면 물이 없을 테고, 물이 없다면 나무는 자랄 수 없고, 나무가 없이 종이를 만들 수는 없습니다. 그렇게 구름이 바로 여기 있습니다. 이 종이 한 장의 존재는 구름의 존재에 의존하고 있습니다. 종이와 구름은 이처럼 가깝습니다. 그럼 다른 것들도 생각해 봅시다. 햇살은 어떨까요. 햇살은 아주 중요합니다. 햇살이 없다면 나무가 자랄 수 없고, 햇살이 없다면 우리 인간들도 자랄 수 없기 때문이지요. 그래서 벌목꾼이 나무를 자르기 위해서는 햇살이 필요하고, 나무가 나무로 자라기 위해서도 햇살이 필요합니다. 이처럼 여러분은 이 종이 한 장에서 햇살을 볼 수 있습니다. 여러분이 보살의 눈으로 깨달은 이의 눈으로 더 깊이 바라본다면 여기 종이 한 장에 구름이나 햇살뿐 아니라 모든 것이 있음을 볼 수 있습니다. 벌목

---

[4] 참조: DAVID LANDIS BARNHILL, "RELATIONAL HOLISM: HUAYAN BUDDHISM AND DEEP ECOLOGY," 77–106.

꾼이 먹을 빵이 되는 밀, 그의 아버지, 모든 것이 이 종이에 담겨 있습니다.

화엄경은 이 종이 한 장과 관련이 없는 것은 어떤 것도 찾을 수 없다고 말합니다. 따라서 우리는 "종이 한 장은 종이가 아닌 다른 요소들로 만들어진다"고 말합니다. 구름은 종이가 아닙니다. 숲은 종이가 아닙니다. 햇살은 종이가 아닙니다. 종이는 모두 종이가 아닌 다른 요소로 만들어져서 우리가 이 요소들을 모두 원래의 자리로 돌려보낸다면, 즉 구름은 하늘로, 햇살은 태양에게로, 벌목꾼은 그의 아버지에게로 돌려보내면, 종이는 비게 됩니다. 무엇이 비어 있다는 말인가요? 독립적으로 존재하는 '나'가 없다는 의미입니다. '나'는 모두 '나'가 아닌 다른 요소들, 즉 종이가 아닌 다른 요소들로 이루어져 있습니다. 이 종이가 아닌 다른 요소들을 모두 떼어 놓으면, 종이는 참으로 비어 있는 것입니다. 독립된 '종이'라는 것은 없습니다. '공', '비어 있음'은 이처럼 종이가 모든 것, 전 우주로 가득 차 있다는 것을 의미합니다. 이 작은 종이 한 장이 전 우주가 존재함을 보여줍니다.[5]

보편 책임감

티베트 불교 지도자 달라이 라마도 세상 모든 것은 아주 깊이 연결되고 서로 의존하고 있어서 우리의 행동 하나, 말 한 마디, 생각이 모두 다른 이들에게 영향을 미친다고 말합니다. 그는 개개인의 삶은 사회와 자연이라는 그물망에 복잡하게 얽혀 있다고 지적하며, "보편 책임감"을 강조합니다.

---

5 THICH NHAT HANH, *BEING PEACE*, 51–52.

우리는 모두 '보편 책임감'을 계발해야 합니다. 보편 책임감은 우리의 마음과 생각을 우리 자신이 아니라 타인에게로 향하는 것입니다. 보편 책임감, 즉 우리의 모든 행동이 우주에 영향을 미치고 또 모든 사람에게 고통 받지 않고 행복할 권한이 똑같이 있다는 인식을 계발하는 것은 마음의 자세를 바꾸는 것입니다. 자세가 바뀔 때 우리는 자신의 좁은 이익보다는 타인의 이익을 위해 행동할 수 있습니다.[6]

여기서 달라이 라마는 주로 다른 인간들에 대한 보편적 책임감에 대해 말하고 있지만, 이 책임감은 우주의 다른 모든 존재에게도 해당됩니다. 즉 우리의 행동으로 환경이 파괴되고 자연 재해가 심해지며 이로 인해 고통 받는 다른 사람들과 생명체들이 있음을 인식하고, 생태계의 모든 존재가 생명을 유지하고 삶을 살아갈 권리가 있음을 인정하여 책임 있는 행동을 하는 것입니다.

공동 책임

상호 의존과 상호 연관이라는 존재론적 불교 개념은 세상의 모든 존재가 서로 의존하고 또 개인적 사회적 인간 활동들이 다른 인간과 타 생명체들에 큰 영향을 끼치고 있다는 것을 강조합니다. 틱 낫 한 스님은 '부디 나를 참이름으로 불러다오'라는 시를 통해 세상에서 벌어지는 모든 폭력과 고통에 우리 모두 책임이 있다는 경각심을 일깨워줍니다.

---

6   달라이 라마, 재인용 SALLIE B. KING, *BEING BENEVOLENCE*, 94–95.

부디 나를 참이름으로 불러다오[7]

내가 내일 떠나리라고, 그렇게 말하지 말아다오.
오늘도 나는 여전히 오고 있다.

깊게 보아라, 이렇게 나는 순간마다
봄 나뭇가지에 돋는 새싹으로,
둥지에서 노래를 배우는
여린 날개의 작은 새로,
꽃의 심장에 들어 있는 쐐기벌레로,
돌 속에 감추어진 보석으로, 오고 있다.

울기 위하여, 웃기 위하여,
두려워하고 희망하기 위하여, 나는 온다.
내 심장의 맥박소리는
살아 있는 모든 것의 생명이요 죽음이다.

나는 강물 위에서 몸을 바꾸는
한 마리 날도래다.
그리고 그 날도래를 삼키려
물 위로 곤두박질하는 새다.

나는 깨끗한 연못에서

---

[7] 틱낫한, 이현주 역, 『부디 나를 참이름으로 불러다오』, 두레, 2002, 127-129.

행복하게 헤엄치는 개구리다.
그리고 나는 소리도 없이
그 개구리를 삼키는 풀뱀이다.

나는 대나무 막대기처럼
뼈와 가죽만 남은 우간다 어린이다.
그리고 나는 우간다에
살생무기를 팔아먹는 무기상(武器商)이다.

나는 작은 배로 조국을 떠나
피난길에 올랐다가 해적한테 겁탈당하고
푸른 바다에 몸을 던진
열 두 살 소녀다.
그리고 나는 바로 그 해적이다.
볼 줄도 모르고 사랑할 줄도 모르는
굳어진 가슴의 해적이다.

나는 막강한 권력을 움켜잡은
공산당 정치국 요원이다.
그리고 나는 강제노동수용소에서
천천히 죽어가며, 인민을 위해
'피의 댓가'를 치르는 바로 그 사람이다.
내 기쁨은 봄날처럼 따듯하여
대지를 꽃망울로 덮는다.
내 아픔은 눈물의 강이 되어

넓은 바다를 가득 채운다.

부디 나를 참이름으로 불러다오.
그리하여, 내 울음소리와 웃음소리를 동시에 듣고
내 기쁨과 아픔이 하나임을 보게 해다오.

부디 나를 참이름으로 불러다오.
그리하여, 자리에서 일어나
내 가슴의 문을,
자비의 문을,
활짝 열 수 있게 해다오.

   이 시에서 틱 낫 한 스님은 자신을 뱀과, 무기상과, 해적과, 공산당 정치국 요원과 동일시합니다. 자신이 모든 가해자들과 다르지 않음을 고백하는 것입니다. 이 세상 모든 것은 서로 연결되어 있기 때문에 우리는 그것이 좋은 것이든 나쁜 것이든 세상에서 일어나는 모든 것에 책임이 있습니다. 세상의 범죄, 고통, 파괴는 모두 우리의 잘못입니다. 물론 이 시는 정의와 평화에 대한 공동 책임을 이야기하고 있지만, 이 공동 책임은 생태 문제에도 그대로 적용될 수 있습니다. 그는 우리의 일상 생활이 얼마만큼 다른 이들과 자연의 고통과 연관되어 있는지 구체적으로 설명합니다.
   예를 들어, 여러분이 빵 한 조각을 먹을 때, 우리 농부들이 밀 농사를 지으며 화학약품을 좀 지나치게 사용한다는 것을 생각할 수 있습니다. 빵을 먹음으로써 우리는 어느 정도 환경 파괴에 공동 책임이 있는 것입니다. 우리는 매일 거의 만 오 천 명에 가까운 다섯 살 이하 어린이들이 기근으로 죽어간다는 사실을 인식할 필요가 있습니다. 한 조각의 고기나 한 병의 술을 제조하기 위해서는 많은 양의 곡물을 필요로 합니다.

> … 예를 들어 일요일에 우리가 두꺼운 신문을 펼쳐 들 때, [상당히] 무게가 나간다는 것을 의식할 수 있습니다. 그 정도 두께의 신문을 인쇄하기 위해서는 아마도 숲 전체가 필요할 지도 모릅니다. 그러므로 신문을 펼쳐 들 때, 우리는 의식해야 합니다. 우리가 의식할 때 우리는 비로소 변화를 위해 무언가를 시도할 수 있습니다.[8]

우리는 세상에서 벌어지고 있는 크고 작은 규모의 전쟁들이 석유 때문에 일어나고 있음을 알고 있습니다. 우리 중 누구도 석유를 얻기 위해 직접 총을 들고 전쟁에 참여하지는 않습니다. 하지만 석유라는 에너지원을 둘러싸고 벌어지는 많은 전쟁들에 대한 책임을 거대 석유 회사들이나 정치 지도자들에게만 물을 수는 없습니다. 우리는 가정과 공장에서 에너지를 소비하고, 석유를 팔아 이익을 얻으려는 이들과 국민들과 기업들에게 안정적으로 에너지를 공급해야 하는 정치인들은 석유 확보를 위해 전쟁도 불사합니다. 따라서 우리들의 에너지 소비가 이 세상의 폭력과 기후 변화에 이바지하고 있음을 의식해야 합니다.

불교식 문제 해결에서 중요한 점들 중 하나는 열반의 세계와 이 세계의 구분, 성스러움과 세속적인 것의 구분, 피해자와 가해자의 구분이라는 이분법적인 관점을 피하는 것입니다. 이런 관점은 '내'가 다

---

8 THICH NHAT HANH, *BEING PEACE*, 69.

른 사람들이나 다른 사물들과 분리되지 않고 역동적으로 연결되어 있다는 자신의 존재 이해로부터 비롯합니다. 우리는 쉽게 환경 문제에서 나무 안기 운동가 treehuggers와 벌목꾼, 가정 주부와 오염물을 배출하는 공장주들, 유기농 농부들과 농경 기업들을 구분하고, 환경 운동을 대척하는 이들의 전투처럼 여기기도 합니다. 불교적 관점에서 볼 때, 이와 같이 상대방을 악마화하는 것은 영적인 평정심을 파괴합니다. 그러므로 적으로 여기고 대치하거나 한 편 만을 옹호하기보다는 포용적인 자세로 문제와 관련된 모든 당사자의 의견에 귀를 기울일 것을 독려합니다. 이런 자세는 과거 환경 운동에서는 찾아보기 어려웠지만, 상대방을 적으로 만들고 그들을 비인간화하면서 생기게 되는 폐해들을 인식하면서 점점 많은 사람들에게 설득력을 얻어가고 있습니다. 충돌이 격화된 상황에서 적과 나를 가르지 않는 자세는 안정적으로 협상을 진행하고 장기적인 해결책을 위해 서로 협력할 수 있게 도와 줍니다.[9]

마음 챙김 Mindfulness

나와 타인, 인간과 자연의 분리, 피해자와 가해자의 분리라는 이분법적인 시각을 극복하기 위해서는 이 세상 만물이 서로 의존하고 연결되어 있음을 볼 수 있어야 하는데, 이는 우리가 일상을 깨어 있는 정신으로 의식하며 살아갈 때 가능합니다.

세상에 대한 선명한 인식과 이해를 키우기 위해 틱 낫 한 스님은

---

9   KAZA, "THE GREENING OF BUDDHISM: PROMISE AND PERILS," 198-199.

마음 챙김 수행을 권고합니다.[10] 이 수행을 통해 사람들은 자신의 몸과 자연을 깨어있는 정신으로 의식하며 사는 법을 배웁니다. 전통적인 마음 챙김 수행법인 걷기 명상은 걸을 때 생기는 느낌들 즉 발바닥에서 일어나는 감각들에 집중합니다. 틱 낫 한 스님은 이 수행법을 확장하여 얼굴에 내리쬐는 햇살의 따뜻함을 느끼고, 산들 바람의 시원함을 느끼고, 걷다가 마주치는 나무들을 가까이 살피고 껍질의 까칠함을 느끼고, 새들과 벌레들의 소리에 귀 기울이도록 지도합니다. 이 수행을 통해 수행자는 자신의 몸과 주위 세계를 더 가까이 의식할 뿐 아니라 자신의 몸과 바깥 세계가 막힘없이 연결되어 있음을 체험하게 됩니다. 그리고 점점 자신과 외부 세계가 분리되어 있다는 의식이 약해지고, 결국 틱 낫 한 스님처럼 세상이 나의 몸이고 세상을 따뜻하게 데우고 생명을 유지시키는 태양이 나의 심장이라고 느끼게 될 겁니다.[11]

우리가 깨어 있는 정신으로 모든 것을 의식하며 생활한다면, 예를 들어 강가를 따라 산책할 때, 서둘러 강가를 걷거나, 몽상에 빠지거나, 강물이 흐르는 것을 눈치채지 못하는 대신, 모든 것에 주의를 기울이고 냄새와 모양을 의식하며 자신이 강에서 분리된 존재가 아니라 강의 한 부분이라고 느낄 것입니다. 그리고 혹시 강이 오염되어 있다면 자신이 병든 것처럼 아파하고 고통을 덜어주기 위해 직접 행동에 나설 것입니다.

---

10 SALLIE B. KING, *SOCIALLY ENGAGED BUDDHISM*, 124-125.
11 THICH NHAT HANH, *THE SUN MY HEART*, 66–67.

보살bodhisattva과 생태 보살ecosattva

불교에서 남의 고통이나 행복을 고려하는 이타적 자비심은 보살 개념으로 귀결되는데, 이 자비심은 대승 불교 수행에서 지혜와 함께 핵심적인 요소입니다. 보살은 수많은 환생을 거듭하며 열심히 덕을 닦고 참된 지혜를 얻고 깊은 자비심을 키워 부처가 되겠다는 서원을 한 사람입니다. 여기서 중요한 점은 자신이 부처가 되는 것이 최종 목적이 아니라, 부처가 되어 우주의 모든 중생을 열반으로 인도하는데 목적이 있다는 것입니다.

타인의 고통에 대한 자비심karuṇā은 보살이 그들을 위해 자신을 희생할 수 있게 하는데, 완전한 깨달음을 얻어 열반에 드는 대신 타 중생들을 구제하기 위해 세속의 삼계에서 환생을 거듭하기로 결심하는 것입니다.

> 대자비심이 … 그를 사로 잡았다. 그는 혜안으로 셀 수 없이 많은 중생들을 살펴보고는 자신이 본 것들로 인해 마음이 아주 심란해졌다. … 그리고 그는 '나는 저 모든 중생을 위한 구제자가 될 것이다. 나는 그들 모두를 고통에서 벗어나게 할 것이다'라고 결심한다. 하지만 그는 이것이나 다른 어떤 것들에도 머물지 않는다. 이것이 보살의 지혜의 큰 빛이며, 이것이 그를 완전한 깨달음으로 이끈다.[12]

여기서 중요한 것은 보살의 행동과 태도는 모두 완벽한 지혜를 동

---

12 Aṣṭasāhasrikā Prajñāpāramitā Sūtra (道行般若經) 22.2; Edward Conze, trans., The Perfection of Wisdom in Eight Thousand Lines and Its Verse Summary (Bolinas, CA: Four Seasons Foundation, 1973), 238–289.

반해야 한다는 점입니다. 즉 보살이 대자비심을 품고 보살행을 행할 때 실제로 도움을 받고 도움을 주는 '나'가 없음을 알고 행하는 것입니다. 이것이 최종적이고, 참되고, 전적인 '무아'입니다.

'나'가 없음을 알고, 내 것에 집착하지 않으므로 보살은 자신이 쌓아온 모든 공덕을 남을 위해 베풀 수 있습니다. 그는 또한 어떤 교리나 형식에 얽매이지 않고 듣는 이에게 맞추어 가르칠 수 있는 능력을 키우는데, 이처럼 유연하게 가르치는 법을 방편方便이라고 합니다. 보살은 모든 중생의 도우미가 되려고 헌신하는 존재로 삶의 모범으로 중생을 교화하고, 가르침을 통해 해탈로 인도하며, 실질적인 방법으로 그들의 고통을 줄여주며, 중생을 격려하고 도와줍니다.

불교 환경운동가들은 이 보살 개념을 응용하여 생태 보살ecosattva이라는 개념을 제시합니다.[13] 보살이 모든 중생의 고통을 덜어주려 하는 것처럼 생태 보살은 모든 생명체, 인간과 동물과 식물이 환경 오염으로부터 야기된 고통으로부터 벗어나도록 도와줍니다. 보살은 지혜와 자비심이라는 두 날개로 깨달음을 향해 정진하게 되는데 이 두 요소는 서로를 보강시켜 줍니다. 즉 모든 중생이 고통 받고 있고 또 모든 것은 서로 연결되어 있다는 '연기'와 영속하는 실체가 없다는 '공'에 입각하여 나와 타인의 구분이 없음을 깨달을 때, 즉 지혜가 생겼을 때 보살의 자비심은 깊어지고, 마음 속에 자비심이 깊어지고 커질수록 나와 타인을 가르는 경계는 더 엷어지며 다시 '공'의 깨달음이 깊어집니다.

지혜와 자비의 관계를 생태 환경 운동에 적용할 수 있습니다. 우

---

13 KAZA, "THE GREENING OF BUDDHISM: PROMISE AND PERILS," 194.

리는 먼저 지구와 사람들이 얼마만큼 고통 받고 있고 또 이 세상의 모든 것이 얼마만큼 연결되어 있는지 올바르게 이해해야 합니다. 우리의 생활 방식, 사고 방식, 정치, 경제, 윤리 등 모든 인간 삶의 요소가 자연에 가해지는 폭력과 관련이 있음을 인식해야 합니다. 이러한 인식들은 고통 받는 모든 존재에 대한 책임감과 자비심을 키우는데 이바지하고 우리가 모든 수단을 사용하여 고통 완화에 발 벗고 나서게 독려합니다.

보살도에서 중요한 것은 내가 세상의 중심이라는 거짓된 자아 인식을 깨부수는 것입니다. 무아와 공 사상에 근거하여 집착에서 벗어나려는 노력은 우리가 자기 중심적인 삶을 바꾸는데 도움이 될 것입니다. 당연히 자기 중심에서 이타적인 자세로의 전환은 환경 문제 개선에도 도움이 되며, 동시에 활동가들의 자기 성찰에도 도움을 줄 수 있습니다. 즉 집착에서 벗어나려는 노력은 한편으로 활동가들 스스로 활동의 동기가 환경 운동가로서 개인 성취인지 아니면 진실로 지구를 구하고자 하는 것인지 되돌아 보게 합니다. 그리고 또 다른 한편으로 모든 성과는 많은 요인들의 영향을 받고 또 많은 사람들의 도움으로 얻어지기 때문에 자신의 의견이나 구체적인 결과에 집착하지 않고 창조적인 아이디어나 다른 이들과의 협업에 열린 자세로 임할 수 있도록 도와줍니다.[14]

---

14 KAZA, "THE GREENING OF BUDDHISM: PROMISE AND PERILS," 197.

생태 업보 Eco-karma

환경 문제 해결의 출발점은 인간 활동이 초래하는 생태계 파괴 현실을 사람들이 구체적이고 실체적으로 인식하는 것입니다. 불교 학자 케네스 크래프트Kenneth Kraft는 인간의 선택들이 지구의 건강과 유지에 미치는 영향들을 묘사하기 위해 생태 업보Eco-karma라는 개념을 제안합니다.[15] 자신의 행동에 따라 다음 생의 모습이 결정된다는 전통적인 업보 개념을 환경 주제에 적용한 것으로, 예를 들어 인간이 지구에서 살아가는데 필요한 음식, 물, 에너지, 집, 쓰레기 폐기 비용 등을 토지 면적으로 나타내는 '생태 발자국'으로 표현할 수도 있습니다. 이처럼 인간이 환경에 미치는 영향들을 추적하고 계산하는 것은 우리가 지구에 어떤 영향을 미치는지 구체적으로 인식하고 지구의 관리인으로서 어떤 책임이 있는지를 실감하는데 도움이 됩니다.

사회 환경 실천 불교

현대 사회에는 종교인들이 사회 현실 문제에 깊숙이 관여하는 것을 못마땅하게 생각하는 사람들이 있으며, 이들은 종교가 기후 문제나 환경 파괴를 이슈화하는 것에 반감을 가지기도 합니다. 현대 실천 불교인들은 환경 생태 문제에 대한 적극적인 관여를 일종의 사회 운동으로 이해하며, 이런 활동들을 종교와 분리시키는 대신 자신들 종교 수행의 일부로 통합하려 합니다. 지금까지 살펴본 바와 같이 환경

---

15   KAZA, "THE GREENING OF BUDDHISM: PROMISE AND PERILS," 195.

을 돌보는 것은 주요한 불교 가르침이나 수행들과 깊은 연관을 가지고 있습니다. 그리고 사람들에게 생태 문제의 심각성을 주지시키고 문제 해결을 위한 실질적인 활동에 동참하도록 독려하는 것이 불법을 가르치고 수행을 하는 것과 다르지 않다고 생각하는데, 그것은 이 활동들이 바로 보살행의 목적인 타 중생들의 고통을 줄이는 것을 지향하기 때문입니다. 실제로 실천 불교인들은 오랜 동안 핵폐기물, 공장형 축산, 소비만능주의 등 환경과 관련된 많은 문제들에 관심을 가져왔고 그 해결을 위해 노력해 왔습니다. 그리고 이들은 불교 수행과 철학을 늘 운동의 사상적 근거로 삼으려 노력합니다.[16]

마치며: 불교와 아시아 생태 운동

지금까지 간략하게 기후 환경 문제 해결에 도움이 될 수 있는 불교의 생태적 주제들을 살펴보았습니다. 일부 학자들은 핵심적인 불교의 가르침들을 환경 문제라는 좁은 관점에서 해석한다고 비판하기도 합니다. 그럼에도 불구하고 이러한 시도들은 환경 운동에 중요한 의미를 가집니다. 많은 불교 국가들을 포함하는 아시아 지역에서 환경 문제에 대한 관심이나 활동이 서구 만큼 활발하지 않은 현재 상황을 고려할 때, 이 지역에서 환경 문제 인식 확산을 위해 적극적으로 노력할 필요가 있습니다. 모든 종류의 쇄신 혹은 개혁 운동은 적절한 철학적 영적 근거가 뒷받침되어야 하는데, 불교가 여전히 큰 영향력을 발휘하고 있는 아시아 지역이라면 환경 운동을 위한 사상적 근거

---

16   Kaza, "THE GREENING OF BUDDHISM: PROMISE AND PERILS," 196.

나 영감을 불교 전통으로부터 이끌어 내는 것이 대중 접근 차원에서 큰 도움이 될 것입니다.

또한 환경 생태 위기와 같은 문제는 그 규모가 전지구적이어서 동양과 서양 모두의 협력이 필요합니다. 실천 불교가 사회 정의를 위한 그리스도교의 노력과 현대 환경 운동에서 큰 자극을 받았듯이 그리스도교 문화와 사상을 기반으로 하는 서구 사회 또한 열린 마음으로 생태 보전과 인류 사회 발전을 위한 영감과 통찰력을 불교를 비롯한 동양의 종교들로부터 얻을 수 있을 것입니다. 지구의 생존이 민족과 나라와 종교를 초월한 문제이기 때문입니다.

참고 문헌

[출처: 한국민족문화대백과사전(오계(五戒))]

틱낫한, 이현주 역, 『부디 나를 참이름으로 불러다오』, 두레, 2002.

Barnhill, David Landis. "Relational Holism: Huayan Buddhism and Deep Ecology." In *Deep Ecology and World Religions: New Essays on Sacred Grounds*, edited by David Landis Barnhill and Roger S. Gottlieb, 77–106. Albany: State University of New York, 2001.

Conze, Edward, trans., *The Perfection of Wisdom in Eight Thousand Lines and Its Verse Summary*. Bolinas, CA: Four Seasons Foundation, 1973.

Kaza, Stephanie. "The Greening of Buddhism: Promise and Perils." In *The Oxford Handbook of Religion and Ecology*, edited by Roger S. Gottlieb, 184–206. Oxford: Oxford University Press, 2006.

Harvey, Peter. *An Introduction to Buddhist Ethics*. Cambridge: Cambridge University, 2000.

Hart, John, ed. *The Wiley Blackwell Companion to Religion and Ecology*. Oxford: Wiley Blackwell, 2017.

Ives, Christopher. "Buddhism." In *Routledge Handbook of Religion and Ecology*, edited by Willis Jenkins, etc., 43–51. New York: Routledge, 2017.

King, Sallie B. *Being Benevolence: The Social Ethics of Engaged Buddhism*. Honolulu: University of Hawaii Press, 2005.

King, Sallie B. *Socially Engaged Buddhism*. Honolulu: University of Hawaii Press, 2009.

Thich Nhat Hanh. *Being Peace*. Berkeley: Parallax Press, 1987.

Thich Nhat Hanh. *The Sun My Heart: From Mindfulness to Insight Contemplation*. Berkeley: Parallax Press, 1988.

논평

첫째날

종교와 생태 영성

오수록 프란치스코
(작은형제회)

먼저 귀한 논문을 발표하신 이용호 신부(이하는 이 신부로 칭한다)에게 감사드린다. 먼저 생태학 전공자도, 불교학 전공자도 아닌 제가 논평을 맡는 것이 합당한가에 대한 마음의 부담이 있었다는 점을 말씀드리고 싶다.

프란치스코 교황의 회칙 『찬미받으소서』는 여러 종교지도자의 의견과 과학자들의 연구 결과를 받아들여 인류 공동의 집인 지구에서 일어나는 생태적 위기에 대해 언급하고 있다. 이는 인류가 공동의 집으로 알고 사는 지구에 심각한 일들이 자행되고 있음을 시사하는 바가 크다. 우리는 굳이 교황의 회칙을 거론하지 않더라도 공동의 집에서 지금 벌어지는 일들에 대해 심각한 우려를 표명하고 있고, 이를 해결하기 위해 중지를 모으는 중이다. 작은형제회의 프란치스칸 사상연구소가 주최한 세미나의 주제를 「우리 어머니요 그리스도의 몸인 지구」로 정한 뜻도 이러한 선상에 있다 할 것이다.

이 신부의 논문 「종교와 생태 영성」은 1부와 2부로 나누어 구성되어 있다. 제1부에서는 「생태 기후 위기 해결을 위한 종교의 역할」에 대해 '과학과 종교', '종교와 생태와 과학', '종교와 생태 연구 방법' 등을 차례로 서술한 다음 '새로운 제안', '생태 위기 해결을 위한 정치 참여', '종교의 정체성과 기후 변화에 대한 자세'의 순으로 논리를 전개하고 있다. 제2부에서는 「환경 생태 위기 극복을 위한 불교의 가르침과 제안」으로 그 범위를 불교로 국한하면서 불교의 교리와 가르침에 따라 생태환경의 위기를 극복하는 대안을 제시하는 논문으로 읽힌다.

논평자의 생각으로는 '종교가 지향하고 있는 생태 영성을 이해'하기 위해서는 먼저 세상 진단, 곧 현실 인식이 필요할 것으로 보인다. 왜냐면 현실 인식은 앞으로의 문제를 풀어가는 중요한 열쇠가 될 것이기 때문이다. 그렇다면 우리는 '인간과 온갖 피조물이 터 잡고 사는 공동의 집인 지구는 안전한가?'라고 묻지 않을 수 없다. '대다수의 많은 사람은 그렇지 않다'고 말하기에 이르렀다.

중국 전국시대의 사상가인 맹자(BC 372 ~ BC 289)는 인간의 화복禍福에 대해 논하면서 '인간의 화복이란 자초한 경우가 많다'고 하였다. 그러면서 『서경』, 「태갑편」을 인용하여, "하늘이 내리는 재앙은 그래도 피할 수 있지만, 스스로 지은 재앙은 피할 길이 없다"(『맹자』, 「공손추」 상)고 하였다. 맹자의 언설言說에 비추어볼 때, 오늘날 우리 인류가 당면하고 있는 기후 위기는 전적으로 인간이 저지른 잘못임이 분명하다. 환경학자들에 의하면, "인류세에 처한 지구는 인간이 가하는 온실가스라는 충격을 받아 그 충격을 다시 인간에게 기후 위기라는 재난으로 되돌려 준다"고 말한다. 이러한 지구온난화로 지구 조절 시스템이 불안정해지면 기후가 변덕스럽고 가혹한 상태가 될 뿐 아니라 해수면 상승, 해양 산성화, 물 부족, 식량 생산 감소, 생물 다양성 파괴로 이어진다. 환경학자들은 자연 생태계가 약간의 균형을 잃었을 때는 자기 보정 작용을 통해 회복할 수 있지만, 만약 그 한계치를 넘게 된다면 회복 불가능한 상태에 봉착하게 된다고 경고한다. 우리는 환경학자들의 이러한 설명이나 경고를 듣지 않더라도 현실 안에서 기후 위기를 피부로 느끼며 살게 되었다. 과다한 온실가스 배출로 인해 날씨가 더워지면서 여름이 길어진 그만큼 봄가을은 짧아졌다. 남쪽에서 재배되던 과일들이 계속해서 북상을 거듭하고 있다. 태풍의 횟수는 더욱더 많아졌고 그 위력 또한 날로 거세지고 있다. 그로 인하여 매년 발생하는 재난 피해는 기하급수적으로 증가하는 실정이다.

2021년 유엔 기후총회에서는 2015년 파리 기후총회의 결과를 바탕으로 각 나라는 2030년까지 온실가스 배출 45%를 감축하기 위한 목표를 제출하고, 2050년까지는 '넷제로'(Net Zero, 온실가스 배출 중지) 목표를 자발적으로 설정하라고 한다. 산업화 이전 대비 지구 평균 기온의 상승을 1.5도 이하로 제한하지 못하면 인류는 위기를 맞이한다(『생태 회심 안내서』, 작은형제회).

현재 세계는 과거로부터 인류가 선택하고 실행한 것들이 축적되어 만들어졌다. 우리가 지금 당면하고 있는 기후 위기는 이처럼 오랜 시간 누적된 결과로 드러났다. 그렇다면 미래 세계 역시 현재 우리가 선택하고 실행하는 것들이 축적되어 이루어질 것이 분명하다. 그러므로 지금을 살아가는 우리는 지금을 넘어서 더 심각한 위험에 빠질 수 있는 기후 위기에 대응해야 할 절체절명의 시점에 와 있다고 할 수 있을 것이다. 이것이 종교지도자들과 과학자들이 이구동성으로 말하는 현실 인식이다.

그렇다면 우리는 그 원인을 어디서 찾고, 어떤 대안을 제시할 수 있는가 하는 문제에 봉착하게 된다. 이 신부는 논문에서 그 원인을 과학기술의 발전과 산업 혁명에서 찾고 있다. 인류가 불을 사용한 이후 난방이나 요리를 위해 장작불을 사용하다가 점차 문명의 발달로 인해 석탄이나 석유 등의 화석연료 사용이 증가하고, 게다가 화학 물질의 사용 증가는 전 지구의 대기 성분을 바꾸어서 기후 변화에 심각한 영향을 미치게 되었다고 말한다.

또 이 신부는 '생태 위기의 역사적 근원을 인간 중심적 그리스도교 세계관'에서 찾았던 중세 역사와 과학사를 연구한 린 화이트의 유대교-그리스도교와 환경 문제의 부정적인 상관관계에 대한 논문 발표에서 촉발되었다고 지적한다. 그렇지만 이후 그리스도교 신학자들은 린 화이트의 창세기 해석은 잘못된 것으로 하느님은 인간에게 '지배가 아니라 관리'의 역할을 부여했다고 반박하고 있으며, "화이트가 과학 기술의 발전과 무분별한 자원 남용과 무차별한 자연 개발에 따른 범지구적 환경 파괴의 근원으로 그리스도교의 인간 중심적이고 자연 지배적인 세계관을 지목하고 있지만, 실제로 지구의 모든 종교인 중에서 그리스도교인들이 환경 문제에 가장 큰 관심을 가지고 그 해결을 위해 실질적으로 노력하고 있으며, 그리스도교 신학자들에 의해서 자연과 생태에 관한 종교적 연구가 가장 많이 이루어지고 있다"(「생태와 종교」Ⅰ, 9쪽)고 소개한다.

논평자가 보기에 이러한 원인 찾기는 일견 일리가 있어 보이지만 이보다 훨씬 더 다양하고 복잡한 원인이 있다고 생각한다. 서구 인본주의는 전근대의 신본주의적이고 위계적이며 집단주의적인 봉건주의에 대한 반발에서 시작되었다. 또 근대는 개인과 이성이 탄생한 시기이기도 하다. 데카르트의 "생각한다. 고로 나는 존재한다"는 언명을 시작으로 권위와 집단에의 순종을 우선시하던 전근대, 곧 봉건시대를 비이성적인 시대라 규정하고, 신을 축출함으로써 인간의 자유로운 생각과 이성의 해방을 선언하였으며, 권위와 집단에의 순종을 강요하면서 개인의 자유를 억압하던 권위주의와 집단주의를 축출함으로써 개인의 해방을 선언하였다.

또 근대는 다윈의 진화론이 탄생한 시기이기도 하다. 진화론이 등장하면서 '하느님께서 모든 것을 창조하셨다'는 주장이 무너지고, 창조 질서가 급격하게 무너지게 되었다. 진화론은 인간 세상에서 하느님을 축출할 뿐 아니라 하느님의 모든 창조물 안에서 하느님을 축출하고, 지극히 인간 중심이 되게 함으로써 창조 질서를 파괴하는 단초가 되었다. 이러한 의식은 인간이 자연을 지배해도 된다는 생각을 낳게 되었다. 한편 과학 기술의 발달은 인간의 자연에 대한 지배력을 더욱 가속하게 했다. 그리하여 인간은 이제 확실한 지배력을 가지고 자연 위에 군림하게 된 것이다. 여기에 더하여 '기술 관료적 패러다임'은 정치와 경제를 지배하고자 한다.

이 신부는 "금전적 이익 창출을 우선시하는 기업가들은 환경 파괴를 부정하거나 도외시하고 권력 유지에 집착하는 정치인들은 환경 문제에 적극적으로 개입하지 않는 소극적인 방법으로 그들을 비호하기도 한다"고 지적하면서 이러한 "부정적 현실은 실질적 문제 해결을 위해서 종교인들이 정치적 목소리를 높일 것을 요구한다"고 말한다. 더 나아가 "환경 생태 문제는 한 개인이 삶의 스타일을 바꾸거나 영적인 기도만으로 해결되지 않고, 적절한 공공 정책과 법안 마련을 통한 규제가 필요하다"고 역설하고 있다.

이 신부는 논문 제2부 「환경 생태 위기 극복을 위한 불교의 가르침과 제안」에서 불교의 주요 가르침인 '계율과 사성제四聖諦', '반야심경般若心經의 공空사상', '연기설緣起說' 등의 근본 교리를 바탕으로 해서 환경 생태 위기 극복 방안을 제시하고 있다. 그중에서도 사성제의 주요 내용인 고집멸도苦集滅道, 곧 그 병의 증상을 정확하게 이해[苦諦]하고, 이어서 병의 원인이 무엇인지 진단[集諦]하고, 그 병이 치유될 수 있음을 예단한 뒤[滅諦], 그 치료법[道諦]을 제시하는 것을 들고 있다. 이러한 진단 방법은 춘추전국시대의 제자백가들이 사용했던 방법과도 통하는 바가 있고, 현대의 의사들이 환자를 진찰하는 진단법과도 맥이 닿아 있다고 할 수 있다. 이러한 진단법은 비단 불교만의 탁견이라 할 수 없지만, 현실을 인식하고 진단하는 데는 여전히 유효하다고 본다.

이 신부는 이러한 불교의 가르침 안에서 몇 가지 대안을 제시하고 있는데, '보편 책임감', '공동 책임', '마음 챙김', '보살행' 등이 그것이다. 특히 '보편 책임감'을 설파한 달라이 라마는 "우리의 마음과 생각을 우리 자신이 아니라 타인들을 향하게 하는 것이다. 곧 우리의 모든 행동이 우주적 차원에서 영향을 끼치고, 또 모든 사람이 고통 받지 않고 행복할 권한이 똑같이 있다는 인식을 계발하는 것은 마음의 자세를 바꾸는 것이다"고 하였다. 이는 우리의 자세가 바뀌고, 행동이 바뀔 때 세상이 바뀌게 된다는 점을 드러내 밝히고 있다. 이러한 상호의존과 상호 연관이라는 개념은 아마도 근본 교리인 연기설緣起說에서 발원한 것으로 보인다. 마찬가지로 세상의 모든 존재가 서로 의존하고, 각 개인의 활동이 또 다른 인간과 타 생명체들에 큰 영향을 끼치게 된다고 볼 때 공동 책임 또한 같은 선상에서 이해될 수 있을 것이다. 불교는 선禪수련을 통해 '마음 챙김'을 챙기는 수행법으로 유명하다. 일상을 깨어 있는 정신으로 살아가는 자세는 타인의 고통을 외면하지 않고 자신의 고통과 일체감을 이룸으로써 보살행으로 나아가는 시금석이 되리라 믿어 의심치 않는다. 자비심과 지혜를 겸비하고 실천불교가 표방하는 '생태 보살도'를 행한다면 나와 타인, 나와 피조물과 관계가 많이 회복될 것으로 보인다.

논평자는 논평을 준비하면서 이 신부의 논문을 여러 차례 정성 들여 읽었지만, 워낙 재주가 일천하고 견문이 부족하여, '장님 코끼리 만지기'식 논평을 하지나 않았는지 우려가 된다. 반면에 이 신부의 고귀한 논문이 이대로도 충분히 가치가 있다고 생각하지만 '보다 더'의 차원에서 생각해 볼 때, 조금 더 세부적으로 연구하면 좋겠다고 생각하면서 후속 논문을 기대해 본다. 이제 논평을 마무리하면서 두 가지 논점을 제시하려고 한다.

첫째, 선 수행을 하는 일부 불자들의 표현에 의하면, 선방이나 명상 센터 같은 곳에서 수행할 때에는 마음이 여여如如(한결같음)해서 참 좋은데, 삶의 자리로 옮겨오면 여여함이 부서져 버려 고민이라는 말을 들은 적이 있다. 그렇다면 환경 생태 위기의 극복 방안으로 제시한 '마음 챙김'이 여여함을 유지하기 위해서는 어떻게 해야 하는지 이 신부의 고견을 듣고 싶다.

둘째, 이 신부의 논문에는 언급되지 않았지만, 절집에서 스님들이 전통적으로 행해오던 발우공양이 스님이나 불자들뿐만 아니라 일반인들에게도 널리 보급된다면, 음식물쓰레기를 거의 제로 상태로 만들 수 있다고 생각하는데, 이 신부의 생각은 어떠신지 듣고 싶다.

둘째날

토마스 베리가 제안하는
그리스도교 생태 영성 모델

맹영선

들어가면서

기후 변화 같은 거대한 문제(hyper-object)는 우리에게 이전과는 다른, 정치와 경제, 종교와 교육 등 삶의 전체적인 방향 전환을 강력히 요구한다. 이런 삶의 전체적인 전환을 위해 그 무엇보다 우선 영성의 변화가 필요하다. 토마스 베리(Thomas Berry, 1914~2009)는 시대를 앞서 살았던 가톨릭 사제이자 '문화사학자(cultural historian)'[1]이다. 베리는 놀라운 통찰력으로 우리가 이제야 인식하기 시작한 생태계 위기 문제들을 진단하고 해결책을 찾았다. 베리는 생태계 위기를 영성(Spirituality)[2]의 문제로 파악한다. 생태계 위기는 인간이 '자연(우주)과 분리'되었다고 생각함으로써 나타난 영적인 위기 현상이다.

베리는 레이첼 카슨(Rachel Carson, 1907~1964)의 『침묵의 봄(Silent Spring)』[3] 덕분에 생태계 위기 문제를 인식하기 시작했고, '지구학자'[4]가 되었다고 고백한다. 『침묵의 봄』은 다양한 생태론 논의와 생태 운동을 등장시켰다. 심층 생태론과 사회 생태론, 여성 생태론과 영성 생태론, 녹색

---

1 베리는 미국 가톨릭대학교에서 서양 지성사를 전공했고, 이탈리아의 역사철학자 쟘바티스타 비코(Giambattista Vico, 1668~1744)의 역사 이론 연구로 박사학위를 취득했다. 베리의 박사학위 논문 제목은 『쟘바티스타 비코의 역사 이론(The Historical Theory of Giambattista Vico, Washington, D.C.: Catholic University Press, 1951)』이다.

2 베리는 영성을 '우주 공동체 구성원의 사랑과 생명 나눔'으로 이해하고, '종교와 문화의 다양성을 수용하는 일치'의 체현으로, '친교를 통해 구현되는 분화된 주체들의 다양성'으로 표현한다.

3 레이첼 카슨 지음, 김은령 옮김, 홍욱희 감수, 『침묵의 봄』, 에코 리브르 (2011).

4 지구학자는 지질학자(geologist)와 신학자(theologian)에서 만들어낸 베리의 신조어이다. 신학자의 신(theo)을 지구(geo)로 대체해서 신 대신 지구를 연구하겠다는 선언이며, 지질학적으로 접근하기보다는 신학적인 접근을 하겠다는 표현이다.

정치와 지속 가능성 운동과 생태 지역주의(Bioregionalism)⁵ 등 생태론 논의가 본격적으로 진행되면서,⁶ 생태계 위기의 다양한 원인과 해결책이 제기되었다. 베리는 이들 논의에 귀 기울이면서, 자신의 모든 지식을 총동원해서 생태계 위기 문제를 진단하고 해결책을 찾으려 노력했다.⁷

그리스도교, 기계론적 세계관과 이원론, 과학과 기술, 인간중심주의와 가부장제, 소비주의와 자본주의, 개인주의와 교육 등이 생태계 위기의 원인으로 제기되었고, 그리스도교 생태계 위기 책임론이 등장했다. 린 화이트(L. White, Jr., 1907~1987), 토인비(A. Toynbee), 카데(G. Kade), 아메리(C. Amery), 캅(J. Cobb) 등이 제기한 그리스도교 생태계 위기 책임론을 한 마디로 요약하면, 그리스도교의 자연관이 일그러져 있다는 것이다. 그 중 가장 격렬한 논쟁을 끌어낸 것은 화이트의 논의였다.

화이트는 1967년 사이언스(Science)에 투고한 「생태 위기의 역사적

---

5 생태 지역주의는 인간이 자신이 사는 생태 지역의 자연적 특성에 맞춰 조화롭게 거주하라는 것이다. 생태 지역(bioregion)은 다양한 생물종 분포, 분수령의 지계, 토양 유사성에 바탕한 생태 지리학적 개념이며, 환경운동가 피터 버그(Peter Berg)와 생태학자 레이먼드 다스먼(Raymond Dasmann)이 생태 지역에 알도 레오폴드(Aldo Leopold)의 '땅의 윤리(*The Ethics of Land*)'를 적용해서 확대한 주장이다. 생태 지역주의의 기본 원리는 생태 지역에서 '땅의 윤리'를 실천하고, 지역문화를 존중하는 것으로 정리할 수 있다. 베리의 생태 지역주의는 생명 공동체 이론이다. "지구는 스스로 번식하고, 스스로 자양분을 충족시키고, 스스로 교육하고, 스스로 통치하며, 스스로 치유하고, 스스로 실현하는 공동체다."

6 생태론 논의는 다음을 참조: 캐롤린 머천트 지음, 허남혁 옮김, 『래디컬 에콜로지-젯빛 지구에 푸른 빛을 찾아주는 방법』, 개정판, 이후 (2007); 이상헌 지음, 책 세상 펴냄, 『생태주의』, 책세상 (2011); 구경국 지음, 『그리스도교 환경윤리』 가톨릭대학교출판부 (2000); 제임스 A. 내쉬 지음, 이문균 옮김, 『기독교 생태윤리』, 한국장로교 출판사 (2014).

7 베리의 생태 사상은 다음을 참조: 토마스 베리 지음, 맹영선 옮김, 『지구의 꿈』, 대화문화아카데미 (2013); 이영숙 옮김, 『위대한 과업-미래로 향한 우리의 길』, 대화문화아카데미 (2009); 황종렬 옮김, 『그리스도교의 미래와 지구의 운명』, 바오로딸, (2011); 박만 옮김, 『황혼의 사색』, 한국기독교연구소 (2015); 토마스 베리, 브라이언 스웜 지음, 맹영선 옮김, 『우주 이야기: 태초의 찬란한 불꽃으로부터 생태대까지』, 대화문화아카데미 (2010); 토마스 베리와 토마스 클락의 대화, 김준우 옮김, 『신생대를 넘어 생태대로: 인간과 지구의 화해를 위한 대화』, 에코조익 (2006).

뿌리」[8]에서 많은 환경 문제의 근원이 '자연에 대한 그리스도교의 오만에 있다'라고 주장했다. 화이트는 대안으로 아시시의 프란치스코(St. Francisco of Assisi, 1182~1126)를 제시했다.[9] 화이트의 이런 주장에 대해 다양한 반응이 그리스도교 교회 안에서 나타났다. 화이트의 도전으로 등장한 생태 신학은 그리스도교가 생태계 위기에 대한 책임이 있다고 시인한다. 생태 신학은 적극적으로 하느님 이해, 자연 이해, 자연에서의 인간의 위치와 구원 개념 등을 재검토·재해석했고, 감춰져 있던 그리스도교 생태 영성[10]을 펼쳐내기 시작했다. 사제로서 베리도 생태계 위기를 초래한 그리스도교적 요소에 관심을 가질 수밖에 없었다.

베리는 생태계 위기를 '살아있는 지구의 죽음'으로 본다. 모든 생명의 바탕인 지구가 죽어가고 있다. 지구의 이런 변화는 인간의 존재 양식과 관계가 있다. 자연과 유리된 인간은 자연에 대한 경외심과 친밀함을 잃어버렸고, 자연과 친교를 나누지 못하는 인간은 '자폐증'을 앓고 있다. 베리는 그 원인이 인간에게 비전을 제공해 주는 우주 이야기를 잃어버렸기 때문이라고 생각했다. 베리는 좀 더 들어가 생태계 위

---

8 LYNN WHITE JR., 「THE HISTORICAL ROOTS OF OUR ECOLOGIC CRISIS」, *SCIENCE*, 58 (3767): 1203-1207, 1967.

9 프란치스코는 창조물에 대한 인간의 군주제적 지배를 종식하고 하느님의 모든 창조물과 함께 민주주의 체제를 세우려고 하였다. 프란치스코는 이렇게 우리에게 생태학적 평등주의와 만물의 민주주의를 가르쳐주었다. 생태학적 평등주의는 심층 생태론에, 만물의 민주주의는 토마스 베리의 생명주의(Biocracy)에 영향을 주었다. 1979년 교황 요한 바오로 2세는 프란치스코를 생태 운동의 주보 성인으로 선포했다.

10 그리스도교 생태 영성은 다음을 참조: 찰스 커밍스 지음, 맹영선 옮김, 『생태 영성』, 성 바오로 (2015); 르웰린 보간리 엮음, 김준우 옮김, 『생태 영성-지구가 울부짖는 소리』, 한국기독교연구소 (2014); 김도운 지음, 『생태신학과 생태영성 - 창조와 하느님의 아름다움의 회복을 위하여』, 장로회신학대학교, (2009); 한국교회환경연구소, 한국교회사학회 엮음, 『기독교 역사를 통해 본 창조신앙, 생태영성』, 대한기독교서회, (2010); 이정배 지음, 『생태영성과 기독교의 재주체화』, 동연, (2010); 김대식 지음, 『생태영성의 이해』, 대장간, (2014).

기의 직접적인 원인을 과학 기술이 만든 산업 문명의 진보 신화와 인간-중심적이고 가부장적인 인간 역사, 그리고 지구에 대한 경외심의 상실에서 찾았다.

베리의 대안은 생태대(Ecozoic Era)[11]로의 도약이다. 생태대는 인간이 지구와 상호 증진하는 양식으로 지구에서 존재하는 시대를 말한다. 지금 인류 앞에는 두 갈래 길이 있다. 그 하나는 기술대(Technozoic era)이고, 다른 하나는 생태대이다. 현재 기술대로 이끄는 힘이 너무 강력하지만, 지구공동체가 생존 가능한 조건을 만들려면 생태대로 도약해야 한다고 베리는 주장한다. 생태대 실현[12]은 우리 시대의 위대한 과업이다. 베리는 생태대라는 지구공동체[13]의 미래를 위해, 생태 지역주의와 생태 영성과 우주 이야기를 제안한다.[14]

베리의 생태대라는 비전은 다른 생태운동가의 어떤 비전과도 비교할 수 없는 추진력을 생태 운동에 제공했다. 당시 많은 사람이 베리의 경고를 무시했지만, 지금은 대부분 베리의 선견지명에 놀라워하고 있

---

11 생태대(Ecozoic era) 역시 베리의 신조어이다. 지질학에서 지구의 역사 시대 현생대(*Phanerozoic Eon*)를 고생대, 중생대, 신생대(Cenozoic era)로 분류하는 과학 전통에 근거해서, 신생대 다음에 지구에 나타나야 할 지질학적 시기이다. 생태대는 지구공동체 구성원의 친교를 바탕으로 '황폐해진 지구를 치유하는 시기'이다.

12 베리는 생태대 실현을 "공유된 이야기와 꿈을 체험함으로써, 시간적 전개라는 맥락 안에서, 생명 체계들의 공동체 안에서, 비판적 반성과 함께, 종(種)의 수준에서, 인간을 재창조하는 것"이라고 표현한다.

13 Selected and with an Introduction by Mary Evelyn Tucker and John Grim, 『*Thomas Berry: Selected Writings on the Earth Community*』, Orbis Books, Maryknoll, New York (2014).

14 생태 지역주의는 다른 생태철학자들도, 생태 영성은 다른 생태신학자들도 많이 논의하고 있으므로, 베리의 생태사상은 우주 이야기로 특징짓는다. 베리는 현대과학의 우주와 생명 이해가 지구를 대하는 인간의 태도를 변화시킬 수 있고 지구를 파괴하려는 인간 행위로부터 지구를 구할 수 있다고 생각했다. 베리는 과학 자료를 종교적으로 해석함으로써 지구에 대한 매혹을 불러일으킬 수 있는 생태대 실현을 위한 신화인 『우주 이야기』를 통해 사람들에게 지구공동체의 미래를 보여주려 했다.

다. 미국의 과정신학자 존 캅(John B. Cobb, 1925~)은 베리에게 경의를 표하면서 "생태계 위기 해결을 위해 노력하는 생태운동가 중 그 누구도 베리만큼 급진적인 독창성을 현실화하는데 비슷한 효과도 보지 못했다."라고 말한다.[15] 헝가리의 과학철학자이자 시스템이론가 어빈 라즐로(Ervin Laszlo, 1932~) 역시 "그 누구도 베리보다 생태계 위기 문제의 본질과 원인, 해결 방법을 더 잘 설명할 수 없다."라고 말한다.[16]

생태계 위기로 인한 지구의 운명에 종교인들이 왜 눈을 감고 있는지 궁금했기 때문에, 베리는 특히 종교에 도전했다. 생태계 위기의 종교적인 특성에 대한 베리의 통찰은 매우 놀랍다. 베리는 종교가 전통적 세계관에서 현대적 세계관으로 탈출(exodus)하라는 부르심을 받고 있음을 깨달았다. 하지만 상당수의 종교인이 현대로의 전이를 도전으로 받아들여 근본주의(fundamentalism)로 되돌아가고 있다.

베리는 역사를 추동하는 대중 영성(public spirituality)에 관심을 두고, 대중 영성 역시 역사적 맥락에서 다루어져야 한다고 보았다. 지금 우리 앞에 우주와 지구와 인간에 관한 현대과학의 연구 자료가 새로운 이야기로 등장하고 있다. 과학이 제공하는 이 새로운 이야기를 베리는 새로운 계시 체험으로 이해했고, 이 이야기가 대중 영성을 변화시킬 수 있으리라 생각했다. 문제는 상당수의 종교인이 과학이 이야기하는 '진화'의 의미를 제대로 이해·수용하려 하지 않는 것이다. 이런 태도는 결

15　토마스 베리 지음, 황종렬 옮김, 『그리스도교의 미래와 지구의 운명』, 7~11쪽, 바오로딸 (2011).

16　Ervin Laszlo, 「Foreword: The Dreamer of the Earth」, edited by Ervin Laszlo and Allan Combs, 『Thomas Berry, Dreamer of the Earth: The Spiritual Ecology of the Father of Environmentalism』, ix~xiii, Inner Traditions (2011).

국 생명공동체에 부정적인 영향을 미친다.[17]

현재의 생태계 위기 상황에서 서구 영성 전통이 더는 힘을 발휘하지 못하는 이유를 베리는 이렇게 정리한다. 첫째, 신을 초월적 존재로 인식함으로써, 자연에 내재하는 신적 현존에 대한 감수성이 저하되었고, 하느님과 인간이 만나는 자연 세계를 단지 인간 역사의 배경으로만 여기게 되었다. 둘째, 인간을 다른 생명체와 구별 지어 하느님과 특별한 계약을 맺는 영적 존재로 규정함으로써, 지구공동체 구성원이라는 인간의 정체성을 약화했다. 셋째, 데카르트의 사상에 기초한 기계론적 세계관을 지니게 되면서, 자연을 기계적인 객체로 보았다.[18]

하지만 베리는 자연을 파괴하는 우리 습성이 서구 영성에 뿌리를 두어도, 해결책 역시 수 세기를 거쳐 전해져온 그리스도교 영성 안에 있다고 본다.[19] 베리는 지구와 긍정적인 관계를 맺었던 그리스도교 생태 영성 모델을 제안한다.[20] 즉 켈트의 물활론 영성(the Celtic animate model), 베네딕트의 관리자 영성(the custodial model of St. Benedict of Nursia), 힐데가르트의 풍요 영성(the fertility model of Hildegard of Bingen), 프란치스코의 형제애 영성(the fraternal model of St. Francisco of Assisi), 떼이야르 드 샤르댕의 통합 영성(the integral model of Teilhard de Chardin)이다. 그리스도교가 인간과 지구 관계를 재확립할 수 있는 이들 영성을 가지고 있음은 행운이다. 이제 베리가 제안한 (프란치스코 영성을 제외한) 생태 영성 모델을 간단히 살펴보려 한다.

---

17 지구의 꿈, 175쪽.
18 지구의 꿈, 176~177쪽.
19 지구의 꿈, 180쪽.
20 Betty Dideoct의 Thomas Berry 인터뷰, 「*Choosing Our Roots*」.

1. 켈트 영성

켈트 영성[21]은 창조와 창조 세계의 선함과 아름다움을 강조하는 물활론 영성이다. 켈트 영성은 창조된 모든 실재 안에 현존하는 하느님의 말씀을 듣는 영성이다. 켈트 공동체는 몸과 가슴과 지성을 아우르는 전인적 영성을 실천하려 노력했다. 초기 영국 그리스도 교회를 특징짓는 켈트 영성은 '생태계'에 성스러움을 결합했고, 신적 현존이 자연에 내재한다고 보았다. 자연은 영들의 거처였고, 신과 인간의 신성한 친교가 이루어지는 장소였다. 켈트 영성은 인간을 보호하고 양육하는 자연에 감사하고, 우주 요소들의 관계성을 경외한다. 켈트 영성은 그리스도를 믿는 것보다 그리스도와 같아지는 것을, 그리고 신행일치信行一致를 중요하게 생각한다. 켈트 영성은 성과 속을 하나로 보고, 일상에서 하느님의 은총을 발견했다.

켈트족[22]의 종교는 물활론, 즉 정령 숭배라 할 수 있다. 켈트족은 창조된 모든 것에서 신을 찾으려는 경향이 있었다. 신전을 짓거나 신상을 만들지 않고 샘이나 숲, 나무나 폭포 같은 곳에서 필요한 의례를 행

---

21 켈트 영성은 다음을 참조: 필립 뉴엘 지음, 정미현 옮김,『켈트 영성 이야기』, 대한기독교서회 (2001); 에드워드 C. 셀너 지음, 김종희 옮김,『켈트 성인들 이야기』, 기독교문서선교회 (2005); 존 필립 뉴엘 지음, 장윤재 옮김,『켈트 그리스도』, 대한기독교서회 (2013); 티모시 J. 조이스 지음, 채천석 옮김,『켈트 기독교』, 기독교문서선교회(CLC) (2003).

22 켈트(Celt)족은 기원전 5~6세기에 출현한 최초의 '유럽 원주민'이다. 논리나 합리성보다 상상력과 감성이 강했고, 시와 음악을 사랑했다. 물질과 정신을 다른 것으로 보지 않는 이원론적이지 않은 세계관을 갖고 있었다. 우리에게 신비와 상징과 신화로 세계를 읽는 눈을 선사했다. 켈트족은 모든 영역에서 하느님의 현존을 느끼며 만났고 친교를 나누었다. 내세에 대한 강한 믿음이 있었고, 내세가 삶에 가까이 있음도 알았다. 이 세계와 다른 세계가 있음을 확신했지만, 그 세계는 이 세계와 단절된 세계가 아니라 하나로 연결된 세계였다. 어떤 사람은 일상적으로 이 세상과 저세상 사이를 오간다는 것을 감지했다. 희미한 공간과 희미한 시간인 할로윈(Halloween)은 모든 성인의 날 전야가 되었다.

했다. 인간의 세계와 신들의 세계는 서로 밀접한 연관을 맺고 있었다. 성직자 드루이드(Druid)는 20년 이상 훈련받은 철학자이자 신학자, 법률가이자 재판관, 과학자이자 상담자이며 점성가였다. 음유시인 바드(Bard)는 노래와 시와 이야기로 켈트 신화를 구전口傳했다.

서유럽 전설에 상당한 영향을 미친 켈트 신화[23]는 자연에서 초자연적 의미를 찾으려는 상상력이 깔려 있다.[24] 켈트 신화는 21세기 게임과 판타지 문학, 영화에도 상상력을 제공하고 있다.[25] 그리스도교는 켈트족을 피에 굶주린 이교도로 묘사했지만, 우리는 켈트 신화에서 생명과 자연을 존중하고 경외했던 정신세계를 볼 수 있다.[26] 켈트 신화는 자연에서의 인간 존재를 이야기하며, 모든 생명체와 사물을 존중한다. 자연의 요소 대부분은 신성한 의미가 있다. 살아있는 자연으로 가득 찬 켈트 신화는 그리스도교 생태 영성을 만든 토양이 되었다.[27]

그리스도교 선교사들은 켈트의 원주민 문화에 관대했고, 원주민 영

---

23 윌리엄 버틀러 예이츠 지음, 서혜숙 옮김, 『켈트의 여명-신화와 민담과 판타지』, 펭귄클래식코리아(웅진) (2008); 찰스 스콰이어 지음, 나영균, 전수용 옮김, 『켈트 신화와 전설』, 황소자리 (2009).
24 "늪은 사악했고, 번갯불은 신성했다. 모든 산과 나무와 강과 샘은 각각 정령을 갖고 있다. 나무는 주기적인 죽음과 부활의 상징으로 숭배되었고, 땅과 하늘을 잇는 다리가 되었다. 숲은 신이 사는 집이다."
25 예로써 C.S. 루이스의 『나니아 연대기』 시리즈, J.R.R. 톨킨의 『반지의 제왕』 시리즈, 어슐러 K. 르귄의 『어스시의 마법사』 시리즈, 로버트 E. 하워드의 『코난 더 바바리안』 시리즈, 조앤 K. 롤링의 『해리 포터』 시리즈 등이 있다.
26 켈트 신화는 정복자인 로마인과 그리스도교의 검열을 거쳐 전달된 2차 자료로만 남아 있다.
27 켈트 영성은 수도원 공동체의 모체인 베네딕트 영성과 빙헨의 힐데가르트(1098~1179), 아시시의 프란치스코(1226~1326)와 노르위치의 줄리앙(1342~1416), 이블린 언더힐(1875~1941)과 토마스 머튼(1915~1968)의 영성에 영향을 미쳤다. 영국 국교회와 동방 정교회의 영성, 미국 성공회와 감리교 영성의 기반이기도 하다.

성을 신성하게 여겨 포용했다.[28] 켈트 그리스도교 교회는 4세기부터 12세기까지 융성했지만, 12세기 로마 교회에 의해 완전히 침몰했다. 켈트 교회는 수도원 정신에 입각한 고행과 금욕, 순례를 통해 예수의 뒤를 따르려 했다. 하느님 앞에서 모든 사람이 평등하다는 믿음이 있었고, 계층 차이를 강조하지 않았다. 성직자와 평신도의 구별이 고착되지 않았다. 여성도 남성과 동등하거나 비슷한 법적 권리가 있었고, 사제 서품을 받지 않은 여성도 지도자가 될 수 있었다. 켈트 교회는 영적 지도자를 '영혼의 친구(anamchara)'라 불렀다.[29] 성인이 된다는 것은 삶의 중심에 하느님을 모시는 것이고, 헌신과 봉사를 통해 하느님의 사랑을 세상에 알리는 삶을 산다는 의미이다. 켈트 성인은 피 흘리는 '적색 순교' 대신, 금욕과 고행을 특징으로 하는 '녹색 순교'와 자기를 비우고 그리스도를 따르는 정신을 특징으로 하는 '백색 순교' 정신을 강조했다.[30]

펠라지우스(Pelagius, 360~430)[31]는 창조의 선함에 귀 기울이라 했고, 이

---

28 성 패트릭(St. Patrick, 385~462)은 아일랜드에 200여 개의 교회를 세우고 10만 명에게 세례를 주었다. 게일인의 마리아로 불리는 성 브리지트(St. Bridget, 452~524)는 여행자와 순례자들의 후원자였다. 스코틀랜드 고지의 픽트족 선교를 했던 성 골룸바(St. Columba, Columsil, 521~597)는 서쪽 섬 이오나에 수도원을 설립한 최초의 수도원장으로 수많은 수도원을 건립했다. 성 골룸반(St. Columban, 543~614)은 복음 전도자로서 수도원 규범을 확립했다. 켈트 수도원 운동은 모든 사람이 구원이 아닌 거룩함에 이르도록 부르심을 받았다고 했다. 하나됨, 홀로됨을 뜻하는 수도사(Monk)는 오로지 하나 하느님에게만 관심을 집중해서, 하나이신 하느님을 찾는 것이 전부였다. 방해되는 것은 무엇이든 버리는 사람이 수도사이다. 켈트 수도사는 그리스도교 드루이드였다.
29 존 오도나휴 지음, 류시화 옮김, 『영혼의 동반자』, 이끌리오 (2005).
30 에드워드 C. 셀너 지음, 김종희 옮김, 『켈트 성인들 이야기』, 기독교문서선교회 (CLC) (2005).
31 "우리 사랑이 동물 혹은 나무에까지 향한 것이라면, 우리는 하느님의 사랑의 충만함에 함께하는 것이다." 펠라지우스는 여성들에게 성서 읽기를 가르쳤다는 것과 갓 태어난 어린아이에게서 하느님의 형상을 볼 수 있다고 확신한 것 등을 비판받고, 418년 파문되었다.

웃 사랑을 주변에 있는 모든 생명체에 적용하는 것으로 이해했다. 요하네스 스코투스 에리우게나(J. S. Eriugena, 810~877)[32]는 창조 안에서 들으라 했다. 하느님을 '모든 사물의 근원'으로 여기며 '창조되지 않는 창조', '모든 사물의 마지막이며 모든 것 안에 있는 존재'라고 표현하고, 모든 것 안에서 하느님을 찾고 하느님의 현존을 인정했다. 조지 맥도널드(George MacDonald, 1824~1905)[33]는 '나무가 자라남 속에서, 아침에 떠오르는 태양 가운데서, 밤에 별들과 달 안에서', 즉 만물에 현존하시는 하느님을 이미지로 들으라 한다. 알렉산더 카마이클(Alexander Carmichael, 1832~1912)은 구전되어온 '만유 안에서 하느님을 듣는' 켈트 기도문들을 수집해 카르미나 가델리카(Carmina Gadelica)[34]를 출판했다. 조지 맥레오드(George MacLeod, 1895~1991)[35]는 들은 것을 행하라 하면서, 생명의 전체(wholeness) 안에 현존하시는 하느님을 찾는다. 영적 영역에서만 하느님을 보아서는 안 된다. 영적인 것은 물리적인 것에 대립하는 것이 아니다. 하느님은 창조된 물질 영역 가운데서 찾을 수 있다. 맥레오드는 신비주의를 정

---

32 "그리스도는 우리 사이에서 두 신발을 신고 움직이신다. 한 신발은 창조의 존재이며, 다른 신발은 성경이다." 비가시적, 무형적인 것은 가시적, 유형적인 것의 원인이다. 하느님의 생명이 외형적, 물질적인 모든 것의 원천이다. 삶의 복합성의 기초인 하느님의 통전과 단일성(SIMPLICITY)을 우리가 깨달을 수 있다고 강조한다. '하느님의 형상'은 '남성도 여성도 아니다.' 자연을 하느님의 현현으로 간주한다. 에리우게나의 영성은 마이스터 에크하르트(MEISTER ECKHART)와 존 타울러(JOHANN TAULER)에게 계승되었다.

33 요한네스 스코투스 에리우게나의 영향을 받은 존 스코트(ALEXANDER JOHN SCOTT, 1805~1866)의 철학에 의존했다.

34 두 권의 책이었지만, 카마이클 사후 세 권 더 출판되었다. 현재는 영문판 한 권으로 종합되었다. 카마이클은 시의 생명을 파괴할 것이기 때문에 출판하지 말라 간청했다고 한다.

35 "하느님은 종교적인 생명 또는 교회가 말하는 생명이 아니라 생명 전체이다. (.....) 하느님은 모든 생명의 생명이다. (.....) 하느님이 생명이라는 이유로 인하여 우리는 살아가는 것이다." 영적 깨달음은 삶의 과정, 즉 삶의 변화와 흐름에서 하느님의 존재를 깨닫는 것이다. 원하든 원하지 않든, 우리는 하느님과 연합되어 있다. 우리 몸이 하느님의 몸이다. 우리는 결코 우리 몸을 떠날 수 없다.

치와 결합했고, 신비주의적이 되는 것은 '세상의 일로부터 멀어지는 것'이 아니라 오히려 '삶으로 들어가 삶의 중심에서 하느님을 찾는 것'이라 했다.

켈트 영성은 만유내재신론과 자연에 대한 경외, 공동체성 강조와 하느님과의 친밀감(intimacy)을 말한다. 켈트 영성은 자연을 찬양하고 존중하며 사랑하는 영성, 개인주의 영성이 아닌 공동체 영성이다. 켈트 영성은 (성경과 전통에 기초한) 지성과 (시와 음악과 신비를 아우르는) 감성을 통합했다. 켈트 영성은 하느님과 인간과 자연의 관계에서 신비스러운 상호 친밀감을 보았다. 자연을 인간의 살아있는 친구이자 '찬미와 축복을 주고받는 동료'로, 눈에 보이지 않는 영적 존재의 거룩한 현존으로 인식했고, '생명을 주는 살아있는 것', '살아있는 세계', '생명을 지닌 중요한 상징의 창조물'이라 묘사한다. 켈트 영성은 '보이는 것과 보이지 않는 것, 물질과 정신의 이분화'를 극복했다.

켈트 영성은 일상에서 '물리적인 우주와 상호관계하는 영적 세계'를 인식하고, '만물에 내재하는 하느님의 현존'을 발견했다. 하느님을 '지구의 놀라운 창조자, 모든 창조물 안에서 함께 숨 쉬는 분'으로 묘사하며, 자연과의 상호 관계를 이야기한다. 자연 세계에서 '신성한 실재'를 발견했고, 신비스러운 실재로 자연을 이해했다. 하느님의 작품인 각각의 창조물이 신성을 표명한다. 하느님을 찾기 위해 우리는 어디로 갈 필요가 없다. 하느님의 현존은 '우리 숨결보다 더 우리에게 가까이 계심'을 깨닫고 발견하고 느끼면 된다.

켈트 영성은 원죄를 강조하기보다는 선하게 창조된 원복(original blessing)을 강조한다. 창조의 본질적인 선함을 확신한다. 우리의 본질인 선과 이 땅의 원복을 위해, 우리를 지배하는 악에서 해방되는 것이 구원이다. 구원은 우리 삶 전체에 현존하시는 하느님에 대한 감각을 회복하는 것이다. 하느님은 창조 세계 안에서 찾을 수 있다. 켈트 영성은 하느님을 만나려면 이 세상의 삶으로 깊숙이 들어가야, 즉 땅으로 내려와야 한다고 말한다. 주일과 다른 요일이, 이 세상과 저세상이, 영적인 것과 세속적인 것이, 개인과 공동체가 분리될 수 없다. 켈트 영성은 몸과 영의 조화를 추구하는 '육화 영성'이다. 삶의 일상성을 중시하는 켈트 영성은 영적인 세계와 살아있는 자연의 창조적인 상호작용을 끌어낸다.

2. 베네딕트 영성

베네딕트 영성[36]은 관리자의 태도로 땅을 배려하고 돌보고 길들이는 양육의 영성이다. 땅을 '영적 실재이며 선물'로 보고, 기도와 독서와 노동의 조화로 땅에 있는 모든 것에 감사하며 존중한다. 공동체를 통해 다른 사람과 친교를 나누고, 베네딕트의 『수도 규칙』을 꾸준히 연구한다. 성경에 기초하면서 중용, 즉 기도와 노동의 균형과 조화를 강조한다. '기도하며 노동하라(Ora et Labora)'는 기도와 노동뿐만 아니라 영적 독서와 덕행, 식별[37]과 관상도 강조한다. 기도와 노동으로 수도 생활의 균형을 잡고, 노동으로 하느님의 창조사업에 동참한다. 인간을 하느

---

36   베네딕트 영성은 다음을 참조: 베네딕트 지음, 이형우 역주, 『수도 규칙』, 분도출판사 (1991); 허성석 지음, 중용의 사부, 『베네딕도의 영성』, 분도출판사 (2015); 안셀름 그륀 지음, 정하돈 옮김, 『안셀름 그륀의 베네딕도 이야기』, 분도출판사 (2007).

37   식별은 모든 덕행의 어머니, 중용을 의미한다. 다양한 지향 중 무엇을 선택해야 할지 알려주는 식별은 아주 중요하다.

님 창조사업의 공동협력자로 인식하고 단순한 노동도 하느님을 위한 것으로 생각한다.[38]

고대 후기는 야만족의 침략과 약탈, 민족 대이동의 시대였다. 476년 서로마 제국이 멸망했고, 교회는 내부 분열(비잔틴 세력과 친로마 세력)과 아리우스 이단으로 정치·경제·사회·문화·종교 등 모든 영역에서 어려움을 겪었다. 누르시아의 성 베네딕트(Benedict of Nurcia, 480~547)는 이런 붕괴의 시대를 살았고, 중세 초기 유럽 교회에 상당한 영향을 미쳤다.[39] 베네딕트는 공동체 생활을 통해 서로 상조함으로써 진실한 삶을 영위할 수 있다고 믿었다. 529년 몬테카시노 정상에 수도원을 짓고 수도 생활 규율을 완성하려 했다.

베네딕트의 『수도 규칙』은 마음의 귀로 경청할 것을 가르친다. 『수도 규칙』에는 공동체 조직과 형제들의 상호 관계, 일과표와 노동과 식사 등이 정교하게 짜여있다. 수도원장은 영혼을 돌보아야 하는 의사로서[40] 게으른 자를 견책하고[41] 병들거나 허약한 형제를 배려하라 했다.[42]

---

38 베네딕트는 노동이 기쁨을 부여하고 좋은 열매를 가져와야 한다고 했다. 고통스럽게 일하는 것은 무가치하므로, 기꺼이 기계에 맡겨도 된다. 노동은 타락의 결과가 아니라 하느님이 인간에게 위임하신 명령과 결부되었다(창세 2, 15). 자연에 대한 책임을 위임받은 이 세상에서 하느님께로 향할 때, 인간은 자신의 위치를 발견할 수 있다. 미완(未完)의 자연은 하느님의 조력자인 인간의 도움으로 완성될 수 있다. 인간은 자연을 이용하도록 허용되었다.

39 6세기부터 13세기까지는 성 베네딕트의 시대로 설명된다. 거대한 수도원이 부동산이나 토지를 소유한 장원경제(manorial economy)가 강요되던 세계였다. 소규모 농장 농민들은 보호를 원하면서, 자신의 땅을 수도원에 주고 반농노가 되었다. 누구든 대규모 조직에 속해야 했다. 곡물창고와 함께, 베네딕트 수도회라는 중심을 얻은 농민들은 땅의 경작 기술에 바탕을 둔 농업경제를 발전시켰다.

40 RB(Rule of St. Benedict) 27, 28, 46장.
41 RB 48장 18~20, 23.
42 RB 36장, 48장 24~25.

병든 형제에게는 고기를 금하지 않았다.⁴³ 이 모든 것을 『수도 규칙』은 영적 여정의 단계로 제시했다.

7~8세기 수도원은 게르만 사회의 확장과 더불어 외적으로 팽창했고, 중요한 기능을 하는 지배 세력으로 자리 잡았다. 수도원은 종교와 문화와 교육, 사회와 정치와 경제의 단일성을 제공하는 자급자족하는 새로운 공동체의 가능성을 보여주었다. 수도원은 폐쇄적이었지만, 고립되어 있던 적은 거의 없었다. 특히 장례 의식을 통해 세상에 개방되어 있었다. 수도원이 불완전하더라도 그리스도 정신에 개방되어 있으면, 의미 있는 새로운 공동체를 창조할 수 있으리라 베네딕트는 믿었다. 우리가 모두 하느님의 창조물이면 우리 안에 그리스도가 계신다고 확신했고, 그리스도 현존은 그리스도를 본받음을 가능하게 한다. 베네딕트는 창조물과 관계를 맺는 하느님을 믿었고,⁴⁴ 창조에서 인간이 중심 역할을 하고 있다고 보았다. 베네딕트는 창조 영성과 구원 영성을 분리해서 생각할 수 없었다.⁴⁵ 전례를 중요하게 생각했던 베네딕트는 전례 음악에도 관심을 가졌다. 그에게 기도란 전례적 찬양을 의미했다.

수도원은 엄격한 규율에 따라 수도자⁴⁶의 영혼을 돌보고 안내했다.

---

43 RB 39장 11.

44 '수도원의 모든 그릇과 전 재산을 제대의 축성된 그릇처럼 여겨 아무것도 소홀히 다루지 말라.'(RB 31, 10~11) '만일 누가 수도원 물건을 더럽게 다루고 또 소홀하게 다루거든 책벌할 것이다.'(RB 32, 4)

45 창조는 사랑의 행위를 온전하게 한다. 죄는 책임 앞에서 도피하는 것을 의미한다.

46 수도사는 죄와 세상에 맞서 싸우는 '훈련'을 하는 자, 그리스도를 따르는 삶을 수련하는 자, 그리스도의 작은 형제이다. 금욕과 청빈을 바탕으로 세상에서 순례의 여정을 사는 자이다. 각 교단이 채택한 규율의 엄격한 적용에 따라, 수도사 수나 토지의 유무와 같은 수도원 환경에 따라 수도사의 일상생활은 달랐다. 수도사는 개인 재산을 모두 포기하고, 죽을 때까지 같은 수도원에 머물며, 청빈과 정결을 통해 세상과 절연하고 규율을 준수하고 복종을 통해 그

수도원의 규율은 정확히 농촌사회에 부합했다. 수도사 스스로 자신이 하느님의 창조물임을 인식하고, 노동과 기도를 통해 자연이라는 벗과 함께 자신을 표현했다. 특히 시토회[47]는 노동 정신을 강조했고, 노동을 신적인 창조 행위의 연장으로 이해했다. 노동은 기계를 보조 수단으로 사용하여 창조에 동참하는 것으로 '새 하늘과 새 땅'의 창조를 약속했다. 수도원은 교회가 해야 할 일도 떠맡게 되었고, 많은 수도사가 성직자가 되었다.

수도원은 교육과 양육을 위한 장소였다.[48] 수도원 도서관은 교육을 목적으로 필사와 복사 작업을 통해 역사를 기술했다. 기도와 나눔이 확장되고, 노인과 병자와 약자를 돌보는 사회봉사 활동을 실천했다. 가난한 사람들을 위한 급식과 순례자와 여행객을 위한 숙소도 제공했다. 환자를 돌보기 위한 전문지식과 함께 약초 재배와 정원 가꾸기도 했다. 수도원의 청결과 위생은 매우 중요했다. 수도사의 의복과 연장의 제작 및 관리, 의식주를 위한 경작과 분업이 필요했다. 수도원은 하느님과 함께하는 삶이 진전하는데 필요한 기반과 안정성을 제공했다.

수도사의 삶은 그리스도를 본받음으로 이해할 수 있다. 수도사의 삶은 규칙을 따르는 삶이라기보다는 규칙적인 삶을 위한 투쟁이라 할 수 있다. 기도와 영적 독서와 노동으로 이어지는 수도사의 하루는 수

리스도의 겸손에 이르는 서원을 했다. 성경 공부와 육체노동을 통해 조화를 이루며, 그리스도의 완전한 덕성을 꾀했다.

47 시토회 생활의 역점은 수작업과 자급자족이다. 1098년 베네딕토회 수사의 한 무리가 수도 규칙을 더욱 엄격하게 따르기 위해 시토에 대수도원을 건립했다. 클레르보의 베르나르가 시토회 확장에 가장 큰 공헌을 했다. 12세기 말엽 시토회는 프랑스에서 서부 유럽(잉글랜드, 웨일스, 스코틀랜드, 아일랜드, 스페인, 포르투갈, 이탈리아)으로 퍼졌고, 동유럽으로도 진출했다. 시토회는 『수도 규칙』을 기초로 단식과 침묵, 단순 노동 등을 엄격하게 준수했다.

48 789년 카를 대제는 모든 수도원에 '학교와 학습 도구를 갖추어야 한다'라고 주문했다. 수도사를 위한 내적 교육과 성직이라는 임무로 세상을 위한 외적 교육도 맡았다.

도 공동체 생활을 파악하는 빠른 방식이다. 노동은 참된 수도사가 되는 길이다.[49] 베네딕트는 수도 공동체가 수도사 영혼의 성숙을 위한 최상의 환경임을 입증하려 했다. 홀로 지내는 은둔도 좋지만, 은둔의 영성은 인간관계의 복잡성에 직면하지 못하게 하고 하느님과 함께하는 삶을 진전시키는 데 방해가 된다.

수도사는 영혼의 돌봄과 삶의 기술을 총체적으로 이해해야 한다. 영적 삶의 건강을 위해 영혼을 돌보아야 한다. 인간은 영과 혼과 육으로 구성된 총체적 존재이다. 수도원 건물과 영성도 그렇게 구성되어야 한다. 수도원은 교회[50]와 도서관과 식당, 기도와 독서와 노동으로 구성된다. 수도원의 세 영역은 유기적으로 결속되어있다. 필요한 모든 것이 가능한 한 수도원 내부에서 이루어지도록 함으로써,[51] 수도사가 밖으로 돌아다닐 필요가 없게 해야 한다. 밖으로 다니는 것은 수도사의 영혼에 아무런 이득이 없다. 주거지 역시 수도사의 건강을 고려해야 한다. 베네딕트는 수도사들에게 수도원이라는 완전한 고향을 제공하고 싶었다. 수도원은 철저히 은폐되어있는 동시에 공개적인 공간이었다.[52]

베네딕트 수도회의 땅 돌보기는 유럽의 농경문화를 비옥하게 하는

---

49 RB 48장 8.
50 하느님을 만나는, 하느님을 경험하는 영적인 장소, 교회는 수도원의 심장부이다. 기도와 침묵을 위한 공간, 묵상과 침묵과 성찰을 하는 공간이다. 공동 기도 자리인 회합 장소에서의 기도와 찬양은 구체적으로 구원과 치유를 발생시킨다. 기도와 성경 낭독에 이어 실천적인 노동과 창조적인 행위를 덧붙인다. 외부로 향하는 영역은 정치적, 사회적인 교양과 책임을 학습하고, 책임은 연습과 훈련 과정을 통해 이루어진다.
51 RB 66장 6~7.
52 RB 53장.

원동력이 되었다. 수도회는 농작물 재배를 통해 작물 경작에 관심을 가지면서 땅에 관한 지식뿐만 아니라 땅과의 관계를 발전시켰다. 베네딕트 영성은 많은 지구 감각을 개발했다. 지적 행위와 육체적 작업을 결합함으로써, 땅의 소중함을 강조했다. 공동체 구성원에게 땅에 대하여 가르쳤고, 땅을 돌봄에 대한 감각을 제공했다. 육체노동을 천시했던 당시, 노동을 중시한 베네딕트 영성의 책임 있는 관리자 직분은 중요했다. 인간은 노동으로 하느님이 시작하신 창조를 완성한다.

수도사는 (영원한 생명으로 가기 위해) 수도 공동체 안에서 기도와 노동, 연구와 휴식을 겸손하게 실천한다. '지금 여기' 수도원에서 하느님의 현존을 체험하고 새 하늘과 새 땅을 미리 맛보는 것이다. 베네딕트 영성 생활의 핵심은 독서이다. 독서가 모든 이해의 기본이다. 베네딕트는 영적 독서(Lectio divina)로 성경과 『수도 규칙』, 교부 문헌과 카시안의 담화집 등을 읽을 것을 권고한다. 영적 독서의 목적은 지식 추구가 아니라 지혜와 관상이다. 베네딕트 영성은 기도와 일을 중시하고 노동을 높이 평가했기 때문에, 땅의 경작을 통한 자급자족 문화를 가져오는 계기가 되었다.

3. 힐데가르트의 풍요 영성

빙헨의 힐데가르트(Hildegard of Bingen, 1098~1179)[53]는 조화와 균형을 중시

---

53 힐데가르트는 수도자, 시인, 음악가, 예술가, 의사, 치유자, 과학자, 철학자, 신학자, 라인의 예언자, 환시가, 신비가, 작가, 상담가, 언어학자, 자연학자, 약초학자, 그리고 박물학자로 알려져 있다. 1098년 독일 라인 헤센의 베르머스하임에서 10남매 중 막내로 태어났다. 3살 때부터 천상의 소리를 듣고 '환시'를 보았다. 1105년 8살 때 우다(UDA)에게 위탁되어 교육받다

하는 베네딕트 영성에 여성성을 통합해 전일적 영성을 이루었다. 힐데가르트는 베네딕트 영성의 인간 책임성을 강조하지만, 관리자 직분은 그대로 답습하지 않았다. 지구 어머니가 인간의 육체뿐만 아니라 인간의 영혼도 양육한다고 보았고, 어머니 지구의 풍요로움에 경외심을 가졌다. 힐데가르트는 지구를 푸르게 하는 초록색 생명의 힘을 비리디타스(Viriditas)[54]로 표현했고, 만물의 중심에서 만물을 움직이고 생동하게 하는 역할을 하는 불과 불꽃으로 묘사했다. 힐데가르트는 자신의 신비주의적 세계관 안에서 비리디타스의 동적인 흐름을 통해 연결된 만물의 상호 연관성(interconnectedness)에 기초한 자연요법도 설명했다.[55]

12세기 유럽 교회는 황제권과 교황권의 대립과 동서 교회의 분열, 십자군 전쟁과 이슬람 문화의 유입, 폐쇄된 세계관의 점진적인 해체, 세속에 종속되지 않으려는 수도원 운동과 아리스토텔레스 저작의 출간을 특징으로 한다. 12세기 신비주의는 수도원 개혁과 함께 전환기를

가 은수자 유타(Jutta)의 은둔소에 맡겨졌다. 15살에 베네딕트 수도서원을 했다. 1136년 수녀원장으로 선출되었다. 1141년 극적인 환시 체험 후 영적 지도자인 볼마의 도움으로 작품 활동을 시작했다. 65세 때 다시 '살아있는 빛' 체험을 한 다음 너무 강렬하여 앓아누웠다. 보고 들은 것을 쓰고 선포하라는 말씀을 듣고 저술을 시작했다. 1148년 루페르츠베르트 수녀원을 설립했고, 이 수녀원은 역사상 최초의 수녀원으로 기록되었다. 1165년 아이빙겐 수도원을 설립했다. 1179년 9월 17일 선종(82세)했다.

54 초록색 생명의 힘, 비리디타스가 창조의 본질, 만물이 자기 실현하는 필수 요인이다. 모든 존재를 가능케 하는 생명의 근원적인 힘이고, 만물을 관통해서 흐르는 생기(生氣)이다. 힐데가르트는 비리디타스를 신성의 한 속성으로 파악한다. 하느님의 말씀이 생명을 통해 육화했고, 육화한 말씀을 통해서 신적인 생명의 힘을 볼 수 있다. 비리디타스라는 생명의 힘이 없이 창조는 불가능하다. 비리디타스는 모든 생명과 존재의 원리로서 자연의 모든 풍요를 나타낸다.

55 힐데가르트 영성은 다음을 참조: 정홍규 지음,『빙헨의 힐데가르트』, 푸른평화 (2004); 로날드 슈베페, 알로샤 슈바르츠 지음, 유순옥 옮김,『빙헨의 힐데가르트가 전하는 보석치료-몸과 영혼을 위한 자연치료법』, 다른우리 (2003); 정미현 지음,『또 하나의 여성신학 이야기』, 한들출판사 (2007); 안셀름 그륀 지음, 조규홍 옮김,『치유-힐데가르트 성녀의 치유법』, 가톨릭출판사 (2013); 힐데가르트 본 빙엔 지음, 이나경 옮김,『세계와 인간-하느님의 말씀을 담은 책』, 정홍규 감수, 올댓컨텐츠 (2011); 빙엔의 힐데가르트 지음, 김재현 엮음, 전경미 옮김,『빙엔의 힐데가르트 작품선집』, KIATS 기독교 영성 선집 13, KIATS (2021).

맞이했다. 이성을 중요시하는 스콜라 신학이나 관상을 중시하는 전통적 신비주의와는 달리 힐데가르드의 환시적 신비주의(Visionary Mysticism)는 내적인 직관 체험을 근거로 했다. 서구세계의 이원론을 넘어서, 힐데가르트는 조화와 화합을 강조했고, 초월과 내재를 통합했고, 창조 세계와 물질세계를 긍정했다. 자연과 인간, 육체와 영혼, 여성과 남성, 창조와 구원을 통합해서 설명했다.

힐데가르트는 12세기 종교와 과학과 예술 분야를 아우르는 작품 활동을 했다. 『하느님의 길을 알라(Scivias)』[56]와 『원인과 치료(Causa et Curae)』[57], 『자연학(Physica)』[58], 『책임 있는 인간(Liber Vitae Meritorum, LVM)』[59]과 『세계와 인간(Liber Divinorum Operum)』[60] 등 신학과 식물학과 의학에 관련된 서적을 집필했다. 서정시와 오래된 도덕극도 집필했고, 수많은 음악과 오페라의 기원이 된 성가극(Ordo Virtutum)도 작곡했다.[61] 또한, 자신을 '하

56　10년에 걸쳐 완성한 『Scivias』는 교황 오이겐 3세를 통해 공의회에서 공식 인정받았다. 하느님의 창조와 구원의 역사, 26개 비전(성부 6, 성자 7, 성령 13)과 우주론과 인간론, 하느님께 나아가는 길(길의 조명) 등이 적혀 있다.

57　1150~1160년, 『Causa et Cura』는 의학에 관한 책으로 총체적 치료법을 제시했다. 고대 수도원의 치료법과 민간의학, 치료-예방-섭생 체계화, 성-임신-분만, 심리적 질병, 건강한 생활방식, 의사의 직업윤리 등이 적혀 있다. 병은 창조의 소진이고, 치유는 재창조이다.

58　1158~1163년, 『Physica』는 자연학과 박물지에 관한 책이다. 창조의 시작과 더불어 형성된 자연학의 시작이다. 자연에 대한 정확하고 세밀한 관찰로 식물, 돌(보석, 준보석), 어류, 조류, 여러 동물과 파충류와 금속의 생성 등이다.

59　1158~1163년, 『Liber Vitae Meritorum(삶의 공덕에 관하여)』은 생활을 위한 안내서이다. 인간은 매 순간 악덕과 덕, 창조의 발전과 파괴 중에서 어느 쪽을 향할지 결정해야 한다.

60　1165~1174년, 『Liber Divinorum Operum』은 세계와 인간 안에서 작용하는 하느님에 대한 비전이다. 10개 소우주인 인간은 대우주인 창조 세계와 상호의존 관계에 있고 책임이 있다. 우주론적 신학이다.

61　전례 음악을 중시했던 힐데가르트는 그레고리안 성가에 의존해 환시 체험을 담은 독특한 음악을 창작했다. 힐데가르트는 인간 존재가 소리를 담지하고 있고, 그 소리를 조화롭게 내는 것은 성령의 활동이며, 그 소리로 신을 찬양하는 것은 당연한 일이라고 보았다. 성부 하느님은 소리의 원음, 인간은 그 원음과 성령으로 연결되어있는 흐름이다. 원음이 울려 퍼질 때 인간은 하느님의 악기로서 공명한다.

느님의 숨결에 날리는 하나의 깃털'로 표현한, 교황과 황제 등 권력자들에게 보낸 300여 편에 가까운 편지도 썼다. 힐데가르트는 은둔 속에 살면서도 시대 문제에 매우 민감했다.

힐데가르트 영성의 기초는 '살아있는 빛' 체험이다. 힐데가르트는 자연과 인간, 인간의 육체와 영혼 등 그 모든 것 안에 있는 신적 현존을 '살아있는 빛'으로 인식했다. 힐데가르트는 '말하고 쓰라'는 소명을 촉구하는 '살아있는 빛' 체험을 진술하면서 시간과 장소를 정확하게 언급했다.[62] '영혼으로 들음'을 통해 인식한 하느님의 신비 안에 자신이 깨어있었음을 진술했다. 그것은 하느님의 현존에 대한 선언이었다.[63] 힐데가르트는 자신의 '살아있는 빛' 체험을 중세의 상징 언어로, 그림과 시, 음악과 연극으로 표현했다.

힐데가르트는 하느님을 모든 생명체의 생명을 가능하게 하는 존재로 본다. 하느님은 세계와 지속적인 관계를 맺으며, 모든 생명체를 지지하고 양육한다. 힐데가르트는 하느님을 표상하는 '생명' 이미지로 양육 기능과 관련된 빛과 샘물, 바퀴와 자궁 등을 사용한다. 하느님의 여성적 기능[64]을 강조한다. 모성적 이미지의 하느님은 세계 안에 함께

---

62 힐데가르트는 하느님으로부터 비롯된 환시를 의식이 깨어있는 상태에서 보고 듣고 기록했다.
63 클레르보의 베르나르는 힐데가르트의 환시 체험이 하느님에게서 오는 것임을 인정했다. 그 체험은 성경의 여러 비유와 다양한 의미가 혼합되어, 하느님과 우주와 인간의 상호의존성으로 확장되었다. 하느님 현존 체험에 입각한 힐데가르트의 신학은 신과 인간과 자연의 상호의존성과 전일적 우주관에 기초한 통합 신학이다
64 여성적 하느님 이해는 자궁 안에 깃든 세계와 연결된다. 하느님은 가슴과 자궁 안에 세계를 품고 있는 형상 또는 바퀴 형상이다. '바퀴' 이미지의 하느님은 둥근 원, 기능적으로는 가슴, 자궁으로 나타난다. 사랑의 모성적 측면이다. 하느님의 여성성은 초월적 하느님과 창조 세계를 중재하는 내재적 원리, 모든 만물의 생육을 관장하는 분으로 묘사된다. 여성적 신에 대한 강조를 통해 지혜로서의 하느님과 그 분신인 사랑, 창조된 생명과 창조주 하느님 사이의 의사소통을 표현한다.

하시며 세계를 돌보신다. 하느님은 당신 가슴과 자궁 안에 품은 생명을 존재하게 하는 원천이다. 하느님은 만물에 생명을 주고 활기를 갖게 하는 '빛'으로 이 세상에 살아 계신 내재적 실재이다. 하느님은 생명 질서를 부여하고 생육시키는 작용을 통하여 세계에 내재하신다. 하느님의 사원인 창조 세계는 하느님의 선한 창조를 보여준다.

힐데가르트는 성령을 '모든 것 안에 스며 있는 불(fire)'로, 창조주 하느님을 '빛을 발하는 광채(light)'로, 그리스도를 '불과 광채에 휩싸여 있는 인간의 모습'으로 보여준다. 힐데가르트의 삼위일체 이미지는 풍요로운 창조에 연관된 창조물의 그물에 우리를 붙들어 하느님께로 향한 인간과 우주의 상호연관성과 보완성을 보여준다. 힐데가르트의 '푸른 빛의 그리스도' 이미지는 인간으로 변모된 하느님 사랑이 그리스도의 인성을 통해 특별한 빛을 발하는 것을 나타낸다. 하느님의 사랑이 인간에게 오는 것은 예수 그리스도를 통해서이다. 구원의 핵심은 육화이다. 하느님과 세계는 분리되지 않고 그리스도 안에서 연합되어 있다. 힐데가르트는 그리스도가 모든 창조물과 전체 우주의 역사에 스며 있다고 보고, 예수의 육화와 십자가 사건을 우주적 사건으로 이해한다. 힐데가르트의 그리스도는 전 우주와 연관된 우주적 그리스도(Cosmic Christ)이다.[65] 우주적 그리스도는 창조주이자 구원자이며, 창조물을 생명으로 인도하고 모든 창조물의 고통받는 신음을 듣고 대

---

65 중앙에 십자가 모양으로 서 있는 인간이 모든 요소에 연결된 광선의 작은 거미줄을 잡고 있다. 그물 또는 광채가 사랑의 모습을 한 우주적 그리스도의 입에서 나온다. '하느님 사랑의 원초적 근원으로부터 그분 안에 우주적 질서가 머물며, 사물들을 매우 정확하게 질서 짓는 하느님의 사랑을 비춘다. 그것은 존재하는 모든 것을 잡아두고 돌보아 주는, 갈수록 새로운 방법들 안에 밝혀온다.' 모든 것을 연결하는 '사물들의 매우 정확한 질서 짓기'가 사랑의 모체임을 보여주는 것이다. 십자가는 교회의 풍요로운 신학과 전례, 예수 생애의 다른 사건들과 연관되어 있고, 더 나아가 '이미'와 '아직'의 긴장 관계를 의미하는 종말론에 연결되는 사건이다.

신 '간구해 주시는 분'[66]이다. 그리스도 하느님은 인간과 우주의 모든 것에 동참한다.

힐데가르드에게 자연은 기쁨과 경외, 찬미와 사랑의 대상이고, 인간은 창조주 하느님의 공동창조자이다. 세계는 하느님의 자궁이나 심장 안에 살아있는 유기체로 표상된다. 하느님과 하느님의 자궁 안에 깃든 창조 세계는 근본적으로 사랑의 관계이다. 세계 창조는 하느님의 말씀을 통해 일어난다.[67] 하느님은 창조 이후에도 창조물의 생명으로 기능한다. 힐데가르트는 우주를 하느님 안에서 내적으로 연결된 살아있는 유기체로 이해한다. 알 같은 우주 이미지(Egg of the Universe)에서, 알 외부에 있는 불은 '어디서나 불타오르는 하느님'을 상징한다. 힐데가르트는 하느님과 인간과 인간 이외의 모든 창조물이 깊은 관계를 맺고 있다고 믿었다. 인간을 소우주로 표현하면서,[68] 자연에서 인간의 위치와 인간의 자연 의존성, 자연 보호와 공동창조를 책임져야 할 역할을 말한다. 하느님과 자연을 연결하는 존재로서 인간을 중심에 두고 인간의 건강 문제를 하느님과 인간, 자연과 인간의 관계에서 접근한다. 힐데가르트는 모든 창조물을 지탱하는 거대한 둥근 공 모양 우주 바퀴(cosmic wheel) 중심에 자리한 십자가처럼 팔 뻗고 있는 인간을 우주의 중심으로 본다. 중심에 자리한 인간은 다른 창조물보다 특별한 위치를

---

66   로마 8, 34.
67   요한복음 1장.
68   힐데가르트는 서구철학 전통을 계승한다. 물, 불, 흙, 공기라는 4 원소로 이루어진 우주 이해이다. 인간과 자연의 동질성을 이해하고, 그 유기적 연결성을 인간 건강의 문제에 연결한다. 자연 현상을 통하여 인간의 생리현상을 이해하고, 우주로부터 출발해서 인간의 몸을 이해한다. 영육 합일체로서 인간의 건강 문제를 하느님과 인간과 자연의 관계라는 긴밀한 연관성 안에서 제시하고, 비유적으로 이해한다.

차지하지만, 세계와 관계성을 지닌 존재로 여전히 세계에 의존한다. 힐데가르트는 자연에 대한 인간의 도덕적 책임을 강조한다. 자연에 대한 불의와 무관심이라는 죄는 처벌을 받을 것이다.[69]

공동창조자로서 인간이 해야 할 작업은 지구를 녹색화하는 일이다. 인간은 초록색 생명의 힘을 키우는 생태학적 과업이 있다. 육체와 영혼의 생기를 회복하는 것이다. 초록색 생명의 힘이 인간과 자연을 회복시킬 수 있다. 자연을 변형시킬 수 있는 능력이 있는 인간은 중요하다. 인간은 우주라는 거룩한 그물(holy web)에 그냥 붙들려 있는 존재가 아니라 그 그물을 강력하게 붙들고 있는 존재이고, 하느님의 뜻에 따라 다른 창조물에 대한 책임을 지고 있다. 지구라는 생명 순환 체계 안에서 창조력을 지닌 구성원인 인간 개인의 결정이 지구의 치유에 영향을 미친다. 인간은 다른 인간과 자연의 모든 요소에 책임을 져야 한다. 인간 육체의 약화는 부적절한 생각과 섭생으로 초록색 생명의 힘이 어그러지는 데서 발생한다. 현명한 절제와 분별이 요청된다.

인간은 영과 육의 어느 하나가 제대로 기능하지 않으면, 다른 하나도 정상적으로 기능할 수 없다. 힐데가르트는 육체와 분리될 수 없는 실재로서 영혼의 고유한 역할과 상호연관성을 언급하고, 하느님과 관계를 맺는 영혼의 기능과 자연과 조화를 이루는 육체의 기능을 이야기한다. 하느님과 올바른 관계를 맺지 못한 영혼은 육신도 죄의 상태에 머무르는 것으로 이해한다. 육체적 기능을 제대로 하지 못하는 인간은 영혼의 고통도 감수해야 한다. 힐데가르트는 하느님과 인간과 자연의 조화와 '관계성' 속에서 구원을 이해한다. '건강'과 '구원'은 깊이 연결

---

[69] 인간 행동이 의로울 경우 자연의 요소들은 '바른길을 유지할' 것이고, '사악한 행동을 할' 경우 우리를 괴롭힐 것이다.

되어있다. 힐데가르트는 영육의 풍요로운 관계를 찬미한다.[70] 인간은 이 세계의 공동선을 위해 하느님과 함께 하느님 안에서 일하도록 요청받는다.

4. 떼이야르 드 샤르댕(Pierre Teihard de Chardin)의 영성

가톨릭 사제이자 고생물학자인 떼이야르 드 샤르댕(P. Teihard de Chardin, 1881~1955)[71]은 통합 영성을 확립했다.[72] 떼이야르는 20세기 초 과학이 들려주는 우주 이야기에 종교적인 의미를 부여하는 작업을 시도했다. 과학에 기초해서 우주와 인간의 기원과 진화에 대한 철학적·신학적 성찰을 했다. 떼이야르는 물질과 정신, 과거와 미래, 다양성과 단일성을 종

---

70 영혼을 땅에 생명을 주는 물(水氣)로 비유하고, 영혼의 본성을 '생생하고 밝게 타오르는 불길'로 이해한다. 이성은 육체가 영혼을 필요로 하는 것 이상으로 육체가 필요하다.

71 떼이야르는 1881년 5월 1일, 프랑스 오베르뉴에서 출생했다. 1899년 예수회에 입회했다. 1902~1911년 영국에서 신학을 공부했고, 사제 서품을 받았다. 1915~1919년 1차 세계대전에 참전했다. 지질학과 고생물학을 공부한 떼이야르는 1922년 소르본 대학에서 고생물학 박사학위를 받고, 파리 가톨릭대학의 지질학 교수를 역임했다. 1923~1929년 중국을 방문해서 북경원인을 발굴했고, 2차 세계대전 후 '파리 과학연구원 국립중앙연구소장'으로 근무했다. 1951년 뉴욕 웬느 그렌 재단 상임연구원으로 인류학을 연구했다. 1955년 부활 대축일에 뉴욕에서 귀천했다. 떼이야르는 철의 단단함과 묵직함에 매혹되었다. 돌(수정)은 물질 중의 물질이었고, 꽃과 곤충은 너무나 연약해서 쉽게 소멸했다. 떼이야르의 광물에 관한 관심은 지질학 연구(전체 감각)로 이어졌고, 우주적 감각과 우주적 생명에 눈을 떴다. 전체가 되기 위해 전체 속으로 녹아 들어가서 절대적 타자, 철의 하느님에게 다가가려 했다. 떼이야르는 진화하는 우주에 몰입했다.

72 떼이야르 드 샤르댕의 영성은 다음을 참조: 떼이야르 드 샤르댕 지음, 이문희 옮김, 『신의 영역』, 분도출판사 (2010); 김진태 옮김, 『세계 위에서 드리는 미사』, 가톨릭대학교출판부 (2004); 이문희 옮김, 『인격적 우주와 인간 에너지』, 분도출판사 (2013); 이병호 옮김, 『자연 안에서 인간의 위치』, 분도출판사 (2006); 양명수 옮김, 『인간 현상』, 한길사 (1997); 아서 파벨, 도날드 세인트 존 엮음, 박정희 옮김, 『21세기의 떼이야르-지구에 출현하는 정신』, 철학과현실사 (2013).

합했고, 우주의 진화를 단순한 물리적인 과정만이 아니라 처음부터 의식적·정신적·영적인 과정으로 보았다. 떼이야르에게 우주의 펼쳐짐은 처음부터 영적인 펼쳐짐이었다. 원자조차 영적인 차원을 가진다.

신학과 과학의 대화를 시도하면서, 떼이야르는 우주 생성(Cosmogenesis)과 우주의 그리스도 생성(Christogenesis)을 이야기한다. 우주의 진화는 그리스도 안에서 진행되어 그리스도 충만(pleroma)으로 완성되는 우주의 성화 과정(Pleromization)이다. 떼이야르는 이렇게 성스러운 우주를 이야기하면서 그리스도교의 초점을 구원에서 창조로 옮겨놓았다. 떼이야르는 우선 '최초의 원자'에서 은하와 태양계, 그리고 행성 지구에서 창발(emergence)[73]한 생명과 인간 의식으로 이어지는 우주 생성을 이야기한다. 우주 생성은 화학 진화에서 생명 창발로, 생명 진화에서 인간 출현으로 이어진다. 떼이야르는 이렇게 구성 요소들이 서로 밀접하게 관계된 살아있는 실재로서 생성 중인 우주를 바라볼 수 있는 기반을 정립했다.

떼이야르는 『인간 현상(The Human Phenomenon)』[74]에서 인간 안에서 가장 돋보이는 우주 의식을 살펴보고, 인간 에너지의 활성화와 과학의 역할을 이야기한다. 떼이야르는 우주를 '유기체'로 본다. 물질이 활성화되어 생명을 창발시키고 생명 창발은 정신 발생으로 이어진다. 정신의 사회화(socialization)는 우주적으로 수렴되어 오메가 포인트(Omega point)로

---

73 창발(EMERGENCE)은 구성 요소가 개별적으로 갖지 못한 특성이나 행동이 구성 요소를 함께 모아놓은 전체 구조에서 자발적으로 돌연히 출현하는 현상을 가리킨다. 스티븐 존스 지음, 김한영 옮김, 『이머전스: 미래와 진화의 열쇠』, 5쪽, 김영사 (2004).
74 떼이야르 드 샤르댕 지음, 양명수 옮김, 『인간 현상』, 한길사 (1997).

간다. 오메가 포인트는 우주적 그리스도(Cosmic Christ)[75]이다. 우주는 오메가 포인트와 일치하기 위해 생물권(biosphere)에서 정신권(noosphere)으로 진화한다.

오메가 포인트에서 만물이 완성되는 우주의 진화는, 물질과 생명과 정신이 더 큰 복잡성과 의식을 향한 상승 과정이다. 떼이야르는 우주 진화의 법칙으로 복잡화-의식의 법칙(the law of complexity-consciousness)을 이야기한다.[76] 복잡성은 사물이 더 많은 구성 요소에 의하여 구조적 조밀성이 더욱 커지는 특성이고, 의식은 사물의 외적 구조의 복잡성과 함께 나타나는 더욱더 내면화(의식화)하는 현상이다. 우주는 점점 더 복잡해지고 내면화되면서 오메가 포인트로 수렴되어 그리스도와 일치한다. 사물의 외적 구조가 복잡화하면 할수록 사물의 의식은 더욱더 깊어지고, 응축된다. 떼이야르는 복잡성을 사물의 외면성(de-hors, without), 의식을 사물의 내면성(de-dans, within)이라 했다. 사물은 외면성과 내면성을 동시에 지니고 있다.

창조는 진화를 통해 계속되는 합일(일치) 과정이다. 창조물은 적극성과 수동성을 동시에 지니고 있다고 떼이야르는 표현한다. 수동성과 적

---

75 우주적 그리스도는 우주의 시작(alpha)이며 끝(omega)인 동시에 우주를 진화시키시는 분이다. 진화의 종국점은 그리스도이다. 그리스도가 모든 발전과 성장의 중심이며, 모든 자연적 진화를 포함하는 진화의 끝점이다. 오메가 그리스도에 관한 떼이야르의 이 관점은 성체에 대한 신심과 육화의 신비에 대한 확신으로 만들어졌다. 하느님은 우주 과정의 모든 것 안에 육화하신다. 떼이야르는 그리스도의 육화를 우주의 모든 차원으로 확장해서 이해했다. 우주의 모든 과정이 처음부터 오메가 그리스도를 향하고 있다는 의미에서, 진화 과정은 우주적이며 그리스도적이다. 그리스도 중심의 창조론, 즉 오메가 그리스도론이다. 떼이야르는 모든 존재의 상호연관성과 상호의존성을 바탕으로 형성되는 유기적 세계관을 제공했고, 생태 신학에 영향을 주었다. 떼이야르는 이렇게 우주의 미래에 결정적 책임을 부여받은 인간 존재의 의미에 대하여 그리스도론적 전망을 제시했다.
76 복잡화-의식의 법칙에 따라 우주는 더욱 고차원의 의식을 향해 진화할 뿐 아니라 더욱더 고차원의 합일을 향하여 진화함을 뜻한다. 창조의 시초보다 결과에 중점을 두고 고찰하면서, 떼이야르는 창조를 하나의 '과정'으로 이해한다.

극성, 성장과 소멸은 역동적 균형을 이룬다. 이것이 떼이야르의 창조론, 즉 창조적 합일 이론(theory of creative union)이다. 떼이야르는 우주의 각 구성원이 결합하여 전체를 이루면서 각 특성은 더 분화되고 강화되어 창조적으로 새로운 어떤 것을 성취한다는 창조적 합일 이론을 제안한다. 떼이야르는 모든 존재의 상호연관성을 이야기한다. 하느님께서는 합일로써 창조하신다. 창조는 무한 다수가 점차 합일되어 궁극적으로 '하나'가 되는 것이다. 창조는 점진적으로 만물을 종합하는 과정이다. 창조는 하느님의 계속적인 활동인 우주의 진화 과정으로 종말에 가서 완성된다. 과학의 용어 '진화'는 형이상학 용어로 '창조'이다. '창조'는 전 우주의 창조적 진화 과정이다. 진화는 시간과 공간 안에서 진행되는 창조이다. 창조는 그리스도를 중심으로 만물이 통합되는 과정이다.

그리스도를 통하여 그리스도 안에서 그리스도를 위해 만물은 창조되었다. 만물보다 앞서 계시는 그리스도 안에서 만물이 합일되므로, 그리스도 없는 창조 질서나 창조 행위는 상상조차 할 수 없다. 떼이야르는 하느님의 계속 창조를 하나의 합일 과정, 점차적인 합일을 지향하는 우주 생성으로 이해했다. 이렇게 창조적 합일이 가능한 것은, 우주의 종국점에서 만물을 합일시키기 위해 그리스도가 당기는 힘 때문이다. 우주의 진화는 그리스도의 충만을 지향하므로, 결국 진화 과정은 포괄적인 그리스도 생성으로 이해할 수 있다.

떼이야르는 우주의 기본 속성을 다양성과 단일성과 에너지로 보았다. 다양성은 통일 조직으로, 단일성은 하나의 총체로, 에너지는 양자(quantum)로 나타난다. 에너지는 사물의 작용력이다. 떼이야르는 에너지를 덜 복잡한 구성 요소를 더욱 차원 높은 복합체로 끌어올려 한층 더 합일된 유기적 구조를 생성하는 방사 에너지(radial energy)와 같은 차원의 복합체 또는 구성 요소들을 서로 연결하여 동일 구조에서 결합하는 접선 에너지(tangential energy)로 나누어 이야기를 진행한다.[77]

에너지가 결속된 상태인 물질은 복잡화한다. 내면적(정신적) 에너지를 가진 물질은 에너지가 결속되어 복잡화해서 더욱 복잡한 물체로 된다. 우주의 기본 소립자들, 즉 양성자, 중성자, 전자, 광자 등이 출현해서 복잡화하면 일련의 원자가 출현한다. 원자와 원자의 결합으로 다양한 분자가 생성되고, 분자들이 결합하여 생명 현상에 필요한 고분자 유기물질을 생성한다. 이것이 지구 생명 출현의 조건이다. 물질은 합일을 이루며 진화한다. 떼이야르는 물질의 복잡성이 어느 임계점에 도달하면 새로운 상태의 물질인 '생명'이 창발한다고 보았다. 물질은 에너지 법칙(열역학 제1 법칙과 제2 법칙)에 따라 진화하고, 진화는 질과 양의 이중 과정을 거친다.[78]

물질 진화의 산물이자 결과인 생명은 물질과는 완전히 다른 근본적인 불연속이 있다. 생명을 지닌 물질은 임시적·잠정적인 속성을 갖는다. 생명은 세포에서 시작하고, 최초의 세포 출현은 우주 진화 과정에서 중요한 임계점(critical point)이다. 생명체는 물질보다 훨씬 더 조직적이고 복잡하며 적응성과 포용성을 갖고, 생식을 하기 때문에 역사성도 갖는다.[79]

우주는 정신 생성(Noogenesis), 즉 인간 출현을 향한 방향으로 진화했

---

77   떼이야르의 접선 에너지(TANGENTIAL ENERGY)와 방사 에너지(RAIDAL ENERGY)는 다음을 참고: 일리아 델리오 지음, 맹영선 옮김, 『울트라휴머니즘 – 지구공동체 의식을 갖는 인간으로』, 여해와 함께 (2021).

78   질적 차원에서는 구성 원소들이 결합해 농축되는 복잡화 과정이 일어나고, 양적 차원에서는 형태 변화로 에너지가 열로 소실되는 과정이 일어난다.

79   생명체는 단세포에서 다세포 생물로, 무척추 생물에서 척추동물로 전진, 분할되어 자연 발생적으로 팽창하면서 광범위하게 분화한다.

다. 정신 생성은 생명 자체의 변형을 의미한다. 이제 진화는 정신권에서 더 발전한다. 우주는 물질권에서 생명권으로, 생명권에서 정신권으로 진화한다. 물질 정신화의 마지막 종착점이 인간이다. 생명의 나무에서 하나의 가지인 인간은 반성(reflection)[80] 의식을 지닌 존재이다. 인간은 동물 종이지만, 다른 동물과는 조금 다르다. 인간은 주체로서 객체로서의 자신을 볼 수 있다. 인간은 자신이 인식하고 있음을 스스로 안다. 인간은 자신이 진화하고 있음을 자각한 정신화된 물질이다. 복잡화-의식의 법칙에 따라 우주는 진화해서 정신 생성으로 인간을 탄생시켜 정신권을 형성했다. 불완전하게 출현한 인간은 완성을 향해 나아가고 있다. 그 발전은 복잡하지만 많은 발전을 거쳐서 스스로 호모 사피엔스(Homo sapiens)라 부르는 인간이 되었다.

    인간 사회는 발전하면서 점차 조직화 되고, 도덕과 종교를 발전시키면서 과거와 현재와 미래라는 역사를 지닌 존재가 되었다. 우주는 정신화를 넘어 계속 진화하고 있다. 우주 진화는 이제 정신권에서 일어나고 있다. 정신 생성은 인간을 사회화(Socialization)한다. 사회화는 인간이 최대의 복잡성과 최고의 의식을 지향하는 과정이다. 떼이야르는 미래 진화의 중심 현상으로서 집단적 뇌진화(collective cerebralization)를 말한다. 이 과정에서 상호 이해와 사랑은 필수이다. 떼이야르는 사회가 각 개인의 개성을 억압하지 않고 유기화 할수록 각 개인이 더욱 개성화될 것으로 보았다.

    인류의 '사회적 반성 의식'이 향하는 초점은 미래에 나타날 진화의

---

80   "반성이란 그 말이 가리키는 대로 우리 자신에게 돌아가는 의식의 힘이다. 또한 우리 자신을 '대상'으로 놓고 자신의 존재와 가치를 헤아리는 능력이다. 그러므로 반성은 단지 아는 게 아니라 자신을 아는 것이요, 그냥 아는 게 아니라 안다는 것을 아는 것이다." 떼이야르 드 샤르댕 지음, 양명수 옮김, 『인간 현상』, 161쪽, 한길사 (1997).

임계점이다. 떼이야르는 과거의 진화에서 미래의 수렴점을 외삽한다. 우주의 진화는 인간 반성 의식으로의 상승이며, 최고로 발달한 의식으로의 진화이다. 인간 출현 이후 정신권의 진화[81]는 인간에 의하여 능동적으로 진행될 것이다. 인간의 모든 힘이 집중되는 우주 진화의 수렴점을 떼이야르는 오메가 포인트라 부른다. 이것이 인류의 최종 상태이다. 오메가는 진화 과정의 밖에 있는 동시에 안에 있다. 오메가는 인간의 가능성이 실체화된 인간 완성이며 최고도의 일치이다. 인간은 절대자와 일치하기를 갈망한다. 그 절대자는 생명으로 충만하며 진화 과정 안에 현존하는 동시에 영원하다. 절대자와의 일치는 정신적인 사랑의 힘으로 이루어진다. 오메가로 향하는 인간은 사랑의 원천으로 향한다. 오메가는 하느님이다.[82]

떼이야르는 이렇게 썼다. "물질과 정신은 결코 두 가지 다른 실체가 아니고, 같은 우주적 재료가 보는 방식에 따라 달리 나타나는 두 '상태', 두 측면인 것이다."[83] 떼이야르는 물질(외면)과 정신(내면)을 복잡성과 의식으로 연결했다. 진화는 사물의 내면과 외면의 분리를 사라지도록 했다. 진화 과정은 물질(외면)이 의식(내면)을 발달시켜 왔다는 것을 보여준다. 우리 인간은 의식이고 '생각하는 우주'이다. 우리 스스로 '각

---

81 정신권의 진화는 인간이 성숙하는 과정이고, 지구적 정신 현상의 자기 중심화 과정이다. 집단적 반성(성찰)이다. 진화는 점점 더 빠르게 진행되는 일치화 방향으로 가는 구조화와 유기체화이다. 인간의 성숙 과정이 초-반성의 결정적이고 최종적인 지점에 도달하려면, 불사성(不死性)에 대한 희망이 커져야 한다. 단 하나의 저항할 수 없는 수렴 운동으로 불변성이 보편화(우주화) 하는 동시에 인격화한다. 그것이 오메가 포인트(우주적 그리스도)이다.
82 오메가는 인간의 편에서 커가고 있는 실체로 아직 달성하지 못한 희망이지만, 하느님의 관점에서 오메가는 존재의 완성 자체이다.
83 떼이야르 드 샤르댕 지음, 이병호 옮김, 『물질의 심장』, 44쪽, (2003).

성하고 성찰하는 것'이 진화이다. 진화는 물질 스스로 생각하는 '일반적인 과정'이다.[84] 물질은 정신의 모태이고, 정신은 물질보다 높은 상태이다. 물질의 점진적인 정신화는 비가역적이다. 우주 진화에서 물질의 복잡성은 정신(의식)으로 변화된다. 인간의 외적인 우주의 모든 것이 인간의 내적인 우주를 떠받치고 통합시켜준다. 정신적인 내면화 과정에 있는 세계 역시 역동적인 유기적 체계이다. 인간화라는 길을 통해, 정신 생성은 육체에서 이루어진다. 생명체들의 무질서한 무리 그 정점에 인간 존재가 있다.

생성 중인 우주의 역학은 만물의 재료가 단순한 것에서 좀 더 복잡한 것을 향해 용틀임하는 걷잡을 수 없는 '회오리' 같은 나선형 역학(Spiral dynamics)[85]으로 특징지어진다. 비틀리면서 점차 더 크고 복잡한 핵을 만들어가는 그 힘이 우주의 진화를 추동한다. 이런 역학의 내면화 과정에서 소립자가 생성되고 정신(의식)이 깨어나면서 물질은 생명으로 된다. 생명은 복잡화를 통해 점차 강해진다. 친밀함은 모든 생명체가 갖는 고유 속성이다. 분자들을 결속하는 힘이 없다면, 인간화된 형태의 사랑도 드러날 수 없다. 자연과 인간과 하느님을 모두 끌어안는 인간의 사랑은 친교의 숭고한 표현이다. 그 사랑이 인간을 오메가와 합일을 성취하도록 밀어주고 있다. 떼이야르는 모든 실재를 서로 결속시키는 친교와 사랑이 우주 진화의 원동력임을 깨닫고, 모든 생명체가 실제로 하나의 거대한 가족 구성원, 즉 형제와 자매, 친척이라는 사실을 알려주었다.

---

84 인간 의식이라는 우주 진화로부터 신은 출현한다.
85 Don Edward Beck and Christopher C. Cowan, 『Spiral Dynamics: mastering values, leadership, and change』, Blackwell Publishing (2006).

떼이야르는 우주적 친교에서 인간 존재가 성취된다고 보았다. 개인의 인격은 '자기-정체성(self-identification)' 확립에서 성취된다. 인간의 사회화 역시 통합적인 지구 과정에서 발생하고, 다른 실재와의 결합을 통해 완성된다. 떼이야르는 지구를 영적·정신적 존재로 규정하고, '신을 드러내는 영적 실재'로 인식한다. 인간 역사와 사회화 과정을 통한 인간 존재의 합일을 제시하고, 인간을 점차 수렴되어가는 존재로 묘사한다. 인간의 수렴은 '중심과 중심, 주체와 주체, 인격과 인격의 상호 친교'를 이루면서 활성화된다. 인격은 결합하여 다양하고 정교하게 연결된 '집단 인격'을 출현시킨다. 떼이야르는 우주적 그리스도를 역사적·사회적 성취를 변혁시키는 특별한 기능을 하는 실재로 확신한다.

떼이야르는 진화 과정의 통합 요소로 인간을 제시하고, 자연 세계의 영적이고 역사적인 차원을 강조한다. 인간의 진화는 정신의 성숙을 의미한다. 우주의 진화에서 중추적 역할을 하는 반성 의식을 지닌 인간은 오메가 그리스도를 향해 수렴하는 우주 진화를 창조적 합일로 진행시킬 수 있다. 창조의 완성에 이바지할 때, 인간의 활동은 의미와 가치를 지닌다. 자기 능력을 최고로 발휘할 때, 인간은 하느님의 창조에 더욱 적극적으로 참여하게 된다. 떼이야르는 우주 진화를 단 하나의 광대한 과정으로 요약했다. 우주 생성은 우리를 '그리스도를 향해 중심화'시키고 '그리스도를 위해 탈중심화'하는 과정이다. 떼이야르의 우주론에서, 하느님은 '진화의 추진자인 동시에 진화하는 분'으로 우주뿐만 아니라 인간 공동체 전체를 포용할 수 있는 에너지를 활성화한다. 하느님은 말씀을 통한 의미의 원천, 정신을 통한 에너지의 원천, 빛과 생명의 원천이다.

떼이야르는 우주와 지구와 생명에 대한 전일적인 시각을 갖고 있었다. 떼이야르는 인간이 지구로부터 출현했다는 사실을 강조한다. 떼이야르는 지구를 인간의 창조자로 이해한다. 지구를 벗어나 인간은 창조될 수 없다. 떼이야르는 말한다. '지구 이야기는 인간 이야기이다.' 그리스도교에서 이것은 아주 새로운 사고방식이었다. 아직도 많은 사람이 지구가 영적인 존재임을 깨닫지 못하고 있다. 진화는 성스러운 사건이다. 인간 예수가 신비적인 우주적 그리스도로 성장하고, 모든 존재는 진화를 통해 그리스도 안에 통합되어 간다. 그리스도는 모든 우주 존재의 진화에서 중심이다.

떼이야르는 과학과 종교와 신비주의를 관통하는 일관성을 추구한다. 모든 존재가 그리스도를 중심으로 통합한다. 그리스도교의 육화 신비에 대한 깊은 신앙이다. 떼이야르의 비전은 그리스도로 집중된다. 그리스도에 뿌리를 두고 있다. 그 비전은 우주적 생명의 힘, 모든 생명의 힘을 믿는 비전이다. 생명을 성스러운 것으로 보는 비전이다. 그리스도는 신적 사랑이 물질화, 에너지화, 육화한 말씀이다. 그리스도 사랑은 거룩한 에너지인 '사랑'을 공경하는 것이다.

우리는 이제 진화에 대한 떼이야르의 해석을 확장할 필요가 있다. 즉 태초부터 우주는 정신(의식)의 차원이 있었고, 그리스도교 사상은 구원 중심에서 창조 중심으로 변화해야 한다. 인간 에너지를 새로운 강도로 활성화하기 위해, 과학에 대한 떼이야르의 관심을 잘 살펴봐야 한다. 지구에서 생명체가 생존할 수 있도록, 우리는 떼이야르의 관점을 잘 발효시켜야 한다. 떼이야르는 인간이 자연에 깊이 뿌리내리고 있으며, 더 큰 우주에서 인간이 진화해왔음을 인식하라고 말한다. 지구 어머니가 인간의 근본이다.

나가면서: 토마스 베리가 제안하는 우주 이야기에 통합된 영성

우리는 종종 영성의 역사를 그리스도교의 등장과 함께 이야기한다. 하지만 138억 년에 걸친 우주의 노력[86]과 46억 년에 걸친 지구 존재를 통해 인간의 육체가 형성된 것과 마찬가지로, 인간의 영성도 인간의 정신과 함께 그 모든 시간을 거쳐 형성되었다. 베리는 이렇게 말한다. "인간의 몸과 정신은 원자라는 태초의 입자들과 함께 시작되었다. 그 원자들은 그 후에 출현한 모든 것의 운명과 심지어는 인간의 영적인 형태까지도 지니고 있었다."[87]

인간 육체가 진화해 온 것처럼 인간 정신도 진화했다. 인간 영성은 의식의 점차적인 진화와 함께 약 3백만 년 전 등장했다. 영성은 의식과 함께 인간을 인도해주고 영감을 주는 관계의 그물로 공동체 안에서 성장하고 발전했다. 영성은 종교보다 더 근본적이고 기초적인 실체이다. 영성이 인간 조건의 뿌리인 데 비해, 종교는 인간 진화의 한 단계에서 인간 사회의 목적에 부합해 등장했다. 특히 제도 종교는 가부장제라는 문화에서 탄생했다. 제도 종교의 영성은 약 5천 년 전부터 시작된 것으로 보인다.

베리는 서구 영성 전통과 기계론적 세계관에 기초한 우리 시대 영성을 이렇게 표현한다. "인간을 행성 지구의 위풍당당한 지배자로, 행성 지구를 자연적 기능으로, 지구의 자원을 인간의 무제한적인 착취 대상으로 경험한다."[88]

---

86 138억 년 전 탄생한 이래, 전체 우주에는 영적인 차원이 있었다. 창조주 성령의 현존 때문이다.
87 지구의 꿈, 181~182쪽.
88 지구의 꿈, 183~184쪽.

베리는 생태대라는 문화부호를 윤곽이라도 창조하려 노력한다. 역사상 처음으로 인간 공동체는 광대하게 펼쳐진 공간과 시간 속에서 자기 정체성을 확립할 수 있는 하나의 '우주 이야기'를 갖게 되었기 때문이다. 현재 전 세계의 학교에서 교육 자료로 수용되는 그 이야기가 생태 시대에 기능하는 우주론(functional cosmology)의 자료로 이용될 수 있기 때문이다.

베리는 기능하는 우주론만이 생태 시대의 인간 활동을 위한 근거가 될 수 있다고 믿는다. 또한, 기능하는 우주론에 근거한 영성만이 그리스도교 전통에 새로운 비전과 활력을 부여할 수 있다고 이야기한다. 따라서 '과학에 의해 물리적 차원에서 설명되는 이 이야기를 태초의 순간부터 창발하는 우주의 성스럽고 의식적인 차원을 포함하도록 보다 통합적으로 완성'[89]하는 것이 필요하다고 생각한 베리는 스윔과 함께 『우주 이야기』를 썼다.

베리는 『우주 이야기』에서 인간 이야기를 세 시기로 나누어 들려준다. 첫 번째 시기는 인간 역사의 시작에서 농업혁명까지의 시기이다. 인간의 출현과 유아기 시기이다. 이 시기에 인간의 생물학적 진화가 일어났다. 이 시기의 인간은 지구공동체와 친교를 나누었고, 지구 어머니를 존중하는 영적 의식을 펼쳤다. 두 번째 시기는 약 1만 년 전에서 현재까지이고, 청년기 시기이다. 이 시기에 인간의 문화적 진화가 일어났다. 이 시기는 농업혁명과 동물의 가축화, 신석기 촌락과 가부장제(家父長制)로 특징지어진다. 하지만 가부장제의 발전은 여성 신을 남성 신으로 대체했고, 지구의 황폐화를 초래했다. 세 번째 시기는 현재부터 새 천 년으로 이어지는 성년기 시기이다. 지금 창조에 대한 새로운

---

89 지구의 꿈, 184~185쪽.

이야기가 등장하고 있다. 이제 성인이 된 인간에게 어머니 지구는 책임을 요구하고 있다. 성인이 된 인류는 그 책임을 수행해야만 한다. 어른스러운 책임감, 지구에 대한 책임감이 요구되고 있다.[90] 이제 우리는 인간의 이익뿐만 아니라 지구공동체의 공동선을 위해 책임감 있는 결정을 내려야 한다.

우주 이야기에 근거한 영성은 '자연 세계를 신적 현존의 일차적 양식'으로 간주한다. 이것이 바로 생태대의 규범이다. 자연 세계가 우리에게 전달하는 근본 영성은 한 개체의 독특하고 유일무이한 특성과 우주에서 한 개체가 다른 존재와 맺는 분리될 수 없는 유대관계, 즉 친교이다.[91] 이 영성은 태초의 우주에서부터 분명히 나타났던 우주생성원리(분화, 주체성, 친교)에 기초한다. 우주와 행성 지구가 신적 현존의 일차적 양식(일차적 교육자, 일차적 치유자, 일차적 입법자)이며 기본적 맥락이며 계시이다. 지구가 인간의 교육자이고 치유자이고 입법자이다. 이것이 바로 자연 세계가 우리에게 전해주는 영적 가르침이며 계시이다.

사실 지구가 인간의 모태로서 인간의 모든 가치와 활동의 일차적 규범이라는 이런 의식을 갖는 것은 쉬운 일이 아니다. 베리는 이렇게 말한다. "많은 종교인이 지구공동체의 구성원으로서 미래 삶의 새로운 상황을 이해하기 시작했지만, 아직도 신학자와 성경학자들은 우리 시대의 변화된 상황에 영향을 받지 않는 듯 보인다. 서구 영성 전통에서 구원의 역할에 대한 지나친 집착이 창조 영성 탐구를 방해하는 것처럼 보인다."[92]

---

90 지구의 꿈, 87쪽.
91 지구의 꿈, 186쪽.
92 지구의 꿈, 187쪽.

하지만 베리는 그리스도교 영성의 변화가 일어날 것으로 예상한다. 기능하는 우주론에 근거한 기능하는 영성이 필요하다. 우리는 생태대에 통합된 영성을 창조해야 한다.[93] 기능하는 우주론이 그리스도교 전통에 새로운 비전과 활력을 부여할 수 있다. 기능하는 우주론은 물질 세계에 대한 경외심과 공경심(reverence)을 일깨울 수 있다. 과학과 기술이 성스러움과 통합되어 우주와 지구에 관한 '새로운 이야기'를 들려주어야 한다고 생각한 베리는, 과학이 제공하는 물리적 자료에 정신적·영적 차원을 통합한 기능하는 우주론을 제안했다. 그런 우주론에 통합된 새로운 영성이 필요하다.[94]

기능하는 우주론에 통합된 영성은 '생태대 실현을 위한 영성'이다. 지구는 성스러운 공동체이고, 인간은 지구공동체 구성원이다. 인간은 지구 생명의 한 형태이다.[95] 이 영성은 지구가 우리의 집이라는 관점을 이해하는 영성이고, 지구의 성스러운 차원을 의식하도록 일깨워주는 영성이다. 『우주 이야기』는 성스러운 우주와 성스러운 지구가 우리의 집이라는 이야기를 들려준다. 하느님은 138억 년의 우주 진화 과정을 통한 창조를 선택하셨다. 하느님은 태초부터 이 과정에 함께하셨으며, 여전히 함께하신다. 베리가 제안한 이 영성은 자연을 친밀함의 관점에서 이해하고, 인간과 자연이 상호 증진적으로 존재해야만 할 이유를 이해하는 영성이다. 인류세(Anthropocene)[96]라 불리는 현재의 생태계 위

---

93 지구의 꿈, 187~188쪽.

94 지구의 꿈, 186~187쪽: 다른 사람들이 '생태 문명'이라고 부르는 문화부호를 베리는 생태대 또는 '기능하는 우주론'이라고 부른다.

95 나는 지구와 어떤 관계인가? 관리자인가? 아니면 지구의 자손인가?

96 인류세는 인류의 환경 파괴로 지구 시스템이 급격하게 변화한 시대, 지구 시스템에 균열이 생긴 시대이다. 인류세는 그리스어로 인류를 뜻하는 안트로포스(ANTHROPOS)와 세를 나타내는 접미사 'CENE'이 결합한 말이다.

기와 지질학적 변화에 응답해서 생태대로의 변화를 실현할 수 있는 영성이다. 베리의 영성은 생태적 회심을 요구하는 생태 영성(eco-spirituality)이다. 생태 영성은 생명 지향적·전체론적·포괄적 영성이다. 트라피스트 수사인 찰스 커밍스(Charles Cummings, 1940~2020)는 생태 영성을 '집에 있을 때와 같은 편안함을 느끼게 하는' 영성, '철저한 태도 변화, 영적 회개만이 파괴된 생태계를 치유할 수 있다고 확신하면서 일상의 삶 속에서 그 이상을 구현하는 체화된 영성'이라고 했다.[97]

베리는 종교 전통(tradition)이나 영성 전통은 확립되어 불변하는 믿음과 사고와 행동 양식이 아니라 과정이라고 말한다. 또한, 전통은 역사적 실재로서 긍정적 측면과 부정적 측면이 있다고 본다. 중요한 것은 "전통이 그 자체를 표현하는 기존 양식을 끊임없이 초월해 새로운 표현 양식으로 나아가야 한다는 점이다."[98] 최근 진화하는 우주론의 등장에 따라 그리스도교 영성도 변화하고 있다.[99] 사회심리학자 디아무드 오무추(Diarmuid O'Murchu)는 이렇게 말한다. "우리 시대 요구되는 의식의 가장 중대한 전환 중 하나는 우리가 진화라는 공동창조 과정에 속해 있다는 것이다. 그것은 우리가 우주, 특히 행성 지구와 함께 지니는 호혜적인 상호의존성을 재발견하는 것이고, 영적인 우리 정체성을 다시 찾는 것이다."[100]

가톨릭 사제이자 도미니칸 신학자인 클레투스 웨셀즈(Cletus Wessels,

---

97   찰스 커밍스 지음, 맹영선 옮김, 『생태 영성』, 성바오로 출판사 (2015).
98   지구의 꿈, 180~181쪽.
99   지구의 꿈, 181쪽.
100 DIARMUID O'MURCHU, 『QUANTUM THEOLOGY: SPIRITUAL IMPLICATIONS OF THE NEW PHYSICS』, THE CROSSROA PUBLISHING COMPANY (2004): HTTPS://DIARMUIDOMURCHU.COM/

1930~2009)는 『우주 이야기』에 통합된 영성의 특성을 이렇게 정리했다.[101]

첫째, 『우주 이야기』에 통합된 영성은 우리를 둘러싸고 있는 지구와 우주의 성스러움을 인식한다.[102] 성스러움을 인식하기 위해서는 내적 여정이 필요하다. 우리가 존재의 심층에 있는 신비에 닿을 때, 영성은 그 심층에서 흘러나온다. 심층에서 흘러나오는 영성의 성장을 위해서 가족과 친구 관계, 제도와 사회관계, 자연 세계와의 관계, 자기 자신과의 관계 등 인간관계가 양육될 필요가 있다. 모든 사물의 심층에 현존하시는 하느님은 이 모든 관계의 심층에 계신다. 『우주 이야기』에 통합된 영성은 우주와 지구의 성스러움에서 시작해서, 모든 관계 안에 계시는 하느님의 내적 현존이라는 심층으로 우리를 끌어간다. 우리는 여러 곳에서 하느님의 현존을 체험한다.

둘째, 『우주 이야기』에 통합된 영성은 만물 안에 현존하시는 하느님이라는 영적인 장(spiritual fields)을 체험하게 한다. 내적인 관계는 삶 속에 있는 강력하지만 보이지 않는 힘인 보편적인 장으로 영성을 체험할 수 있도록 우리를 돕는다. 영성은 우리 내면에 있고 우리를 둘러싸고 있는 장이다. 영성은 우리 삶의 모든 순간과 모든 관계에 영향을 미친다. 이 영향은 안에서 밖으로 나타난다. 영성은 '보이지도 만져지지도 들리지도 않고 맛도 없고 냄새도 없지만, 그래도 우리가 영성을 인식하는지 하지 못하는지에 관계없이 우리 삶에서 가장 강력한 힘이다.'[103]

---

101   Cletus Wessels, 『The Holy Web: Church and the New Universe Story』, Orbis Books (2014).
102   창조의 성스러움을 인식하는 것이다. 창조물이 지닌 성스러움에 대한 인식은 지구에 대한 우리 태도를 변화시킨다. 지구와 인간의 관계는 통제가 아니라 의식하는 조율의 관계여야 한다. 인간의 영성은 만물 안에 있는 성스러운 현존에 조율되어야 한다.
103   장(fields)은 "영향을 주는 비(非)물질적인 영역으로, 공간이나 행동을 구조화하는 눈에 보이지 않는 힘이다. 예로써, 지구의 중력장은 우리 주변을 온통 둘러싸고 있다. 우리는 그것

셋째, 『우주 이야기』에 통합된 영성은 모든 생명에 퍼져 있는 죽음과 부활을 받아들인다. 죽음과 부활은 우주 이야기와 지구 이야기, 인간 개인과 사회와 교회[104]의 이야기에서 결정적인 현실이다. 우주 이야기에서 초신성의 거대한 폭발은 중금속 형성으로 이어졌고, 이것은 생명의 발전에 필수 원소가 되었다. 지구 이야기에서 종의 대량 멸종과 빙하기는 지구에 황폐함만을 남겼지만, 후에 이 지구 주민들의 '죽음'은 새로운 종과 그 종들의 창조적인 새로운 공동체라는 번창함을 가져왔다. 개인의 삶에서 '영혼의 어두운 밤' 체험은 새로운 영성의 원천이 된다. 인간 사회와 교회도 이런 죽음과 부활을 체험한다. 사회 폭력은 정치·경제 체계 안에서 폭력을 재검토하게 하고, 폭력의 뿌리를 이루는 바로 그 체계 자체를 변형시킬 것을 요구한다. 죽음과 부활의 영성은 개인뿐만 아니라 우리 사회와 교회의 미래 또한 알려준다.

우리가 생태 영성을 공부하는 이유는 개인 인성을 통합해서, 타자(他者)에 관한 관심을 일깨우고, 하느님과의 일치로 나아가기 위함이다. 개인 인성의 통합은 각 개인의 본능과 감정, 감성과 이성과 영성의 차원을 이해하고 통합하는 것이다. 즉 본능과 감정을 조절·통제하고 감성과 이성과 영성을 양육하는 것이다. 타자에 관한 관심을 일깨우는 것은 절대타자이신 하느님과 나, 다른 사람과 나, 나와 자연 세계와의 관

을 볼 수 없다. 그것은 물질적인 객체가 아니지만, 실재한다. 장은 사물에 무게를 주고, 사물을 가득 채운다. 또한 우리 몸과 뇌의 기능 저변에는 자기장이 있고, 물리학자들이 인식한 전기장, 중성자장 등 기본적인 양자 물질의 장이 있다. 이들은 '보이지 않고, 만져지지 않고, 들리지 않고, 맛이 없고 냄새도 없다.' 그래도 이들은 양자 이론에서 우주의 실재이다." Jaworski, Joseph, *Synchronicity: The Inner Path of Leadership*, pp. 149~150.
104 웨슬즈는 "인간은 온전히 지구에 매인 창조물이기 때문에, 창조물 전체를 섬기도록 부르심을 받은 인간이 모인 교회는 지구의 교회이다."라고 말한다.

계를 이해하는 것이다. 즉 『우주 이야기』를 통해 창조와 진화를 이해하는 것이다. 하느님과의 일치로 이끌어주는 것은 종교 이해를 통해 내 안에 살아계신 하느님을 깨우치는 것이다.

하지만 아무리 공부를 해도 '앎'을 자기 '삶'에 적용해서 적극적으로 행동하지 않는 한, '앎'이 삶을 변화시키지는 않는다. 아는 만큼 '행동하는 것'이 더 중요하다. 실천하지 않는 지식은 영성의 진화도 삶의 변화도 가져올 수 없다. 우리는 흔히 큰 변화가 필요하다고 생각하지만, 변화의 첫걸음은 작은 습관이다. 사소한 것부터 시작해야 한다. 시작조차 하지 않으면 우리 삶은 점점 더 힘들어질 것이다. 작은 변화조차 만들어내지 못하면서, 큰 변화를 과연 끌어낼 수 있을까? 작은 변화를 위해서, 무엇보다 자기 이해가 중요하다. 자기 이해가 부족하면, 자신에게 맞는 '행동'이 무엇인지, 무엇을 어떻게 변화시킬 것인지 제대로 판단하기 어렵다. 자기 이해가 우선하지 않으면 그 무엇도 제대로 성취하기 어렵다.

영성 이해가 무엇보다 관건이다. 나는 영성을 어떻게 이해하는가? 그리스도인의 영성은 하느님과 인간의 인격적 관계로 모든 관계 그물에서 하느님과 일치하려는 삶의 여정 또는 자세라 할 수 있다. 그리스도인의 영성은 하느님께 '뿌리 내림'이다. 영성은 하느님과의 일치(Being-in-God)로 드러나며 삶의 다양한 행동이나 표현 양식으로 나타난다. 나는 일상에서 하느님과의 일치로 초대받는 부르심을 듣는가?

하느님의 은총에 힘입어 덕행을 실천하는 것이 영성이다. 영성은 일상생활에서 다양한 행동(자비, 개선, 근면, 확신, 인내, 자선, 사랑, 희생, 존경, 겸손 등)으로 나타난다. 하느님께 뿌리내린 우리는 주어진 현실에 응답하며 산다. 나는 하느님께 어떻게 뿌리내리고 있는가? 내 활동이 하느님께

'뿌리 내림'과 관계하고 하느님께 '뿌리 내림'이 내 활동에 힘을 주는가? 나의 하느님께 '뿌리 내림'이 '하느님 나라'를 구현하는데 헌신한다고 확신하는가?

그리스도교 영성은 변화해야 한다. 인간을 자연으로부터 분리·소외시키는 영성에서 자연과 친밀함을 나누는 영성으로 변화해야 한다. 자연에서 소외되면 우리는 통합적 인간이 되지 못한다. 통합적 인간이 되지 못하면 통합적 그리스도인도 될 수 없다. 그리스도교 전통은 자연 세계의 소리에 귀 기울이는 것을 '이교적인 것' 또는 '애니미즘적인 것'으로 의심해왔다. 하지만 많은 창조물이 우리의 영적 삶에 영감을 불러일으킨다는 사실을 이제 더는 무시할 수 없다. 자연 세계와 접촉할 때, 우리는 우주를 경축하는 신적인 전례에 참례한다. 이 경축에 참여하지 않고 착취에 집착한다면 인간 존재는 황폐해질 것이다. 지금 우리는 자연과의 관계에서 '자폐증' 상태이다.

베리는 생태대를 위해 그리스도교가 기능하는 우주론(functional cosmology)과 통합된 영성을 선택해야 한다고 본다. 베리는 이렇게 말한다. "결국 이야기는 단 하나, 우주 이야기뿐이다. 모든 존재 형태는 이 포괄적인 이야기와 통합되어 있다. 다른 모든 것이 없이는 그 어떤 것도 자기 자신일 수 없다. 지구에 존재하는 모든 것의 모양과 정체성을 부여한 변천의 전체적인 연속 과정 안에서, 지구공동체의 각 구성원은 자기만의 독특한 역할을 가지고 있다."[105]

"실로 존재의 보다 넓은 공동체로부터 분리된 우리의 개별 존재는 공(emptiness, 빈 것)일 뿐이다. 우리의 개별적 자아는 그 가장 완전한 자

---

105 우주 이야기, 415쪽.

아-실현을 우리의 가족 자아, 우리의 공동체 자아, 우리의 종 자아, 우리의 지구적 자아, 그리고 궁극적으로 우리의 우주적 자아 안에서 찾게 된다."[106] "우리는 개인적 자아, 가족적 자아, 지구적 자아, 우주적 자아를 지니고 있다. 희생이란 궁극적으로 보다 큰 자아를 선택하는 것을 말한다. 우리의 보다 큰 자아는 생태대에 존재한다. (……) 서로를 향해 신비하게 존재하고 서로를 떠받쳐 주는 데에 우리 희망이 있다." 우리가 우주적으로 생각하고 생태 지역적으로 행동해야 베리의 생태대라는 비전을 공유할 수 있다.

우주와 지구의 성스러움을 계시로 보는 기능하는 우주론을 어떻게 회복할 것인가? 그것이 관건이다. 지구의 미래에 그리스도교의 운명은 이것을 어느 정도 성취하는가에 달려 있다.

---

106 우주 이야기, 415쪽.

셋째날

프란치스칸 사상 안에 나타난 생태 영성의 단초들

김현태 신부
(김포 청수성당 주임)

†찬미 예수님

주님 안에서 인사드립니다. 반갑습니다. 먼저 오늘부로 셋째 날을 맞게 된 〈제23차 프란치스칸 영성 학술 발표회〉를 마련한 프란치스칸 연구소 제위님들과 이 자리에 대면과 비대면으로 함께 하고 계신 여러분 모두에게 축하의 인사를 드립니다. 그리고 부족한 저에게 프란치스칸 사상의 근간에 따라 생태 영성의 일면을 연구토록 하여 이 자리에 서게 해주신 연구소의 임한욱(루피노) 신부님, 논평자로 나서주신 고계영 신부님 그리고 관계자 여러분께 깊은 감사의 말씀을 드립니다. 요즘 시국도 어렵고 정국도 혼란스러운데 이 세상에 평화와 선을 축원하며 빌어주는 여러분들이 계시기에 많은 사람이 힘을 얻고 열심히 살아가고 있는 게 아닐까 생각합니다.

제가 맡은 강좌의 주제는 주문받은 주제에서 약간 벗어난 「프란치스칸 사상 안에 나타난 생태 영성의 단초」입니다. 본래는 프란치스칸 사상 안에서 생태 영성 I과 II입니다. 그렇지만 내용상에는 별 차이가 없어 프란치스칸 연구소가 근본적으로 지향하고 목적하는 바에서는 결코 벗어나는 일 없이 주제에 충실할 것입니다. 이유는 조금 뒤에 논문을 훑으면서 말씀드릴 겁니다.

실상 중요한 것은 이번 강좌에서 생태 영성도 영성이지만 프란치스칸 사상의 근본을 직시하고 그 중요성을 밝혀내면서 21세기를 살아가는 여러분이 지금부터 800년 전의 프란치스칸들처럼 새로운 사상과 혁신적인 삶을 어떻게 새롭게 구현해낼 수 있느냐 하는 것이 이번 강좌의 초미의 관심사이기에 거기에 중지를 모아주셨으면 합니다. 왜냐하면 이제부터 살펴볼 13세기의 프란치스칸 사상가들은 당대의 최고가는 두뇌들이고 석학들로 전환기의 유럽 문명을 전적으로 변모시켜 황금기로 수놓았으며 전무후무한 세계관을 구축한 인물들일 뿐만 아니라 미증유의 세계문화를 당대인들로 하여금 배태케 하고 풍요로운 삶을 살게끔 한 형언할 수 없는 치적과 공적들을 세운 보기 드문 성현들이기 때문입니다.

삼성의 고 이건희 회장은 "천재 한 사람이 만 명을 먹여 살린다"는 말을 입버릇처럼 하고 다녔다는 후문이 있습니다. 이 시대 세계 최고가는 신기술을 개발, 생산, 보급하며 최첨단 인류 신산업사회의 문을 활짝 연 '삼성'이나 '엘지' 같은 대기업들이 아니었다면 이 나라 살림은 지금 과연 어땠을까? 한번 생각해 봅니다. 많은 수재와 인재가 있어 그들이 열심히 일했기에 오늘의 대한민국이 있지 않나 싶습니다. 그런데 여기서 상기하여 비유할 일이 하나 있으니 그것은 곧 13세기의 프란치스칸 사상이 지금의 '삼성' 이상으로 파워풀했다는 사실입니다.

유럽의 황금기라 일컬어지는 당대에는 대학들이 막 생겨나기 시작했고 탁발수도회도 생겨나 세계의 흐름과 움직임이 완전히 달라집니다. 특히 파리와 영국의 옥스퍼드는 그 중심축에 해당합니다. 당시 파리대학교는 유럽에서 유일무이한 대학은 아니지만 적어도 국제적인 명성을 휘날리며 빛나는 명예를 한 몸에 안고 사람들의 주목을 받은 값진 학문의 수도였습니다. 처음 생겨난 탁발 수도자들이 정신적, 도덕적, 영적, 지적 학문의 전당으로 그리스도교 지성의 중심지였고 자신들이 존재하는데 생명의 나무처럼 여긴 대학이었기에 어떻게 해서든 학문의 전당에 가까이 접근하여 지성 공동체와 하나가 되려 힘썼습니다.

설교수도자들이었던 도미니칸들은 1217년 9월 처음으로 파리에 도착하여 1218년 8월에 생 쟈크 수도원을 세워 삶을 시작합니다. 그 후에 토마스 아퀴나스 같은 대학자이며 성인이 나타나게 되는 것도 이런 일이 있었기에 가능했지, 결코 우연이 아님을 알 수 있습니다. 성 프란치스코도 1217년 자신의 첫 형제들을 파리에 보냈는데, 형제들은 1219년에 유명한 베네딕도 수도회에 속한 한 채의 집인 생 드니(Saint Denis)에서 거주하기 시작합니다. 1225년이 되기 전 또 하나의 집을 갖게 되고 1230년에는 '길버트 문' 쪽에 다른 집들을 마련하여 이전하게 되는데 이는 1789년 프랑스혁명이 발생하기 전까지 존재하던 막뉴스 콘벤투스(Magnus Conventus) 수도원으로 남게 됩니다. 이러한 거주지에 새로운 공동체의 발생과 함께 프란치스칸 사상이 활짝 꽃을 피우는 1200년대 초반에 알렉산더 할레스를 시작으로 보나벤투라 그 밖에 요한 페캄(캔터베리 주교), 기욤 드 라 마르, 마태우스 아콰스타르타(추기경) 등과 같은 걸쭉한 학자들이 나타나 중세 유럽을 뜨겁게 빛내게 됩니다. 그런데 불행하게도 보나벤투라 이후에 나타난 프란치스칸 사상가들의 학설들은 일반 철학사에서 그리 눈에 띄지도 않고 거의 묻혀 있을 뿐만 아니라 이들의 이름조차 매우 생소한 실정입니다. 이것은 커다란 아쉬움으로 남아있기에 새롭게 조명하여 그 혁혁한 공로를 밝혀내도록 해야 합니다.

이렇듯 프란치스칸 학자들이 대학에서 정규 교수(magister actu regentes)와 같은 좌(sedes)를 갖게 되면서 한편으로는 프란치스칸 공동체도 생겨납니다. 이런 현상은 영국 옥스퍼드에서도 마찬가지인데, 프란치스칸은 아니지만 영국 옥스퍼드의 초기 프란치스칸 공동체의 스승이면서 그들로 하여금 동시에 문화적인 역량을 도모토록 한 사상가인 그로스테스트(R. Grossteste, 1170-1253, 1236년 링컨의 주교로 서임)가 누구보다도 손꼽히며 제자들에게 엄청난 영향력을 행사하게 됩니다. 특히 로저 베이컨은 이분의 휘하에서 커다란 가르침을 받습니다. 뿐만 아니라 토마스 요크, 둔스 스코투스, 윌리엄 오캄 등이 계속해서 나타나 옥스퍼드에서 공부하고, 이어서는 파리와 옥스퍼드, 캠브리지 및 그 밖의 여러 도시를 오가며 자신들의 놀라운 가르침으로 시대에 새로운 문화를 정착시키며 유럽과 섬나라 영국의 문화와 문명을 일신하고 전에 없는 변화와 개혁을 이루는 데 크게 공헌합니다.

반복하건대 일반적인 역사와 세계사, 철학사에서는 이들의 활동과 역할을 대수롭지 않게 여깁니다. 왜냐하면 속세의 지성인들은 성직자, 수도자에게 그 공로를 기꺼운 맘으로 돌리길 원치 않기 때문입니다. 당시 대학에서 수도회 사제들이 좌(座)를 차지하고 가르치는 것을 두고도 일반 속인들은 매우 못마땅하게 여겼던 게 사실입니다. 무엇보다 교회에 대한 불신과 시기와 질투심 때문이었습니다. 실질적으로 이런 현상은 역사 속에서 끊임없이 대두되었고 악순환처럼 나타나 교회를 괴롭힌 기현상임에도 불구하고 소수의 크리스천 철인들을 제외하고는 그 누구 하나 똑바로 나서서 제대로 소원하거나 곧추세우려 하지 않았습니다. 일반 철학자들이나 사상가들이 그리스도교 철학자들을 참된 철학자의 범주에서 제외하고 중요한 세계 사상사에서 찬란히 빛나야만 했던 그 이름들마저 삭제하려 한 사건들은 지금도 중세철학사를 접하게 되면 즉시 만나게 되는 매우 슬픈 역사적 실상들입니다. 신앙과 지성, 종교와 철학의 문제에 대한 갈등과 불신은 교회 안에서도 있었던 터라 이런 일들이 세상에서 벌어진 일은 그리 놀랄만한 일들도 아니고 흔히 있었던지라 그렇지 않은 것이 오히려 이상할 수 있습니다.

우리는 여기서 잠깐 주목해볼 일이 있습니다. 아랍 에미리트의 두바이를 떠올려봅시다. 물 한 방물 없는 사막지대가 완전히 변해 기적의 메트로폴리탄으로 우뚝 변신해버렸으니 말하면 무엇하겠습니까? 기초도 부실한 모랫바닥 위에 세워진 세계 최고가는 800m 높이(160층)의 부르즈 칼리파 빌딩, 세계 최대의 아쿠아리움(수족관), 세계 최대의 분수 쇼, 세계 최고의 쇼핑 거리와 타운, 이 모든 게 상상을 초월하는 이야기가 아닌 그곳에 가면 실제로 마주하게 되는 실재라니 우선 경이로움에 할 말을 잃게 됩니다. 요즘 수많은 세계인이 몰려가 자연은 아니지만 인위적으로 완전 탈바꿈시킨 인간 문명을 너도나도 하나같이 향유하려 난리들이라니 누가 뭐래도 금세기 초유의 기적이란 사실에 이해가 갑니다.

지금에 와서 생태의 문제는 자연의 있음과 그 움직임을 일단 대상으로 삼습니다. 그렇지만 진정한 생태의 문제는 교회 내의 생태 현상을 먼저 사고하며 그 대상으로 삼지 않는 한 진정한 생태학은 성립 불가능합니다. 특히 프란치스칸 생태학은 인류문화를 생명의 세계로 호출하면서 하느님의 세계 창조와 완성을 향한 구원 경륜에 일상의 진화적, 역사적, 생물학적인 수준을 한없이 초월하는 결정적인 지력과 영성을 세계문화에 불어넣어 주었기 때문입니다. 거기에는 무엇보다 젊음이 있었고 명망 있는 학자들이 있었으며 대학의 지성인들을 통해 세계 변화의 한몫을 철두철미 담당토록 했습니다.

지금 이 나라 교회의 움직임을 보시기 바랍니다. 젊은이들의 95%가 교회와 담을 쌓고 있습니다. 부끄럽고 죄송한 이야기지만 대부분의 성당에는 노인들 일색입니다. 힘없는 목소리로 노래하고 기도하며 겨우 구슬프게나마 명맥을 유지하고 있을 정도입니다. 어찌 보면 장례 행렬에 나선 처연한 모습을 교회가 하고 있을 뿐입니다. 이런 상황에 대변혁, 대개혁이 있지 않다면 교회의 생태계는 물론 저 멀리 자리한 자연 생태계 역시 멋스러움과 조화를 상실한 채 참으로 부실한 거처로 낙인이 찍힌 채 결국은 그런 세태의 흐름을 후손들에게 넘겨줄 수밖에 없을 것입니다.

주제를 좀 벗어난 것처럼 보이겠습니다만 다음의 말씀으로 교회를 통해 새로운 희망을 세상에 제시해 봅니다. 참된 생태계는 생물과 생물, 무생물을 포함한 자연만이 아닙니다. 인간과 인간, 인간과 하느님의 관계가 조화를 이룬 세계가 진정한 생태계입니다. 조화를 이룬 생태계처럼 인간 중에서도 젊음이 배제된 노화만이 가득한 부조화의 생태계라면 그런 세계는 참다운 진성眞性과 미성(pulchrum)이 없는 미진한 세계이고, 추천할만한 세상이 못 되는 것은 물론, 사람들의 뇌리에서 잊힐 수밖에 없는 존재체로 남게 됩니다. 그런 세계의 생태문화는 지금의 세계가 그러하듯, '아나바다' 운동처럼 자연보호운동의 지침 몇 가지를 제시하고 그것이 마치 다인 양 이상세계로의 발걸음이라고는 전혀 찾아볼 수 없는, 다시 말해 근본적인 학설과 철학이 배제된 고리타분한 일상의 실천적 일면을 모든 것으로 착각하는 구태의연한 삶을 살 수밖에 없습니다.

참된 자연이 생명으로 충만한 세계라면 그리스도교회는 젊음의 지성을 끌어모아 만인을 대상으로 삼는 보편교회로 한시바삐 탈바꿈해야 합니다. 이런 일에 예수회는 젊은이들을 상대로 열심히 교육사업을 벌이고 있어 희망이 있어 보입니다. 한국에 서강대가 그렇듯 미국에는 많은 예수회 대학교들이 있는데, 그것도 27개나 되는 대학들이 사방산지에 자리하고 있어 청년들에게 꿈과 희망을 맘껏 펼치게끔 도움을 주고 있다고 합니다. 이에 비해 프란치스코회는 지난 역사 속에서 교육과 사상이 상당 부분 위축되고 세계문화에서 이탈함으로써 13세기의 영광을 더는 누리지 못하는 우를 범하고 있습니다. 로마의 안토니안 대학교와 보나벤투라 대학 그리고 미국의 보나벤투라 대학교를 제외하면 그리 명함을 내놓을 만한 곳이나 명성을 얻을만한 상아탑도 거의 없는 실정입니다.

이번 학술대회에서는 어떻게 하면 프란치스칸들이 상대해야 할 최상의 생태계가 어떤 것인지 알아내고 이를 위해서 창조주 하느님과 지구의 주인 역할을 대신하는 인간 그리고 그의 생의 터전인 자연을 일원적(一元的)이면서도 위계적 계층과 발자취(vestigium)의 차원에서 바라보고 그 참된 움직임을 직시하며 지적, 정신적, 영적으로 현실의 삼성처럼 아니 아랍 에미리트의 두바이처럼 놀라운 세계문화를 재건할 수 있도록 묵상하고 연구토록 해야 합니다. 여기에 이번 〈영성 학술대회〉는 13세기 사상가들이 남긴 중후한 학적, 영적인 지렛대로 그간 쌓인 부조리하고 부조화하며 부정적이고 버티기 힘들었던 짐들이 있었다면 그 모든 걸 거침없이 밀어내고 대신 새로운 세계문화와 조화를 이루며 고귀한 프란치스칸 사상을 통해 21세기 인류문화의 신기원을 마련하는데 그 역할을 다해야 할 것입니다. 다시 한번 여러분 모두에게 감사드리며 이제부터 관련 논문을 중심으로 우리의 지식과 지혜를 풀어내며 주제에 따른 문제들에 합당한 답변을 얻어내도록 합시다.ㅈ

들어가는 말

  1. 프란치스칸 사상 개요

  2. 프란치스칸 형이상학과 혁신 사상
    1) 존재론(Ontologia)
    2) 존재 일반에서 개체를 향한 세계 일반의 흐름
    3) 창조의 시간성과 영원성
    4) 유한 존재와 우연성
    5) 세계 존재와 신
    6) 이성과 빛의 조명
    7) 학문과 지혜

  3. 프란치스칸 사상가들과 서구세계의 대변혁
    1) 중세의 자유 학예들
    2) 근대 물리학의 선구자, 로버트 그로스테스트
    3) 아리스토텔레스와 유클리드의 조화문제
    4) 베이컨의 등장과 새로운 학으로서의 수학
    5) 새로운 존재론인 수학: 사학으로부터 제일 학문의 발생
    6) 이성과 학문의 수학화
    7) 경험계와 실험과학
    8) 오캄의 경험 세계

  4. 참 존재를 향한 방향 설정

  5. 결어: 생태 영성을 위한 발걸음

들어가는 말

프란치스칸 사상은 13세기 중세 시대에 유럽 사회의 문화적 흐름과 조화를 이루며 자라나고 발전한 위대한 가르침이다. 중세는 오늘 우리 시대와는 달리 독특한 '보편정신'이라는 정신적 감수성을 지니고 있던 관계로 현대적인 사고방식으로 당대로 소급, 직접적 통교를 시도하는 것은 매우 어려운 일이다. 오늘 우리가 지닌 감수성, 언어, 기질들은 중세의 그것들과는 너무나 판이할 뿐 아니라 때로는 상치되기까지 한다. 왜냐하면 인간의 전적인 자치성을 떠받드는 중세 이후의 르네상스, 계몽주의, 과학적 합리주의와 다양한 후기 철학들은 신중심주의에 토대를 둔 중세사상과는 상당한 이질감을 드러내고 있기 때문이다. 따라서 중세인들의 생활습성과 삶의 형태, 사고의 원천, 생생한 당대의 이성적 흐름을 먼저 인지하여 접근하는 게 무엇보다 요구되는 바이니 이를 위해서는 학적으로 언어와 형이상학과 변증론을 터득해야 한다. 이와 함께 이것들을 지탱케 해준 근본적인 비책들로는 어떤 것들이 있었는지 밝혀내야 한다.

중세는 그 시대만이 지닌 내밀한 어려움과 그걸 감싸고 있는 다양한 선입견들로 말미암아 객관적으로 해석해내기가 상당히 난해한 시대로 알려져 있다. 사람들은 중세를 칭송하기도 하고 얕보기도 한다. 찬탄하기도 하지만 경시하기도 한다. 애정을 갖고 바라보기도 하지만 경멸적인 시선을 보내기도 한다. 이렇듯 중세는 어떤 이에게는 빛이고 어떤 이에게는 어둠이다. 어떤 이는 그것을 다시 살리려고 애쓰지만 어떤 이는 사정없이 땅속에 파묻으려 한다. 그러나 확실한 것은 과도한 선입견을 벗어나 중세가 여느 시대처럼 빛과 그림자, 즉 조화

와 모순의 시대임을 인정하면서 역사의 실재 안에서 지닌 가치와 결점들을 올바로 분석해 내야 한다.[1]

이러한 역사적 맥락에 있는 프란치스칸 사상을 오늘의 생태 영성과 결부시켜 논의하는 일은 학적인 두 영역이라는 측면에서 볼 때도 그 범주가 지나칠 만큼 광범위하여 난해할 뿐 아니라, 시간적으로도 두 세계가 전혀 별개의 것이라 이를 논리적으로 묶어 문제를 풀어가는 일은 매우 지난한 일임이 틀림없다. 그러나 현대를 살아가는 우리에게 긴히 요구되는 생태적 영성의 요구는 자연이 파괴를 넘어 소멸하여 가고 있는 지금 자연 세계를 가장 깊이 있게 바라본 중세를 간과하고선 그 의미와 중요성을 제대로 가누어볼 수 없을 것이다. 따라서 그 정초 작업으로 중세사상, 그중에서도 프란치스칸 학파가 말하는 학설들을 파고들어 규명하는 일은 일단 시사하는 바가 매우 크다고 해야 할 것이다.

본 강좌에서는 중세 프란치스칸 사상이 생태 영성에 어떤 단초들을 제공해 주었는지 그리고 오늘의 자연 세계가 생태 영성이라는 그럴듯한 이름으로 어떻게 그 정체성을 회복할 수 있는지 그 가능성을 짚어주는 것으로 만족하고자 한다. 주제의 한 부분인 생태 영성의 문제는 프란치스칸 사상을 논하면서 하느님과 지혜, 상급 이성과 인간의 문제, 무엇보다 자연을 총괄하는 존재론적 문제 속에 철학적 용어로 표현되고 있어 적지 않은 경우 지적 인내심이 필요하다는 것을 미리 밝혀두고자 한다.

---

[1] 졸저, 『중세철학사, 그리스도교의 기원과 발전』, 인천가톨릭대학교출판부, 2004, 40-41쪽 참조.

1. 프란치스칸 사상 개요

프란치스칸 사상체계는 순수 이론적인 것이 아닌 경험의 결실이면서 또 다른 실천(praxis)이란 특성을 지닌다. 대표적인 프란치스칸 사상가로는 알렉산더 할레시우스, 성 보나벤투라, 로저 베이컨(R. Bacon), 스코투스(D. Scotus) 오캄(W. Ockham), 피에트로 디 죠반니 올리비(Pietro di Giovanni Olivi) 그리고 라이문두스 룰루스(Raimundus Lullus) 등이 있다.[2] 이들이 남긴 철학 및 신학적인 이론들은 프란치스칸 공동체의 생활한 체험을 기반으로 전개된 사상들이다. 거기에는 아시시 성 프란치스코의 경험과 우주에 대한 견해가 담지 되어 있을 뿐 아니라 상호 교호관계에 있다.[3]

그런데 문제는 성 프란치스코 이후 체험을 바탕으로 한 프란치스칸 사상들은 당대의 문화적 기후에 부응, 철학적, 형이상학적으로 발전하면서 의미와 색깔들이 전적으로 변모된다는 역설적 사실이다. 다시 말해 프란치스칸 순수 철학이 꽃 피어나면서 성 프란치스코라는 실명 자체는 사상사 속에서 거의 눈에 띄지 않을 만큼 사라지고 대신 희랍의 대철인인 플라톤과 아리스토텔레스 그리고 신플라톤주의자들, 중세의 대학자 성 아우구스티누스와 성 안셀무스 등과 같은

---

2 이들 학자 외에 주목할만한 주요 사상가들로는 다음과 같은 인물들이 또 있다. 죠반니 델라 로셀(Giovanni della Rochelle), 토마스 요크(Thomas di York), 죠반니 페캄(Giovanni Peckham), 기욤 드 라 마르(Guglielmo de la Mare), 마태오 아콰스파르타(Matteo d'Acquasparta), 리카르도 메디아빌라(Ricardo di Mediavilla), 로저 마스톤(Ruggero Marston), 기욤 와르(Guglielmo di War), 곤살보 디 스파냐(Gonsalvo di Spagna), 피에트로 아우레올로(P. Aureolo), 프란치스코 디 메이로니스(Francesco di Mayronis), 죠반니 디 리파트란소네(Giovanni di Ripatransone), 피에트로 디 칸디아(Pietro di Candia) 등이 바로 그들이다.

3 Cf. J. A. Merino, *Storia della Filosofia Francescana*, Edizioni Biblioteca Francescana, Milano, 1993, pp.19-20.

사상가들만이 등장하여 프란치스칸 사상들의 흐름에 자양분을 제공하고 이를 선도한다는 사실이다. 더구나 거기에는 그토록 중요한 프란치스코의 세계와 생태적이고 영적인 차원의 자연에 대한 생활한 체험이나 구체적인 가르침은 아예 찾아볼 수조차 없다. 모든 것은 철학적 언어로 변모되어, 있을 수 있는 감성적이고 감각 위주의 세계는 전적으로 자취를 감춘 채, 지혜로 간추려진 제삼의 형이상학적이고 변증적인 세계만이 딱딱한 필치로 전개된다. 이렇게 된 연유에는 성인과 생활한 프란치스칸 체험들이 철학과 사상이라는 새로운 세상의 담벼락 안에서 이성과 논리, 합리성과 학문이라는 용광로 속에 모두 용해되어 고단위 학설로 승화된 까닭이다. 이로 인해 역사상 전무후무한 프란치스칸 학파의 가르침이 태동하고 발전되면서 13세기 유럽 학문과 당대 사회 분위기에 지적, 학적으로 개입, 도미니칸 학파와 쌍벽을 이루는 가운데 세계 사상사에 결정적인 획을 긋고 엄청난 영향력을 행사하기에 이른다.

프란치스칸 사상은 도미니칸 학파와는 정신적 지평을 달리한다.[4] 다시 말해 프란치스칸 학파는 본질적이고 존재론적이며 가치론적인 선택을 전제로 하면서 아리스토텔레스를 수용도 하지만 적지 않은 경우 그를 반박하기도 한다. 그러면서 결정적인 순간에는 지혜와 이상계에 관한 전적인 가르침을 준 플라톤과 그 후예들에게 돌아서서

4　"프란치스칸 학파에서는 개체의 자유와 독창성이 강조되는 데 반해 도미니칸 학파에서는 완성된 사상체계로서 개인에 있어 약간의 다양성만 인정될 뿐 그 폭이 매우 차이 난다. 프란치스칸 학파에서는 사상의 영감이 근본적으로 동일한 아우구스티누스적 플라톤주의에 기초하고 있을지라도 스승들 간에 커다란 차이점들과 다양성을 드러내 보인다. 이렇듯 개방된 체계로 몸체를 드러낸 이 학파는 스콜라학의 발전과 함께 근대 서양의 철학적 편린들을 양산함으로써 마침내 스콜라학의 쇠퇴를 암시하고 있었다."(졸저, 『중세 철학사, 그리스도교 사상의 기원과 발전』, 인천가톨릭대학교출판부, 2004, 292-293쪽).

그곳에 무게중심을 맞춘다. 프란치스칸 사상가들은 하느님과 인간 그리고 세계는 일원화된 견해와 통교로 통합되는 현존과 조직화의 체계로 만사를 공표하며 해석한다. 따라서 이들에게서 구체화한 생태 영성의 직접적 대상인 자연에 대한 일상적 관찰이나 세계만을 대상으로 조사하고 탐험하는 일은 있을 수 없다. 모든 것은 이원적인 것도 아니고 다원적일 수도 없으며 오직 하나 속의 등급을 지닌 분여일 따름이다. 이러한 프란치스칸 지평에는 무의미함이나 불합리성 혹은 비관주의와 같은 공간이 없다. 왜냐하면 모든 실재는 고유한 존재로 취급되며 끝없이 계속되는 가능성 안에서 살아간다고 보기 때문이다. 이런 의미에서 현대 생태학의 최고가는 영성은 이미 프란치스코의 만물에 대한 구체화한 체험에서 드러났고 그 후예인 학자들에게서는 인류의 최고가는 사상과 합세함으로써 강력한 영향력을 지닌 학풍으로 유럽 세계를 수놓았으니, 이는 당대 이후 사람들의 사고방식과 행동방식의 색깔을 바꿀 정도였다고 보아도 무방하다.

앞에서도 말했듯이 프란치스칸 철학은 그 사상체계를 정교히 함에 있어 이전 세계의 체험을 전제로 한다. 또 그 힘은 논리적, 형이상학적인 체계를 구사하는 언어에서 분출된다. 영적인 활력을 지니고 이러한 사상을 강력히 추진한 당대 프란치스칸 저술가들은 텅 빈 논리학의 대가들이 아니며 생활한 경험을 바탕으로 하여 활동한 사상가들이기에 거대한 신적 진리를 되비추는 인간적 세계적 그리스도교적 진리들을 일깨우고 새로운 크리스천 문화를 전파하는 데 일익을 담당했다.[5] 이들에게 문화는 전적인 것이었으니 그것은 단순히 외적으로 인간의 품위를 들어 높이는 것에 불과한 것도 아니고 자연의 변

---

5 Cf. J. A. Merino, *Storia della Filosofia Francescana*, p.20.

화를 이끌어 새로운 물질이나 정신적 과정을 산출하는 행위에 그치는 것도 아니었다. 그것은 이 모든 것을 넘어선 것으로 생명과도 같은 것이었다. 그러기에 그들은 새로운 문화를 창달하는데 신명을 다했고 그렇게 창출한 문화를 전 세계에 알리는 데 있는 힘을 다했다.

프란치스칸 사상가들은 하느님, 인간 그리고 세계와 같이 영속적으로 제기되는 문제들을 특수한 방식으로 다룬다. 그들은 철학함(philosophieren)에 있어 뛰어난 의미들을 갖추고 있었으니 그것은 곧 삶에서 출발하여 삶을 위해 철학하고 반추하는 것이었다.[6] 특히 이들에게는 존재에서 출발하여 행위 안에 쏟아붓는 특징이 있다. 이러한 비약(saltus)에는 기만하지 않는 진리의 보증으로 그리스도교 계시가 사용된다.

2. 프란치스칸 형이상학과 혁신 사상

1) 존재론(Ontologia)

존재자에 관한 철학적 연구 일반을 뜻하는 존재론은 희랍어의 on(존재자)과 logos(논리 혹은 학문)의 합성어로 존재학이라고도 불린다. 이 말은 데카르트파의 철학자였던 클라우베르크(J. Clauberg, 1622-1665)가 처음 사용한 말이지만 아리스토텔레스는 이미 자신의 철학에서 제일

---

[6] 이브 톤나는 이런 의미에서 프란치스칸 철학의 특징을 네 가지로 구분, 제시하고 있으니, 그것은 다음과 같다. 즉 프란치스칸 철학은 비판적이고 학문적이며 진보적이며 실천적이라는 것이다. I. TONNA O.F.M., *LINEAMENTI DI FILOSOFIA FRANCESCANA, SINTESI DOTTRINALE DEL PENSIENO FRANCESCANO NEI SEC. XIII-XIV*, L'AUTORE E L'EDIZZJONI TAU, ROMA, 1992, pp.14-16.

철학(Prima Philosophia)이라 칭한 바 있다. 아리스토텔레스의 저서들을 정리하던 안드로니쿠스(Andronicus)는 자연학을 넘어서는 철학의 상급지(上級智, sophia superior)를 일컬어 또다시 메타피지카(形而上學, metaphysica)라 이름하며 '존재인 한에서 존재를 다루는 학'이라 칭하고 그 의미를 분명히 했다.

이렇게 해서 고대 희랍철학에서는 존재와 유에 관한 탐구가 사물의 존재를 있는 그대로 바라보는 보편적 관점에서 최초로 추구되었으니, 이는 더는 신화(神話, myth)에 기초하여 존재 사물 이외의 힘들에 의지하지 않고 또 그 존재들을 있게끔 한 어떤 선행적 존재들에 기대어 해석하지도 않는 놀라운 순수 이성의 탐구작업이 진행되면서 얻게 된 결과였다. 그러니 사물의 존재에 선행하는 '시초의 또 다른 존재'는 배격되고 '있는 그대로의 사물', '그 자체에 대한'(per se) 관심사가 세계 역사에 현시되기에 이른다.[7]

한마디로 존재 문제는 존재론이라 칭해지는 형이상학의 문제다. 형이상학은 존재란 무엇이며 그것이 어떤 가치를 지니는지 캐묻는다. 이와 함께 존재 일반을 넘어서는 특수유特殊有에 관해 물음도 제기한다.[8]

---

7   위에서도 살펴보았듯이 존재론이란 말은 17세기에 도입되었고 독일 철학자 크리스쳔 볼프(1679-1754)가 자신의 제일철학 혹은 『존재론』(1729)에서 "제일철학"(PRIMA PHILOSOPHIA)과 동등한 것으로 정의하였는바 이 표현은 이미 아리스토텔레스가 존재에 관한 학이라고 표현한 바 있다. 아리스토텔레스에 뒤이어 그 후 형이상학이라 불리게 되었는바 그 안에 인간 인식의 모든 원리가 포함되기에 이른다. 그런 다음 우리 시대에 이르러 후설(E. HUSSERL)과 하트만(N. HARTMANN), 하이데거(M. HEIDEGGER)와 같은 다양한 사상가들 안에서 폭넓게 다시 유용되기에 이른다.

8   이는 특수 형이상학의 문제로 모든 차이를 넘어서 있는 자존유(自存有)는 무엇이고 그 구조는 어떤 형태를 띠고 있는지 캐묻는다. 그 추상성에도 불구하고 자주체(自主體)는 과연 모든 사유와 인간 수고의 원초적, 궁극적인 문제에 해당하는지 질문을 계속한다.

철학자와 학자들은 생태학과 그 영성의 근본 대상인 존재 문제에 대해 끊임없는 반성을 거듭했다. 시인들과 예술가들은 그것을 재창조하고자 힘썼다. 행동주의자들은 자신과 타자들 그리고 사물들 안에서 가능한 한 가장 완전한 존재를 실현하고자 고군분투했다. 그렇다면 우리 역시 예외가 될 수 없다. 존재에 관해 물음을 제기할 수밖에 없고 오히려 이 문제에 적극성을 넘어 공격적으로 투신할 필요가 있다. 우리 차지의 존재가 되기 위해서라면 당연히 존재에 관한 관심을 증폭시켜 문제 해결에 정성을 다해야 하기 때문이다. 한 예로 존재 문제를 그 자체로 명백히 밝힌 그리스 엘레아 학파의 파르메니데스는 '있다'라는 말로 존재자를 파악하고 제약성을 탈피한 완전무결한 존재를 인간 사고의 대상으로 끌어들였으니 이는 참으로 감탄할만하다.

존재론 혹은 제일철학이라 불리는 형이상학은 서양사에서 본체론 本體論과 현대의 존재론으로 구분 가능한데, 재래의 존재론은 플라톤 이후 서양사의 주류처럼 자리했던 본질 철학에 입각한 본질 존재론이 그 핵심이었다면, 현대 존재론은 칸트 이후 인식론적 반성을 거쳐 부흥한 본질에 선행하는 존재를 분석, 구명하는 존재 문제에 치중하고 있다.

프란치스칸 사상가들은 13세기 대학들에서 학적인 관점에서 자신들의 정체성을 확립하는 가운데 성 아우구스티누스와 신플라톤주의자들의 영향권 하에 이데아들을 직관하고 감각계를 경시한 본질주의에 입각한 신사고의 존재론을 자신들 학설의 중심으로 삼았다. 그러면서 당대 대학의 주요 가르침으로 자리한 아리스토텔레스의 학설을 때로는 수용하기도 하고 때로는 반박하기도 하는 이중적 태도를 보이기도 했다.

시간이 흐를수록 프란치스칸 형이상학은 이성 중심적이고 관념적이며 추상적 사고방식에서 탈피, 경험적이고 현실적이며 구체적인 삶을 중시하고 정위하는 전대미문의 사상과 거기에 시간이 흐르면서 과학적 사고들이 가미된 수학과 실험과학의 존재론으로 그 모습을 드러내기에 이른다. 그 결과 중세는 프란치스칸 사상으로 새롭게 무장하여 인간이 중시되는 근대의 인본주의를 앞당겨 배태토록 하였으며 보이지 않는 곳에서 세계적인 대혁명을 이루어 내기에 이른다. 이런 일에 크게 관여하고 적극적으로 개입한 이는 다름 아닌 오캄(W. Ockham)이었다. 그래서 그의 형이상학을 두고 학자들은 '전통 형이상학에 대한 개정판이니 비판이니'라는 말을 쓰기에 바빴다.

오캄은 성 토마스가 신학적 요청에 아리스토텔레스의 형이상학을 적용하기 위해 유용했던 본질과 존재의 실질적인 구별이나 스코투스의 형상적 구별(distinctio formalis)을 거부했다. 또 그는 실체와 우연들의 과도한 구별도 거부한다. 이유는 실체는 우연들을 통해서가 아니면 이해할 수 없기 때문이다. 예컨대 불(火)이라는 대상을 놓고 볼 때 우리는 그것을 그 자체로 이해할 수 없다. 그것을 알기 위해서는 열이라는 우연을 통해서만 불이 무엇인지 알게 된다.[9] 이 같은 주장을 과감히 펼치는 오캄은 근대의 경험론을 발생케 하는 데 결정적인 영향을 미쳤고 영국의 프랜시스 베이컨, 로크, 버클리, 흄에 앞서 진정으로 대륙의 합리론과 대결하면서 세계 과학계에 엄청난 파장을 일으킬 원인으로 그 위치를 공고히 하게 된다. 이는 무엇보다 인과성因果性

---

9 J. A. Merino, *Storia della Filosofia Francescana*, p.366. 이에 대해 메리노는 같은 페이지에서 계속해서 덧붙인다. 실체와 관련하여 우리는 있을 수 있는 내포적인 것들과 부정적 개념들을 지닐 수 있다. 예컨대 "실체는 우연들의 주체이다." "타자 안에 존재하지 않는 존재", "그 자체로 존속하는 존재" 등. 그러나 이 모든 것은 경험만이 드러내고 분명히 할 수 있는, 알려지지 않은 총체적 단순 기체(基體)를 구축한다.

의 원리를 거부하고 경험적 검증성을 중시한 결과였다. 이것이 의미하는 바는 현상이나 하나의 실재에 대한 인식이 다른 현상에 대한 인식이나 그것의 원인인 실재에 대한 인식에 동시에 도달한다고 볼 수 없다는 것으로 '매일 해가 뜨고 지는 현상'이라든지 '물은 섭씨 100도에서 끓는다'와 같은 것이 바로 여기에 해당한다. 원인과 결과는 두 개의 서로 다른 것이면서 인과성(causalitas)이라는 하나로 묶여있지만, 지성은 인식된 존재를 통해 서로 다른 경험의 두 활동을 요청한다는 것이다. 전통적 인과성를 거부하는 이런 주장은 그가 펼치는 금시초문의 존재론 및 유명론(唯名論, Nominalismus)과 함께 학계와 교회에 엄청난 풍파를 일으키며 새로운 변혁의 시대를 충분히 예고하고 있었다. 실제로 경험론자들, 특히 영국의 흄(D. Hume)의 인과율의 거부는 오캄 철학사상의 또 다른 현시 외에 다른 것이 아님을 알 수 있다.

존재론과 관련하여 오캄은 아리스토텔레스처럼 형이상학의 대상이 존재라고 말한다. 그렇다고 해서 형이상학이 그 고유 대상인 일성一性 위에 엄밀하고 필연적인 일성을 소유한다고 결론짓지는 않는다. 형이상학의 대상이 존재라는 사실로 인해 형이상학의 모든 표현이 그 대상으로 존재를 지닌다는 것은 필연적으로 요청되지는 않는다고 본다. 형이상학을 보면 다양한 부분들도 있고 또 다양한 형이상학적 학문이 존재하는 게 사실인데 그것들은 각기 다른 대상들을 지닌다는 것이다. 그러한 형이상학의 부분들이 형이상학에 대해 말하도록 허용하는 내부적 관계를 지니고 있다는 것과 형이상학의 대상이 존재라는 사실로 말미암아 형이상학이 단일한 학문 즉 수적인 견지에서 하나라고 결론을 내릴 수는 없다.[10] 이는 개체를 강조하는 경

---

10 *IBID.*, P.366.

험주의와 직결되고 보편만이 지금까지 참된 지식이라고 여기던 당대의 기존 학설을 정면으로 반박하는 것일 뿐 아니라 오히려 완전히 뒤집어엎는 혁명적 대사건으로 기록될 만하다.

2) 존재 일반에서 개체를 향한 세계 일반의 흐름

세계는 인간에게 필수적이고 그 존재 자체가 분명한 것이다. 더구나 "세계-내-존재"(in-der-Welt-sein)라 말해지는 인간은 이런 우주를 벗어나서는 결코 생존할 수 없다. 이 같은 세계에서 각자는 다른 존재와 끊임없이 관계를 유지하고 교섭하는 인간 본질의 확고한 상(像)을 지니고 있다는 사실을 20세기 실존철학은 의미심장하게 제시해 준 바 있다. 한마디로 소우주(microcosmos)인 인간이 발을 딛고 삶을 영위하는 '이 땅'(haec terra)은 하늘을 머리로 하는 인간이 거할 수 있는 유일한 현 주소지인 것이다. 이렇듯 시공의 제약을 받는 현존재(Dasein)는 시간(Zeit)과 함께 신비로운 기운에 감싸여 있으면서 끊임없이 묻고 답하는 가운데 자연과 인간 그리고 하느님에 관한 해결책을 모색하고 있다. 자연과 관련하여 말해지는 이런 세계는 생태학에서 거론되는 생물들과 무생물의 거처이다. 생물 요인(biotic factor)과 비생물 요인(abiotic factor)을 포함, 올바른 서식지(habitat)를 말해주는 환경도 그 근간으로 세계가 올바로 정의되지 않는다면 그 참된 의미도 크게 감소할 수밖에 없다.[11]

그렇다면 세계는 어떤 인간사 안에서 어떤 경로를 통해 오늘에까

---

[11] 인간적 사회적 창조적 차원에서 '거처한다'는 것과 경제적 정치적으로 기능한다는 점에서 '거주한다'(HABITA)는 것 사이에는 변증법적 관계가 존재한다. 갈등 관계에 자리한 이 두 존재성(存在性)은 인간적 종합 안에서 극복되도록 호출받는다.

지 이르게 된 걸까? 인류 역사가 태동한 이후 지금까지 인간은 거대한 우주를 마주하며 옛 조상들이 감성적 차원에서 펼쳐놓은 신화론을 극복하고 감각계를 조건 없이 승화시키며 지혜를 바탕으로 존재론을 수립, 스스로의 정체성을 확립시켜 왔다.

애초에 사람들은 세상의 변화와 운동 앞에 우주의 발생 문제를 가장 중요한 논의의 대상으로 삼았다. 이성이 발달하면서 인간은 자신의 존재와 관련하여 무엇이 존재하고 또 무엇 때문에 그렇게 존재하는 것인지 또 존재의 목적은 어떤 것인지를 끊임없이 질의하는 자의식(Cogito)에 어렵사리 안착하였다. 나아가서 인간의 내적인 구조와 고유한 본질 그리고 자신의 존재론적 충만성이 도대체 어디서 실현되는지 캐물었다. 지속성과 관련해서는 인간 존재의 어떤 부분이 영속적인지 아니면 일시적이고 도피적인지를 따져 묻는 고단위 철학 체계에 돌입하여 하는 수 없이 형이상학의 체계를 받아들이기에 이르렀고 나아가서는 세계를 뒤로하고 초험적(超驗的, transcendentalis) 세계로 넘어서야만 했다.

이런 세계가 말해지게 된 저변에는 보나벤투라와 같은 학자들이 존재에 대해 심오한 탐색을 시도하며 그 해답을 구했기에 가능했다. 당대만 해도 지금처럼 생태계가 자리한 지구 세계나 우주에 대해 사람들은 통상적으로 물리적인 관점에서 바라보고 그렇게 정의하거나 설명했다. 그러나 프란치스칸 사상가들은 달랐다. 특히 세라핌적 박사는 우주를 지적이고 의미심장하며 애정적이고 작용적인 우주의 상징 요소를 중시했다. 이는 고독한 우주의 표상과는 다른 존재의 존재론적 구조와 밀접한 관련을 맺고 있다. 그에 의하면 존재의 존재론적 구조는 세 가지 기본 요소를 함축하고 있으니 첫째는 기원 내지 수용된 존재이고, 둘째는 내밀함 내지 자기 안에서의 존재이며, 마지막으로는 양도성讓渡性 혹은 ~과 통교하는 존재이다.[12] 말하자면 신에게서 창조된 존재는 의존적 일관적 상관적이고 이때 우주는 존재의 종합이라는 것이다. 여기에 유사성과 일치와 관계가 총집결한다. 왜냐하면 플라톤의 말처럼 사랑은 이 세상에 하강하여 그것을 놀랍게 하는 예술가이며 건축가이기 때문이다. "이렇게 해서 우주 만물은 연계된 삶을 살 수 있게 된다"[13]는 관계 문제가 적극적으로 개진되기에 이른다.[14]

중세 말기의 프란치스칸 사상은 이전 사상의 흐름을 다시금 일신하며 새로운 경지에 다다랐다. 소크라테스 이전의 그리스 사상가들이 한결같이 세계의 생성生成 문제에 대해 다루었다면 의식이 내면화된 다음에는 새로운 철학의 거장들이 나타나 정신과 영을 지닌 인간 문제를 비롯해 세계의 일一과 다多, 질료와 형상 문제, 존재와 인식의 문제, 새로운 차원의 변화 및 운동에 관심을 기울였다. 13세기 후반에 명민한 박사(Doctor subtilis)였던 스코투스는 더는 그리스철학의 운동

12　졸저, 『철학과 그리스도교 문화탐색』, 철학과현실사, 2005, 213쪽.
13　PLATON, *CONVIVIO*, 202, E.
14　오캄은 삼위일체적 관계들에 관여하지 않고 피조물들 안에서의 관계들에 관여하는 이론을 제시하여 아리스토텔레스의 관계 범주를 비판한다. 오캄에 의하면 창조된 것들 안에서 관계는 실제적인 기체를 지니지 않으며 관계 개념들은 실지로 단순히 개별존재와 관련되는 개념들이다. 관계는 절대적인 것을 통해 실체들과 성질들을 지향하는 절대적인 것 외에 다른 것이 아니다. 한 사람과 다른 사람, 예컨대 아버지, 친구, 이웃 간의 관계는 하나의 첨가나 가중된 것이 아니라 관계된 요소들과 구별된 어떤 것이다. 한편 그것은 관계 안에서 개인들 사이에 제 삼의 실재를 구축하지 않는다. 관계들은 절대적인 것들, 실체들과 성질들을 가리키는 용어이거나 명칭이다. 이런 한에서 관계는 정신을 떠나 하나의 실재를 지니지 못한다. 예컨대 부성애는 아버지와 자녀와는 구별된 어떤 것이다. 오캄은 관계가 그 기초와 동일시되는 것을 주장치 않는다. 나는 관계가 실질적으로 그 토대처럼 있다고 말하지 않고 하나의 관계는 기초가 아니라고 말한다. 오히려 그것은 하나의 지향일 따름이며 절대다수를 의미하는 혼 안에 있는 개념이다. 만일 피조물들 안에서 관계가 정신 밖에 있는 한 사물이 아니고 또 절대적인 것들의 실재 자체가 아니라면 영혼 내부의(INTRA ANIMAM) 어떤 것이어야 한다. 그것을 의미하는 관계 범주는 정신의 어떤 것과 관련되는 표지여야 하고 제이차적 지향(INTENTIO SECUNDA)일 따름이다.

이라는 지평에서 세계를 바라보지 않고 존재를 지향하는 무에서, 다시 말해 비존재에서 존재로, 순수 가능성(possibilitas pura)에서 구체적 실재(realitas concreta)로 나아가게끔 하는 창조주에게서 출발하는 새로운 자연학을 제시했다. 그렇게 하여 철학적 문제는 변화와 운동의 문제가 아니라 원천과 기원을 근본적으로 달리하는 것이었다.[15] 그것은 무로부터 존재로의 비약飛躍이었다.[16] 그러기에 세계는 마침내 유무상통의 공간 속에 그 모습을 드러낼 수 있었다. 이런 묵직한 문제의 해결책은 인간의 순수 이성이 아닌 신학적 신앙(fides theologica) 안에 자리하고 있었다. 급기야 이성이 무르익고 의식화된 이성을 넘어 세계 경험의 문제들이 마침내 오캄의 수술대에 오르기에 이른다.

　오캄에 의하면 아리스토텔레스의 질료 형상론의 기본 개념은 무의미하다. 이는 당시에 큰 관심을 불러일으킨 보편논쟁에서 '보편자' 普遍者를 뒤로 하고 개체 문제로 돌아서야만 했기 때문이다. 그에게는 이것이야말로 세계를 새로운 눈길로 바라보고 변화시킬 수 있는 일이라 믿었기 때문이다. 이는 오늘날 자연과학의 일종인 생태학(ecology)에서 말하는 개체의 문제와 직결되어 있다. 생태학에서도 개체 생태학(autecology)이 있는데, 이는 "개체 혹은 개체군의 적응이나 행동과 환경 사이의 관계를 다룬다."[17]

15　이와는 달리 아리스토텔레스 자연학의 근본적인 개념 중 다른 하나는 작용인을 통해 가능태에서 현실태로 나아가는 것으로 이해된 운동의 그것이다. 자연의 운동에서 동인(AGENTE) 혹은 동자(MOTOR)는 움직이는 물체에 내밀한 원리다.

16　각 사상가는 자신의 고유한 정신적 지평에서 출발한다. 그리스 철인들이 외부세계에서 출발한다면 아랍 사상가들과 유대 사상가들은 영혼과 사물들의 내성(內省)에서, 중세의 크리스천은 하느님으로부터 출발했다. 합리주의자들은 자신의 주관성에서, 경험론자들은 자연 사물의 경험적 지각에서 출발했다. 위대한 철학자이며 신학자인 둔스 스코투스는 세계를 특수 형이상학에 걸맞은 이성의 규범에 입각하여 출발했다.

17　김준호 외 다수, 『현대생태학』, 교문사, 2007, 8쪽.

사실 스콜라학에서 커다란 논쟁을 불러일으킨 보편원리(Principium universalis)나 보편자(Universaila)의 문제는 무엇보다 개념의 논리 형이상학적 가치와 연관된다. 말과 사물, 언어와 실재實在 간의 문제는 삼학(trivium)의 전당에서 보편문제의 본질적인 물음을 제기했으니, 이는 인간이나 동물 같은 개념들이 개체의 다자多者에게 그대로 적용될 수 있는지를 따져 묻는 매우 중대한 문제였다. 이와 관련하여 오캄은 더는 보편자가 아닌 구체적 실재의 형이상학적 원리들의 개체성(individualitas)을 강하게 주장했다. 왜냐하면 단수의 존재들만큼 그렇게 구성적 원리들이 존재하기 때문이다. 원리들은 보편적일 수 없다. 왜냐하면 보편자는 실제적이지 않고 보편자의 무는 개인적인 어떤 것의 원리일 수 있기 때문이다.

그렇다면 보편은 실재에 적용된 이름(nomen) 내지 말의 발성(flatus vocis)일 따름이다. 존재들을 규정하는 원리들은 보편과는 거리가 먼 개별적이거나 다른 것일 것이다. 즉 이것은 한 사물의 질료와 형상이 다른 사물의 질료와 형상과는 다르다는 방식에서 그러하다. 프란치스칸 사상의 전통을 따르면서 오캄은 질료를 두고 그것이 단순한 가능태(potentialitas simplex)가 아니라 그 현실성(actualitas)을 소유한다고 주장한다. 이러한 질료의 현실성은 연장(延長, extensio) 속에 있다고 봐야 한다는 것이 오캄의 주장이다.

오캄에 의하면 관념들은 존재하는 사물들처럼 개별자라고 주장한다. 그에 의하면 우리가 알 수 있는 것이라곤 개체個體밖에 없다. 오캄은 단수성 내지 개체의 형이상학을 위해 본질과 실체, 보편적 원리를 주장하는 형이상학에서 멀어진다.[18] 개체에 대한 이런 선택과 개별자

---

18 이러한 언급은 오캄의 형이상학의 근본적인 주장과 함께하는 것으로 그의 유명론

를 향한 분극화分極化는 오캄주의의 특성으로 나타난다. 한마디로 단수에서 출발하여 단수로, 개체에서 시작하여 개체로 결말나는 것이다. 우리는 이런 개체 혹은 개별자에 대한 중요성이 성 프란치스코의 피조물에 대한 각별한 대우와 애정에서 이미 샘 솟아났음을 알고 있기에 오캄의 이런 철학 사상도 가능했다고 본다. 그렇다면 우리는 여기서 잠깐 프란치스코가 어떻게 자연을 인간의 자매들로 받아들여 구체적인 사랑의 눈길을 보내는 가운데 개체들을 마주했는지 생태 영성의 차원에서 잠깐 살펴보도록 하자. 이와 관련된 내용을 멋진 문장으로 기술한 『프란치스칸 휴머니즘과 현대사상』에서 몇 구절 인용해본다.

> "그는 모든 피조물들을 형제 자매라 불렀고 아무도 알 수 없는 탁월한 방법과 예민한 감성으로 사물의 숨겨진 비밀을 간파하였다."(I Cel., 80-81) ... 그는 각각의 피조물들을 인격화하고 그들에 대해 나쁘게 말하는 것을 들을 때는 참을 수가 없었다(I Cel., 76; Leg., per., 86) ... "그는 말 못 하는 짐승들, 파충류나 조류, 그 밖의 감각이 있는 피조물과 감각이 없는 피조물"도 형제로 받아들이고 존중하였으며 사랑하였다.[19] ... 그는 커다란 자비심을 지니고 피조물을 대하였으며 우주적 화해를 통하여 만물은 순진무구함의 상태로 돌아갔다고 성 보나벤투라는 말한다(Leg., mag., VIII, 2). 그는 모든 피조물에 대해 한없는 애정을 지니고 있었고(Spec., 113) 또 그들은 그를 이해하였으며 놀랍고도 믿기지 않는 호감과 형제성이라는 관계를 창조하게 되었

(NOMINALISMUS)의 기본적인 주장을 구축하는 구절로 평가할 만하다.
19   Ibid., p.77.

다.²⁰ … "자연을 사랑하고 존중하는 프란치스코는 그것을 익명적으로나 비인격적으로 하지 않았다. 왜냐하면 구체물에 대한 그의 존중심과 그의 본능적인 구분은 개체성 안에서 특별한 예의와 세심한 주의를 기울여 모든 사물, 모든 존재, 모든 꽃 그리고 모든 동물을 대하도록 해주었기 때문이다. 그는 이 모든 것을 아무런 과장 없이, 그 어떤 영웅심도 지니지 않은 채 행했으며 선두에서 마음에 드는 역할만을 맡기를 원하는 사람들과는 아주 다른 자세를 지니고 수행하였다. 그는 주저하지 않고 이 모든 것을 자연스럽고 단순하게 그리고 자발적인 태도로 행하였다. 그는 어떤 설명이나 해석, 교의적인 정당성에 의지할 필요성을 느끼지 않았다. 그는 삶을 하느님의 선물로 깊이 있게 살아갔으며 이러한 감사의 느낌을 모든 존재들에게 전하는 데에 조금도 주저하지 않았다."²¹

쉽게 말해 오캄의 철학은 더는 추상적, 보편적인 것을 향해서가 아닌, 구체적인 것을 향해 발걸음을 하는 철학으로 그 모습을 드러낸다. 따라서 이런 철학은 아리스토텔레스의 가르침에 따라 보편자와 보편원리를 통해 실재론(Realismus)을 주창하여 학계를 주름잡던 13세기의 거대한 사상적 체계와는 전적으로 반대된다.

당대는 보편원리를 통해 이성적 구조화 내지 조직화와 실재에 대한 지성작용을 추구하고 있었다. 이때의 보편원리는 공통의 본성 안에서 유(genus)와 종種 안에서 개별자의 분산을 극복하는 것이었다. 오캄은 개별자와 구체물 안에서 구성된 학문에서 출발하는 가운데 그 모든 복수적 형태의 차이성 안에서 실재를 설명하고자 하는 담대한

---

20 졸역, 『프란치스칸 휴머니즘과 현대사상』, 249-250쪽.
21 위의 책, 252쪽.

주장을 실험하며 완성에로 이끌었다

3) 창조의 시간성과 영원성

아리스토텔레스주의를 받아들이면서도 때로는 거칠게 반대하는 보나벤투라의 스승인 알렉산더 할레시우스는 프란치스칸 학파의 특징적인 주제인 세계와 존재의 우연성을 마주하며 문제 해결책을 제시한다. 우연성은 현실적으로 존재하는 것과 관련된 존재 방식(modus essendi)이다. 그는 무로부터의 창조(creatio ex nihilo)는 성서에 기록된 계시이지만 이를 사실로 인정하여 주장하는 일은 그리 만만치 않은 일임을 잘 알고 있었다. 창조 문제는 하느님의 능력과 독립성을 감소시키지 않을 만큼 온전한 방식으로 해석되어야 하기 때문이다.[22] 이는 프란치스칸들과 토마스주의자들, 프란치스칸들과 아베로에스주의자들 간에 있었던 차이점 중 하나인 세계의 시간성(temporalitas)과 영원성(aeternitas)에 관한 문제이기도 하다. 이는 이미 앞서 근본적으로는 성 아우구스티누스와 아리스토텔레스 간에 서로 반대되는 것으로 나타나기도 했다.

성 토마스와 다른 그리스도교 신학자들은 신적 위대성을 손상하는 일 없이 영원한 창조가 개념될 수 있다고 생각한 반면, 프란치스칸들은 철저히 창조의 시간성을 옹호했다. "시간 안에서의 세계 창

22　여기서 우리는 신의 속성(屬性) 중의 하나인 "전능한 신적 본성과 그 능력의 범위에 대한 우리의 이해이다. 세계의 철저한 우연성과 연속적인 지속성에도 불구하고 비록 현재의 것이 필연적이지 않은 것이라 할지라도 영원으로부터 세계를 창조할 수 있을 만큼 신은 그토록 강력한 힘을 지니고 있는 것일까? 혹은 영원한 창조는 그 말 자체가 지니는 관념상의 모순 때문에 전능한 존재에게조차 불가능하지 않을까? 하는 점이다." 「누리와 말씀」, 제5호, 인천가톨릭대학교출판부, 1999. 6, 269쪽.

조를 주장하는 계시 교리와 이에 맞서 아리스토텔레스와 아베로에스(Averroes)가 주장하는 영원한 세계에 대한 이론 사이에 존재하는 명백한 모순에 직면하여, 토마스 아퀴나스를 중심으로 한 사상가들은 철저한 철학적 기반을 구축하여 이 문제에 대한 해결책에 접근했고, 영원히 창조된 세계에 대한 이론적 가능성을 인정함으로써 논쟁 중에 이 이론에 대해 주의 깊은 유보적 태도를 취하였다. 이에 대해 성 보나벤투라를 대표로 하는 사상가들은 아리스토텔레스와 아베로에스의 이론과 전적으로 모순되는 그리스도교의 가르침을 옹호했고 영원한 창조와 영원한 세계의 불가능성을 주장했다."[23] 유대 사상가인 모세 마이모니데스(Moses Maimonides)의 경우 창조의 사실은 신앙의 문제로 보고 있지만, 철학자는 세계의 영원한 기원에 대한 필연성이나 그 모순성을 절대적인 확신을 가지고 주장할 수 있어야 한다고 했다.[24] 그러나 프란치스칸 사상가들은 이에 반기를 들고 영원한 창조의 불가성을 강하게 주장했다. 그런 사람으로는 링컨의 주교였던 로버트 그로스테스트(R. Grosseteste)와 프란치스칸인 토마스 요크(Thomas of York) 그리고 알렉산더 할렌시우스가 있다.[25] 특히 그로스테스트는 계시된 창조 교의로 세계의 영원성에 대한 아리스토텔레스적 테제를 수용하고자 하는 철학자들과 신학자들에 대해 강력한 판단을 마다하지 않았다. 이는 현금의 우리 눈으로 볼 때 자연을 영원한 세상으로 보는 중국의 노자 사상과는 전적으로 반대되는 표명이다. "천지는 영구히 존

---

23 「같은 잡지」, 268-269쪽.
24   M. MAIMONIDES, *THE GUIDE FOR THE PERPLEXED,* TRANS. M. FRIEDLÄNDER, (2ND ED REV.) NEW YORK: DOVER PUBLICATION, 1956, PP.171-200. 이것은 토마스가 후에 채택한 기본 개념인데, 그는 이 문제에 있어 스승인 대 알베르투스와 견해를 달리했다.
25   「누리와 말씀」, 제5호, 272쪽.

재한다. 천지가 영구히 존재할 수 있는 까닭은 그것이 자생하지 않기 때문이다. 이 때문에 천지는 영구할 수 있는 것이다."[26] 더구나 자연을 신 혹은 실체라고 확신한 스피노자(Spinoza)의 범신사상汎神思想은 우주를 바라보는 한계성을 여실히 드러낸 근대적 이성의 극단적 오류의 철학적 단상으로 남아 있으니 그의 사상은 동양사상과 완전히 닮은 꼴로 자연은 중국철학을 빼다 박은 것이나 다름없었다. 이는 곧 동양사상과의 내재적인 공통분모를 지닌 사상이었다.

영원으로부터 창조의 불가능성을 주장하던 당대 학자들은 사람들이 아리스토텔레스마저 카톨릭화하려는 모습에 그런 태도는 스스로가 이교인이 될 수도 있다는 사실을 깨달아야 한다고 지적하며 안타까움을 드러내기도 했다.

특이한 점은 영국의 철학자인 오캄의 경우엔 영원으로부터(ab aeterno) 세계 창조의 가능성을 인정했다는 사실이다. 그렇다고 해서 그가 그것에 대해 적극적인 주장을 펼친 적은 없다. 단지 이 영국 사상가는 사실의 가능성에 제한을 두고 거기에 머무는 식으로 그러했다. 세계의 영원성과 복수성 그리고 세계들의 무한성은 단순하게는 가정이고 가능성으로서 철학에 폭넓은 반성의 지평을 펼쳐주는 요소들이기에 어떤 면에서는 지금에 와서 그 안에 긍정적인 면도 충분히 작용하고 있음을 알 수 있다.

이러한 사상적 견해는 존재의 기원에 대해 무심하고 진화(evolution)에만 관심을 둔 현대 생태계와는 별다른 관계나 의미가 있을 수 없다. 그러나 존재의 기원이야말로 그 모든 생물체의 발전과 진전을 기초하는 것임을 주지할 때 창조 문제는 절대적 가치를 지닌다.

---

26 『도덕경』, 제7장, 天長地久 天地所以能長且久者以其不著生 故能長久.

알렉산더 할레시우스에 의하면 영원성은 신적인 범주이고 통교 불가한 신의 소유물이다. "신은 그만큼의 질료와 비교하여 형상에서도 그렇게 세계의 즉각적인 창조주이다. 세계의 비영원성은 논증 가능하다."[27] 이와는 달리 어떤 존재도 신을 떠나서는 영원할 수 없다. 이런 한에서 세계나 개별사물들은 그런 영원한 범주를 향유할 수 없다. "말하자면 원리 없이 세계가 영원으로부터 존재한다는 것은 있을 수 없는 일이다. 이유는 영원한 존재 혹은 시간적 지속성의 원리가 없는 존재는 피조물이나 피조물의 개념, 다시 말해 실체의 다수성 안에서 신에게서 유래하는 것의 개념과는 모순되기 때문이다. 사실 창조 개념은 이런 한에서 무와는 다른 어떤 것을 통하여 원인이 된 존재 안에 구성된다.

창조는 근본적으로 신적 행위를 지칭한다. 또 창조는 비존재에 연계된 하나의 장 안에 존재를 수용하는 것이다. 그러기에 창조는 영원한 것이고 시간적이다. 신적 행위는 영원하고 창조적 결과는 시간적이다. 신 안에 창조된 존재들의 패러다임 같은 이데아들은 영원하다. 그의 의지와 앎 역시 그러하다. 그의 말과 행위도 영원하다. 그렇지만 그것은 세계가 창조된 한에서 영원해야 함을 요하지 않는다.[28] 이제 필요한 것은 신적인 본질과 동일한 것, 다시 말해 사유하고 의지하고 결정하는 것과 신적 행위의 결과인 것을 서로 구별해야 한다. 여기서 우리는 확산한 사랑에서 유래된 결과들과 그 본질의 존재론적 활력을 서로 동일시할 수 없다. 이 말을 이해하려면 근대 이성론자이며 자연을 신과 실체로 규정한 스피노자(B. Spinoza)의 가르침을 참고하면 된다.

---

27   I. TONNA, *LINEAMENTI DI FILOSOFIA FRANCESCANA*, p.29.
28   J. A. MERINO, *STORIA DELLA FILOSOFIA FRANCESCANA*, p.37.

스피노자는 자연을 동전의 양면처럼 둘로 구분하여 하나는 생산하는 창조적 자연으로 다른 하나는 생산된 결과로서 즉 창조된 자연으로 바라보며 신적인 본질과 그 결과를 동일시하였다. 스피노자는 전자에 대해 자연 전체를 하느님의 실체라 보고 능산적(能産的) 자연이라 했고 후자 즉 생겨난 자연의 결과는 개체화한 자연 변상(變相)의 총체라 규정하며 소산적(所産的) 자연이라 칭했다.[29]

세라핌적 박사의 견해는 이와는 전혀 다르다. 하느님의 창조는 자유로우며 사랑의 행위이고 영원으로부터(ab aeterno)가 아닌 시간 안에 있으며 유비적(類比的) 특성을 지닌다. 무한한 자기확산(diffusio sui)은 필연적인데, 이는 그것이 신의 본질에 속하기 때문이다. 신은 창조 없이 자기 안에서 무한하게 완전한 까닭에 거기엔 아무런 창조도 없다. 영원으로부터의 창조는 불가능하다. "나는 영원으로부터의 세계 존재가 단순히 불가능하다고 믿는데, 이유는 자기 안에 모순을 함축하고 있기 때문이다"(Mundum esse ab aeterno credo impossibile simpliciter quia implicat in se contradictionem).[30]

그렇다면 우리는 여기서 결정적으로 중대한 결론에 이르게 될 것이기에 이를 분석, 종합하여 아주 간명하게 서술하면 그것은 다음과 같다. 즉 창조주와 피조물은 신의 본질과 결과로서 같은 실체의 양면성이 절대로 될 수 없다. 창조자의 선성과 자유, 영원성, 진리 자체는 창조계에서는 실체의 분여(分與, participatio)로 이차적 선, 결핍된 자유, 유한성, 후차적 진성 등으로 나타난다.

명민한 박사인 둔스 스코투스는 이와 관련하여 신의 창조 행위가

---

[29] "Natura dicitur dupliciter: uno modo natura naturans, id est ipsa summa naturae lex quae Deus est.....aliter vero Natura naturata..."(토마스, 신학대전, I, Q.2, . 85 참조).

[30] *I Sent.*, d. 44, a. 1, q.4 concl., I, 788 a.

우연적으로 그러면서도 자유롭게 이루어졌음을 강조한다. 이것이야말로 창조 진리와 관련하여 기억해야 할 중요 요소이다. 왜냐하면 이것이 강조되지 않고서는 세계가 시간 속에서 이루어졌다느니 무로부터 다루어졌다느니 하는 것들은 창조적 의미를 퇴색시키는 행위일 수 있기 때문이다. 그토록 중요한 우연적이며 자유로운 신의 창조 행위는 그리스철학의 이교 정신이 말하는 신과 피조물이 필연성으로 일치된 동질적인 우주가 아님을 분명하게 드러낸다. 그리스도교 철학인 프란치스칸 사상은 이때 하느님과 피조물의 관계는 '자유'와 '사랑'으로 하나가 된 이질적인 우주로 세계를 드러낸다. 창조 진리에 관한 주요한 요소는 세계가 시간 안에서 이루어졌다는 것도 아니고 무로부터 다루어졌다는 데에도 있지 않으며 오로지 우연적이고 자유롭게 이루어졌다는 사실에 있다. "신과 피조물 간의 존재하는 관계는 그것이 유효하다손 치더라도 원인과 결과의 범주로 적합하게 설명할 수가 없다. 그것은 오직 신과 피조물의 관계적 범주로 설명될 수 있을 따름이다. 이와 관련하여 스코투스는 하느님과 피조물의 생생한 관계를 강조하는 것으로 자신만의 표현력을 드러내는데 그것은 신이 피조물과 갖는 자유롭고 사랑스런 사슬을 번역한 '실천'(praxis)이라는 말로 나타낸다."[31]

4) 유한 존재와 우연성

현상학자들에 의하면 오늘의 우리는 환경 세계(Umwelt)에 의해 둘러싸여 있다. 이러한 세계는 우주의 한 부분인 자연이라 칭할 수도 있

---

31 J. A. MERINO, *STORIA DELLA FILOSOFIA FRANCESCANA*, p.257.

고 생태계라 말해질 수도 있다. 그렇지만 그 근원은 알고 보면 영원한 존재가 확산하여 분여적 존재로 배치된 것 외에 다른 것이 아니다. 그렇다면 우리는 프란치스칸 사상가들의 주장에 부응하여 영원성을 배타시 하는 이런 자연 세계의 시초를 두고 창조라고 칭할 수 있고 그 종국의 단계를 완성이라 말할 수 있다.

인간을 둘러싼 존재, 무한에 가까운 이 거대한 우주의 심오하고 전체적인 이해를 위해 우리가 할 수 있는 일은 어떤 것이 있을까? 먼저 우리는 이런 세계에 대해 다양한 해석을 가한 위대한 철인들에 눈길을 돌려볼 수 있다. 플라톤, 아리스토텔레스, 성 아우구스티누스, 아비켄나, 아베로에스, 아비케브론과 모세 마이모니데스가 바로 그런 사람들이다. 우리는 여기서 이들 사상을 또다시 반복하는 의미가 아닌 고유한 사상체계로 통합하는 보나벤투라의 학적 위대성에 주의를 기울일 필요가 있다. 그리고 그의 학설의 올바른 이해를 위해 스승인 알렉산더가 어떻게 우연 세계의 흐름을 감지했는지 먼저 살펴보면 좋을 것 같다. 분명 보나벤투라는 알렉산더 할레시우스를 따라 당시 중세에 확산한 이론인 유한 존재(esse finitum)인 피조물들의 질료 형상론(hylemorphismus)을 받아들였다.[32]

알렉산더에 의하면 영적인 존재를 포함한 모든 존재 내지 물질적 실체(substantia materialis)는 질료와 형상으로 이루어져 있다.[33] 그러나 영

---

[32] 이에 앞서 알렉산더는 아리스토텔레스의 세계의 영원성에 대한 테마를 거부했지만 질료 형상론만큼은 인정하고 받아들였다. 아리스토텔레스의 가장 위대한 가르침 중 하나는 질료 형상론이었는데, 이 이론은 존재의 개념에 있어 철학적 열쇠가 되는 질료와 형상에 관한 형이상학적 이론이다. 아리스토텔레스에게 질료 형상론의 구성은 모든 피조물에 해당하고 영혼까지도 해당한다(CF. *SUMMA TH.*, II, N. 328, SOLUT., P.309).

[33] 이는 질료가 가능태(POTENTIALITAS)와 동일하다는 한에서 그러하다. 그러나 그는 인간 영혼과 천사들에 있어서는 이런 질료와 형상의 구성을 인정하지 않는다. "UNA EST COMPOSITIO EX MATERIA ET FORMA, ET ALIA EST EX PARTIBUS QUANTITATIVIS, ET NUTRA EST IN ANGELIS"(*GLOSSA II*, D. 3, N. 7, 28).

적인 피조물의 질료는 물질적 사물들의 질료와 동일하지 않다. 이는 생성에 대한 형이상학적 분석으로 재해석될 수 있으니 그것은 질료라는 가능태와 형상이라는 현실태를 통해 가능하다. 분명 알렉산더는 이러한 질료 형상론의 구성이 전 피조물에서 발견된다고 말한다. 가능태로부터 현실태로의 전이는 운동이나 생성이다. 가능태는 미래의 현실화라는 불완전한 싹을 지닌 존재유형인 고로 무와 동일시되지는 않는다. 가능태는 무가 아니고 현실성을 지니지 못한 어떤 것이라는 그로스테스트(Grosseteste)의 주장은 프란치스칸 학파에 의해 계속 주장되었는바, 그들은 가능태를 두고 새로운 존재가 나올 수 있는 신비적 무로 해석하길 거부했다. 이러한 분석들은 오늘의 생물학이나 생태학이 말하는 세포와 유전자 혹은 생체 고분자 등과 같은 과학적 탐구의 눈길로 보는 것과는 완전히 다른 것들이다.

중세의 도미니칸들이 그러하듯 프란치스칸 사상가들 역시 자연을 말할 때는 그 안에 있는 존재들의 내부구조와 성질에 대해 지적 관심을 기울이며 그것들을 면밀히 분석하고 해석하는 일에 골몰했다. 그들은 하나같이 사물의 내밀한 부분들을 깊이 직관하고 지성적으로 분석해 내면서 최고의 형이상학적 용어로 사실들을 직시하고 그 흐름을 논리적으로 파헤쳤다. 이러한 태도는 사물을 감각적 혹은 과학 일변도의 눈길로 바라보는 현대인의 외적이고 피상적인 행위와는 비교조차 되지 않는 심오한 정신과 영의 활동에 입각한 것이었다. 따라서 우리가 여기서 논하는 질료 형상론이나 가능태에 관한 논의는 별개의 삼차원의 세계에 속하는 것이 아닌 우리 주변의 자연 사물과 직결된 것임을 잊어서는 안 된다.

이는 우리로 하여금 자연과 존재의 근본 의미를 체득하여 거기에 걸맞은 관계 설정을 올바로 하여 대처해야 함을 말해주는 것이다. 사실 성 토마스의 자연 사상을 보아도 거기에서는 우리가 흔히 환경 세계에서 접할 수 있는 쉽고도 평범한 용어들이라든지 어렵지 않게 이해할 수 있는 문장들은 전혀 찾아볼 수 없고 생성, 소멸, 질료, 형상, 결여, 작용인과 목적인, 원리, 원인, 요소 등과 같은 자연의 원리와 관련된 명사들만 접할 수 있다.[34] 이러한 학적 태도는 프란치스칸 사상가들에게서도 그대로 나타난다.

보나벤투라 역시 철학자로서 세상의 존재들을 바라보고 해석할 때 그는 낭만적 언사나 일시적 감동을 부여하는 용어들을 떠나 간파한 사물들을 철학적, 신학적 용어로 기술한다. 그러니 어려울 수밖에 없고 이해를 위한 뛰어난 지적 능력이 요구된다. 그는 세상 사물이 자신 안에 존재의 원리와 제한의 원리를 지니고 있다고 본다. 존재 원리란 창조적 원리로 다름 아닌 형상을 두고 하는 말이다. 대신 제한의 원리는 수동적 원리로 질료를 뜻하는데 이는 그 어떤 피조물도 순수 현실태가 아닌 까닭이다. 알렉산더처럼 보나벤투라는 여기서 물리적 신체적 질료가 아닌 형이상학적이고 근본적인 질료에 관해 언급하고 있음에 유의할 것이다. 적어도 그것이 존재 안에 가능태(potentia)와 가능성(possibilitas)이라는 제한의 원리라는 점에서 그는 형상이 현실태의 원리이고 완전성의 원리라는 점을 암암리에 시사하고 있다.

그에 앞서 토마스 요크는 제한의 원리라는 말 대신 감소나 박탈이라는 용어를 사용했다. 미완성인 그의 특수 형이상학은 세계와 인간, 질료 형상론과 같은 구체적 존재들을 다루는데, 토마스 요크에 의하

---

34 참고로 성 토마스 아퀴나스가 남긴 *DE PRINCIPIIS NATURAE AD FRATREM SYLVESTRUM*(『실베스텔 형제에게 보낸 자연의 원리들』)을 보면 이 사실은 잘 증명된다. 이 책은 『자연의 원리들』이라는 책명으로 김율이 번역, 철학과현실사에서 2005년에 발간했다.

면 "물질은 형상의 박탈을 감내하기 위해 최소한의 것으로 감소된 존재성(entitas)이다. 신이 창조한 물질은 존재성인 한에서 선하다. 물질은 그 자체로 이미 일성을 지니며 개별적인 물질이라는 한에서 형상이라는 다른 일성을 받아들인다"[35]고 말한다.

신체적 질료와 정신적 질료는 공통존재 안에서 제한의 원리를 지닌다. "자기 자신 안에서 고찰된 질료는 정적이지도 신체적이지도 않다. 제한과 현실태에 대당되는 가능태의 근본 원리는 영적 형상처럼 그만큼 신체적 형상에 차이 나지 않게끔 적용 가능하다."[36] 질료가 그 자체로 가능태와 존재의 제한의 원리가 되듯이 형상이 현실태의 원리라는 것을 인정하는 경우 질료는 영적이고 물질적이라는 것이 따른다. 이런 것은 모든 유한 존재에서 발견된다. 이런 것에서 신은 자유롭다. 한편 인간 영혼은 천사처럼 질료와 형상으로 구성된다. 이렇게 해서 우리는 자연스럽게 질료 형상론을 마주하게 된다. 여기서 분명하게 드러나는 것은 질료와 관련된 보나벤투라의 개념이 중세의 다른 스승들, 예컨대 성 토마스와는 일치하지 않으며 나아가서는 이전의 아리스토텔레스적 개념이라든가 통상적인 개념과는 그 의미를 달리하며 신플라톤주의적 질료 형상론과 일치하고 있다는 사실이다.

신플라톤주의의 영향권 하에 자리한 아우구스투스의 영향을 받은 보나벤투라에 나타난 질료 형상론은 형상의 복수성으로 그 특성을 드러낸다. 형상들의 복수성이 아리스토텔레스-토마스의 그것과는 다르게 그의 체계 안에 필연적으로 내포되어 있다손 치더라도 보나벤투라는 이 문제를 전문가답게 다루지는 않았다.

---

35 졸저, 『중세철학사, 그리스도교 사상의 기원과 발전』, 306-307쪽.
36 *II Sent.*, M D. 3, P.1, A.1, Q. 2, AD. 3.

보나벤투라가 우주에 대해 지니는 종합적인 견해 속에 드러나는 모든 존재의 구조는 완전성(perfectio)의 조화로운 위계이거나 우주를 반영하는 실체적인 형상들이다. 인간은 소우주(microcosmos)로 대우주를 종합하는 존재로 자신 안에 위계화된 모든 형상 내지는 완전성을 빛의 기초 형상에서부터 천사의 영적 형상에 이르기까지 일치시킨다.[37] 고유한 범형주의적 체계와 조화를 이루면서 우주의 위계적 개념은 형상들의 다수성에 대한 보나벤투라 이론의 동기요 이유가 된다.

우연성은 현시된 하나의 사실로 즉각적이고 명백한 것이다. 그럼에도 우연성이 명백한 형이상학의 뚜렷한 객체로 제시된 적은 별로 없다. 물론 우연성은 논증의 대상이 될 수 없다. 우연성을 지탱하는 근원은 두 가지인데 하나는 내적인 것으로 그 자체의 유한성 내지 현상학적 한계이고 다른 외적인 것은 자유롭게 창조하는 제일원인의 유한성이다. 아무튼 우연적인 것은 실증적인 존재유형이지만 유한하다. 모든 유한 존재는 존재의 결정된 등급을 소유하거나 어떤 부정성 혹은 더한 존재의 박탈을 포함하는 실증성을 소유한다.

사실 철학은 우연이나 우연성에 대한 일관적이고 오류를 범하지 않을 만큼 그 참된 의미를 적시한 적이 별로 없다. 특히 이교 철학은 우연의 문제에 대해서는 거의 무지할 만큼 깊이 있게 이 문제를 다루지 못했다. 오캄의 경우는 아리스토텔레스 이후 우연을 실체와 강하게 구분하는 것을 못마땅하게 여긴 반면, 스코투스는 우연의 문제를

---

37 범형주의 안에서 신이 표현하는 질서는 최대의 완전성이다. 인간 개념에 기초하여 이러한 질서를 인식한다는 것은 그러한 완전성을 본받는 데 있다. 그리고 사물 안에서 생겨나고 있는 것처럼 이러한 질서에 대해 반성한다는 것은 신의 완전성에 참여한다는 것을 암시한다. 인간은 결코 단순한 방관자가 아니라 세계의 거대한 광경 안에서 일하는 배우이며 참여자이다(졸역, 『프란치스칸 휴머니즘과 현대사상』, 109쪽).

그 자체로 밝히기보다는 그 기원인 창조 문제에서 해결책을 찾고자 했다. 자유로운 창조가 선행되지 않으면 우연은 필연으로 규정될 수밖에 없고 거기에는 자유의지가 자리할 여백조차 없기 때문이다.[38] 이런 창조 문제에 문외한인 이교 철학은 우연의 세계를 제대로 바라보지 못한 관계로 그 안에 자리한 인간도 제대로 알아보지 못하는 결과에 이를 수밖에 없었다. 한마디로 "창조행위의 이런 우연적이고 자유로운 사실은 존재론적으로 오류이고 인식론적으로 기형적인 그리스 필연주의(necessitarismus)와는 반대된다.[39] 이와는 달리 오캄의 우주론에서는 신학적 철학적 물리적 요소들이 따로 노는 것이 아니라 하나같이 통합된다. 그는 신적인 자유와 전능성을 구제하기 위해 세계의 우연성을 강조한다. 그리고 경험적 검증원리를 모든 물리 현상들에 적용함으로써 자연철학의 고유한 범주들을 설명할 때 시간, 공간, 운동, 분량 등과 같은 형이상학적 형태의 가설에 의지하는 것을 피하고자 했다. 결국 그는 이전의 범주론을 거부하고 최소한의 것만 그 안에 포함시킨다."[40]

우연성의 문제는 스코투스의 사상 안에서 창조의 문제와 근본적으로 일치한다. 우연성의 문제는 특별히 철학적이거나 혹은 신학적

---

38 "이 때문에 나그네 인간(HOMO VIATOR)에 대한 역사적 상황이나 그 최종적인 목표에 대해 알 리 없고 필연주의(NECESSITARISMUS)에 빠져들면서 자연적이거나 필연적인 인과성의 세계 존재들이 신과 관계를 지니는 것이라 해석했다. 그 결과 우연 존재의 진정한 구조를 인식하는 데는 이를 수 없었다. 창조라는 진정한 신학적 빛에 입각해서만 우주는 인식론적으로 가지적일 수 있고 존재론적으로 설명 가능하다. 창조야말로 우리에게 가지성(INTELLIGIBILITAS)과 이해(COMPREHENSIO)와 해석과 관련된 진정한 열쇠를 제공해줄 수 있다."(J. A. MERINO, *STORIA DELLA FILOSOFIA FRANCESCANA*, P.257).

39 *IBID*., P.257.

40 아리스토텔레스의 열 개의 범주들과 관련하여 오캄은 실체(SUBSTANTIA)와 분량(QUANTITAS)과 성질(QUALITAS)만을 인정한다.

인 문제가 아니다. 우연성은 신학과 철학 모두를 함의하고 포괄하는 문제이다. 우연성과 창조의 이론은 스코투스에게 있어 근본적이고 중심이 된다. 이유는 철학만으로는 사실적으로나 법적으로 감각적인 세계 문제에 적합한 해결책을 제공해줄 수 없기 때문이다. 우연성과 관련된 궁극적인 설명은 절대적으로 자유롭게 세계 안에서 행위하고 개입하는 신 안에 있기 때문이다.[41]

오직 무한 존재만이 존재 질서 안에서 규정된 존재의 가능성이 없는 순수 현실태이다. 다른 모든 존재는 여하한 현실성의 등급이 박탈되어 있다. 무한자만이 절대적으로 필연적인데 이유는 존재(existentia)의 충만성을 소유하고 있기 때문이다. 우연적인 유한성은 실질적으로 존재하지만 그것은 제일 능동인으로부터 자신의 모든 가능성을 받는다. 이 제일 능동인은 존재를 통교하고 존재를 무보수로 보존한다.

5) 세계 존재와 신

만물의 창조주이고 섭리 혹은 재창조하는 최고선(Bonum supremum)인 신에 관한 지식과 신 존재를 향유하는 일은 논리 과학적인 과정의 말미에나 가서 결론적으로 얻어지는 것이 아니라 열정 어린 마음과 신앙심으로 충만해진 영혼이 하느님의 빛으로 인도될 때 가능한 일이다. 보나벤투라나 성 아우구스티누스에게 있어서 확실한 앎(certitudinalis cognitio)이나 지식은 이성이 영원한 이성들(rationes aeternae)과 함께 인간 안에 빛나는 참된 빛으로 강화된 경우에만 있을 수 있는 일이다. 여기

---

41 J. A. MERINO, *STORIA DELLA FILOSFIA FRANCESCANA*, pp.255-256.

서 말하는 영원한 이성이나 원리는 아우구스티누스의 인식론에서 말해진 것으로 물질계가 아닌 정신계와 관련된 지식과 직결된 것이다.

정신계에 대한 앎은 영원한 이성을 통해 파악 가능한데, 영원한 원리는 신적 조명(illuminatio divina)을 통해 영원불변의 진리를 인식하게 된다 "우리가 확실하게 인식하는 모든 것은 영원한 이성들의 빛 속에서 아는 것이다. 확실한 인식을 위해서는 규제력을 지닌 근거로써 영원한 이성이 반드시 요청된다."[42] 이는 태양 빛이나 물건을 비출 수 있는 빛이 없다면 우리가 캄캄한 곳에 있을 때 사물에 대한 시각이 상실되면서 급기야는 만사를 전혀 구별할 수 없게 되는 비관적인 현상에 비교하면 쉽게 이해할 수 있다.

인간은 지상적인 것에서 영원한 것으로 관상을 통해 상승하면서 자기 밖에서(extra nos), 자기 안에서(intra nos), 자기 위에서(supra nos) 하느님의 발자취(vestigium)와 모상(imago) 그리고 마침내는 삼위일체적 존재의 빛을 재발견하게 된다.[43]

이런 과정을 거치는 가운데 세계 존재들인 피조물은 하느님이 인간들에게 현시하는 큰 책자처럼 즉각적으로 주어진다. "모든 피조물은 창조주의 지혜를 이야기한다. 실상 전 세계는 빛을 발하는 석탄처럼 빛으로 충만한 하나의 거울이다."[44] 이는 "온 세상의 피조물이

---

42 Cf. *De scientia Christi*, q. 4, concl., in *Opera*, V, pp.22-23.
43 *Itinerarium mentis in Deum*, I, 2, in *Opera*, V, p.297. "피조물들 가운데 어떤 것들은 그분의 흔적(발자취)이다. 또 어떤 것들은 그분의 모상이다. 어떤 것들은 물질적이고 어떤 것들은 영적이다. 어떤 것들은 일시적이고 어떤 것들은 영속적이다. 어떤 것들은 우리 밖에 있고 어떤 것들은 우리 안에 있다. 그런데 제일 원리는 온전히 영적이고 영원하며 온전히 우리 위에 있다."(보나벤투라, 『하느님께 나아가는 정신의 여정』, 장은명 역, 시글, 1997, 22쪽).
44 *Hexaëmeron*, princ., coll. II, 3, ed. Delnorme, p.29.

우리에게 거의 책이고 그림이며 거울이다"(Omnis mundi creatura quasi liber et pictura nobis est, et speculum)라고 하는 중세 영성의 고전적인 동기이며 이유이기도 하다. 또 이 점은 성 보나벤투라와 프란치스칸 학파의 전적인 상징주의(Symbolismus)를 기초하고 정당화하는 것이기도 하다.

창조주와 피조물 간에는 가깝고도 먼 단계들과 등급이 자리한다. 보나벤투라의 명명법(nomenclatura)에는 신적인 모델에서 가깝고도 먼 것에 따라 점진적인 등급의 상들이 표현된다. 그림자는 멀고도 혼란스러운 신의 표상이다. 발자취 역시 멀지만 뚜렷한 표상이다. 상像은 가깝고도 분명한 표상이다. 이러한 그림자 존재의 존재론적 상, 신의 자취와 모상은 존재들의 우연적인 어떤 것이 아니라 실체적인 어떤 것이고 본질적 고유성이다.[45] 그렇다면 전 세계는 한 권의 책자로서 창조적 삼위일체를 읽어낼 수 있는 특성들이 거기에 새겨져 있다고 할 수 있다.[46] 알고 보면 이러한 사상은 성 프란치스코가 「피조물의 노래」에서 밝히 드러내듯 존재와 자연 일반에 대한 그의 극진한 애정에서 새롭게 출발했던 점들이다. "프란치스코는 존재들 위에 자리하려 하지 않고 그들과 나란히, 그들과 함께, 그들을 동반하기를 원했다. 왜냐하면 그가 지닌 생명은 사랑스럽고 형제적으로 일치하는 전 창조물의 선물과 다름없이 그렇게 거저 주어진 선물이라는 걸 아주 깊이 깨닫고 있었던 때문이다. 그는 존재를 통해 지극히 높으신 분께 노래를 불러드렸으며 또 피조물과 함께 그렇게 했다. 그리고 그는 세계 안의 자신의 특유한 존재 방식과 거처 방식 그리고 사물들의 존

---

45 *II Sent.*, D. 16, A. 1, Q. 2, FUND., 4(CF. J. A. MERINO, *Storia della Filosofia Francescana*, P.86).
46 *Hexaëmeron*, COL. 2, N. 12(위의 같은 책, 86쪽).

재 방식에 대한 표현으로서 존재로부터 출발했다."⁴⁷

자연(natura)은 필연적인 법칙들에 따라 정확한 현상들의 맥락처럼 문제에 관여하거나 관심을 두지 않는다. 그리고 세계 존재 안에서 자신의 한계를 선언하는 학문(scientia)은 그 자체로는(per se) 보잘것없는 호기심처럼 나타난다. 이유는 그것이 "창조된 것들 안에 빛나시는"(relucet in rebus creatis) 하느님을 의미하고 표현하기 때문이다. 세계에 대한 관상(contemplatio)은 신 존재를 논증하도록 그 법칙들 안에서 삼단논법적 노선을 재발견하도록 인도해주지는 않는다. 그것은 오히려 인간을 죄악의 어두움에서 들어 올리면서 하느님의 조명(illuminatio)에 개방되는 경우 사물들 안에서 하느님을 즉시 발견하게끔 한다.⁴⁸

보나벤투라의 사변을 뒤로할 때도 발자취를 통해(per vestigium) 발자취 안에서(in vestigium) 우리는 '피조물의 노래'에 담겨있는 정신(spiritus)이 어떤 것인지를 알게 된다. 이 때문에 성 보나벤투라는 "이 책(창조된 것)을 읽는다는 것은 가장 심오한 관조적인 것에 관한 것이지, 발자취가 아닌 오로지 그 자체를 통해 자연을 인식하는 자연철학자에 관한 것이 아니다"⁴⁹라고 주장한다.

보나벤투라가 지닌 우주의 견해는 상징적 분여적 실재론인데 개념을 재평가하는 순간 그는 그것을 언어로 되돌리면서 우주적인 통교와 관련짓게끔 한다. 모든 존재가 말씀(parola) 즉 각인된 로고스라면 저자에 대한 기억일 수밖에 없을 것이다. 동시에 그 안에서 모든 것

---

47 호세 메리노, 『프란치스칸 휴머니즘과 현대사상』, 졸역, 서울가톨릭대학교출판부, 258-259쪽.
48 이를 두고 시편 작가는 "하늘은 하느님의 영광을 이야기한다"고 말했다("CEOLI ENARRANT GLORIAM DEI," CANTAVA IL SALMISTA).
49 HAXAËMERON, VIS. II, COLL. V, ED. DELORME, P.144.

은 동일한 혈족에 속한 통교이고 사슬이며 신적 영광을 표현하는 까닭에 축제가 된다. 창조된 존재들 가운데 특권을 받은 인간은 자신 안에, 기억과 지성 그리고 의지의 활동 안에서 하느님의 모상(imago)을 지닌다.[50] 인간의 가장 고유한 활동 중에 지성 이전의 기억력과 지적 판단의 절대성 그리고 선을 향한 의지에 자리한 앎에 관한 제일원리들(scientiarum principia et dignitates) 속에서는 그 가변적인 존재를 초월하는 하나의 절대자가 발견된다. 그것은 빛이고 신의 현존 자체이다. 기억력 속에는 "자신에게 현존하는 대체 불가한 빛이 있으니 그 안에서는 불변적인 진리들을 기록한다."[51] 무엇이 존재자 자체(ens per se)인지를 알지 못하는 지성의 규정적(deffinitoria) 활동 안에서는 여하한 특수 실체에 대한 정의를 충만히 안다는 것이 가능하지 않다. 이런 존재는 "지극히 순수하고 최고로 현실적이며 가장 완전하고 절대적이다. ... 존재자 자체이며 이런 영원한 존재자는 그 순수함 속에 자리한 만물의 이유들이다."[52] 이와 같이 지성의 토론 활동 안에서 진리를 끌어내는 그 능력은 영원한 진리의 인간 안에 그 현존을 계시한다. 지성은 명제들의 의미를 참되게 지향하는데 그때는 그 명제들이 참되다는 것을 확실하게 아는 때다. 이것을 안다는 것은 단순히 아는 것을 넘어 효과적으로 안다는 것을 의미하는데 이유는 그러한 이해 속에서는 기만당할 수 없기 때문이다. 사실 그것은 그런 진리가 다른 것이 될 수 없음을 안다. 따라서 그런 진리는 불변적임을 인지한다. 우리의 정신이 가변적일 경우는 불변적으로 찬란히 빛나는 그러한 진리를

---

50 "CONSIDERA ORA LE OPERAZIONE E GLI ABITI DI QUESTE TRE POTENZE E POTRAI VEDERE DIO IN TE COME IN IMMAGINE, VALE A DIRE PER SPECCHIO, IN ENIGMA"(*ITINERARIUM*, III, 1, P.303).

51 *ITINERARIUM*, III, 2, P.304.

52 *IBID.*, III, 3, P.304.

알아볼 수가 없다. 특히 그것을 빛나게 하고 가변적인 피조물일 수 없는 불변적 동격의 빛을 통해서가 아니고서는 불가능하다. 그러므로 그것은(정신) 이 세상에 오는 모든 사람을 비추는 그 빛, '참된 빛'과 하느님 안에 애초부터 말씀이신 분 안에서 인식한다. 따라서 우리 지성은 추론의 의미를 파악하는데 그때 결어는 필연적으로 서언(序言)을 따르게 됨을 안다. 이는 용어가 필연적일 때일 뿐 아니라 우연적일 경우에도 그것을 보아 알게 된다. 따라서 추론의 필연성은 우연적인 객체의 질료적 존재에 의해 앞으로 나아가는 게 아니라 실재 안에서가 아니라면 허구일 수도 있는 영혼 안의 그 존재로부터 생겨나지도 않는다. 그러므로 그것은 영원한 예술과 범형성(exemplaritas)에서 유래하는데 이로 인해 사물들은 그 영원한 예술의 현시에 입각하여 상호적인 자세와 습관을 갖게 된다. 그것에서 우리 지성은 동일한 영원한 진리와 합치한다는 것이 분명하게 나타난다. 왜냐하면 그 어떤 것도 그것에 대한 가르침 없이는 확실하게 이해할 수 없기 때문이다.[53] 아무튼 세계 창조는 신의 자유의지에 의한 것이다. 그렇다면 세계는 근본적으로 우연적이고 홀로 지탱 불가하다. 이러한 신의 정신 안에는 필연적으로 그리고 현실적으로 모든 이데아와 가능한 본질이 자리한다. 인간 지성과 영혼은 추상적으로가 아닌 구체적으로 이러한 신적 본질을 알도록 운명지어졌다. 이는 정신이 바로 이 본질을 위한(ut essentia haec) 것이기 때문이다.[54]

---

53 *IBID.*, III, 3, p.304.
54 M. OROMI, *INTRODUCCIŚN GENERAL* ALLA OBRAS DEL DOCTOR SUTIL JUAN DUNS ESOCTO, 56.

6) 이성과 빛의 조명

세계 존재인 인식 대상과 그것을 파악하는 주체의 변화성에 대한 고찰은 아우구스티누스처럼 영혼 안에 현존하는 신적인 빛 속에서 그 기반을 발견하는 판단의 절대 원리를 요청하는 것으로 옮겨간다. 왜냐하면 보나벤투라가 『교사론』(De magistro)의 아우구스티누스적인 유명한 주제와 관련하여 정확히 말하고 있듯이 모든 인식은 천부적인데 이유는 창조된 빛이 이 세상에 태어난 인간이라면 모두가 조명되는 비창조된 빛의 협력 없이는 자신의 활동을 완성할 수 없기 때문이다. 이러한 것들은 신이 홀로 유일한 원인이기 때문이 아니라 신 없이는 그 어떤 창조된 덕조차 행위할 수 없기 때문이다.[55]

앎과 관련하여 보나벤투라는 그것을 두 가지로 구분한다. 하나는 학문(scientia)이고 다른 하나는 지혜(sapientia)이다. 성 아우구스티누스가 인식론에서 하급 이성(ration inferior)과 상급 이성을 구분한 것처럼 성 보나벤투라는 감각계에 눈을 돌려 아리스토텔레스의 인식론 도식을 수용하는데, 특별히 가능 지성과 능동 지성을 받아들이면서 두 가지 실체가 아닌 한 실체의 두 가지 종적 "차이의 두 지성"(duae intellectus differentiae)에 대해 말하고 있다."[56]

가능 지성(intellectus possibilis)의 고유 활동이 감각적인 것에 방향을 선회하고 능동 지성의 개입으로 추상적 가지성(可知性)을 받아들이는 것이라면 능동 지성은 어떤 부동태(不動態, passivitas)를 천부적으로 타고나(아비켄나의 분리된 능동 지성과 혼동을 일으키지 않으면서) 순수 현실태로 있을 수가 없다. 모든 인식은 원본적 감각에로 축소될 수 없고 오로지 학문을

---

55 *II SENT.*, D. 28, A. 2, Q. 3, CONCL., IN *OPERA*, II, P.690.

56 *II SENT.*, D. 24, P. 1, A. 2, Q. 4, CPMC;., IN *OPERA, II*, P.568.

구성하는 추상의 노선을 거쳐 정신 안에 현존하는 대상들과 관련된 인식일 수 있다.

여기서 우리는 보나벤투라의 스승인 알렉산더의 도움을 받아 문제를 보다 명확히 설명하여 해당하는 문제의 논의를 좀 더 구체화할 필요가 있다. 알렉산더는 인간에 있어 가능 지성과 능동 지성을 서로 구별하는데, 가능 지성 혹은 수동 지성은 감수성이 있다는 면에서 가능태이고 능동 지성은 활동적이라는 점에서 또 다른 능력으로 규정한다. 이 두 지성은 인식 과정에서 절대적으로 필요한 두 개의 요소이다. 아베로에스가 가능 지성만을 인정하는 데 반해 알렉산더는 두 지성의 연합을 극구 강조한다. 후자에 의하면 인간 안에는 본성적인 빛인 능동 지성이 자리하고 있으니 이것이야말로 가능태 안에서만 가지적인 실재를 현실태로 이해하게끔 하는 능력을 지닌다고 본다.[57] 알렉산더는 수동 지성과 가능 지성을 말하면서 이것들이 개별 영혼에 속한다고 생각했다. 능동 지성은 실제로 모든 형상들을 인식하지 못하는 고로 신적 조명을 필요로 한다. 이 조명을 통해 능동 지성은 수동 지성을 완전하게 한다. 또한 이성은 하느님의 존재를 그 업적을 고찰함으로써(생 빅토르 학파) 혹은 관념들의 내용을 분석함으로써(아우구스티누스와 안셀무스) 증명할 수 있다고 본다. 유한한 존재들의 산출은 하느님의 사랑과 지혜의 업적이며 그것은 시간 안에서 이루어진다. 따라서 질료는 영원하지 않다.[58]

보나벤투라에 의하면 질료는 인식의 제일차적인 요소로 감각계

57　한국가톨릭대사전편찬 위원회,『한국 가톨릭 대사전』, 8권, 재단법인한국교회사연구소, 1998, 5847쪽.
58　위의 사전, 5847쪽.

안에 그렇게 폐쇄되면서 플라톤적 이데아들과 전투를 벌이는 가운데 아리스토텔레스가 잘못 멈추어 선 것에서 비롯된다. 다시 말해 아리스토텔레스는 지혜의 연설(sermo sapientiae)을 포기하고 학문의 연설(sermo scientiae) 안에 출중하게 자리한다. 이와 관련하여 우리는 보나벤투라의 범형주의(Exemplarismus)를 참고함으로써 이와 관련된 의문을 해소하면서 그 의미를 터득할 수 있다. 그에 의하면 형이상학자는 창조된 개별 실체에서 비창조적이고 보편적 실체에 관한 고찰로 나아간다. 만물의 본래적인 기원을 다루면서 형이상학자가 사물들의 기원을 조사하는 경우 그는 자연 철학자에 가까워진다. 대신 실천적 사변적 행복을 고찰하면서 궁극목표로 신을 고찰하는 경우 그는 만물을 유일한 최고선에 다시 이끄는 윤리철학자에 가깝다. "이런 모형주의의 순수 철학적 학설이 말씀의 신학의 노선을 준비한다면, 한편으로 이 말씀의 신학은 철학에 의해 도달된 진리들을 조명해준다. 그 때에 그리스도는 중개자이고 신학뿐 아니라 철학의 중심이라고 주장할 수 있다."[59] 이후 이 지식과 지혜로 말해진 두 가지는 아우구스티누스가 학문을 지혜에 종속시키면서 서로를 일치시킨다.

지혜라 말해지는 상급 이성은 도대체 어떤 의미를 지니는 것일까? 이 점에 대해 우리는 지면상 그 원천적인 의미만 상기토록 하는 것으로 만족하기로 하자. 아우구스티누스의 가르침을 심화하는 가운데 보나벤투라는 상급 이성(ratio superior)과 내밀히 일치하는 영원한 이성들의 규정적 가치를 명확히 한다. 이 상급 이성은 인식의 대상을 구축하지는 않고 판단의 선험적(a priori) 원리들에 기반을 구축하게끔 한다. "이런 규칙들은 틀림이 없고 의심할 바 없으며 판단이 불가하다.

---

59 I. TONNA, *LINEAMENTI DI FILOSOFIA FRANCESCANA*, P.65.

왜냐하면 판단은 이런 것 위에서가 아닌 이러한 것들과 함께 가능하기 때문이다. 이런 것들은 판단으로 이끄는 영원한 빛 속에 기초한다."[60] 만일 규정들이 앎의 대상이고 단순하지 않게 판단의 원리들과 인간 정신이 신의 본질 자체를 관조하는 것이라면 지상적인 앎과 지복직관(至福直觀, visio beatifica) 사이에는 아무런 차이점도 없게 될 것이다.

7) 학문과 지혜

플라톤에게 있어 확실한 인식(cognitionem certitudinalem)은 가지계(可知界)와 이상계에서 해결 가능하다는 것에 그의 제자 아리스토텔레스는 이데아들과 영원한 이성들을 인정하는데 실수하지 않는다면 그것은 문제가 되지 않는 것으로 일단 받아들였다. 그러나 확실한 것은 확실한 이데아에 관한 지식은 지식의 차원을 넘어서 있는 것에 비해 아리스토텔레스에게 있어 지적 과정은 추리를 통해 설명된다는 사실이다. 그렇다면 양자의 입장은 극과 극을 달리는 상반된 것임을 알 수 있다. 후자에게 있어 지식을 얻는 과정에는 영상(映像)과 능동 지성이 작용한다. 아리스토텔레스의 이런 학설은 성 토마스의 지성지(知性知)에 관한 설명에서도 잘 드러나고 있다. 즉 주관에 자리한 영상은 이데아가 생겨나는 데 있어 무엇인가를 효과적으로 제공해주는 원인적 기능을 담당하며 그 내용을 부여한다. 그러기에 영상은 가능성 안에 가지적이면서 현실태의 존재 작용을 통해서가 아니라면 현실태로 이행할 수가 없다. 그러한 현실태의 존재는 영상을 추리하며 이때 능동 지성은 그것을 보편에로 이끌어주는 역할을 담당한다. 이렇듯 지식

---

60 Cf. *Hexaëmeron*, coll. II, 10, in Opera, V, p.338.

은 수동적 혹은 가능 지성이 이데아에 대해 답하는 것이다. 이런 지성 지의 특성은 정신성, 추리성, 본질성 그리고 보편성을 지닌다.[61]

이렇듯 추상 작용을 통해 지성이 가지적 형상들의 지식을 얻는 기능과 관련되는 것이라면, 그것은 아우구스티누스적 이성과 일치하겠지만 영적인 존재들을 대상으로 하는 지성과 지성작용(intelligentia)에 있어서는 그렇지가 못하다. 아우구스티누스적 지성은 비물체적 형상들과 관련되고 그것이 영혼보다 상위적인 영적 존재나 형상들을 알기 위해서는 지성 그 자체의 힘만으로는 불가능하기 때문이고 따라서 신에게서 분출되는 특별한 조명을 필요로 할 수밖에 없기 때문이다. 이런 빛 속에서 창조된 모든 실재는 시간 속에서 발음되는 사랑스러운 말씀의 결과이고 사랑의 산물이 된다. 그렇다면 창조는 다름 아닌 말씀의 반향이고 메시지이며 로고스이고 신현(神顯)임을 알 수 있다.

무한하게 단순하고 사랑의 존재인 하느님은 신적 사랑의 활력에 밀려 자신을 떠나 밖에 통교되고 현시되기를 원하였다. 전능한 신은 어떤 방식으로 현존하는 세계를 창조했으니 세계와 사물 그리고 인간들은 다름 아닌 패러다임에 의해 사용된 비가시적 신적 이데아들의 가시적 표현들이다. 한편 창조된 존재들과 신적 이데아들, 복사품과 모델 사이에는 심오한 일치와 유사성이 있어야만 한다. 이는 우주의 유비성(analogia)의 용어로 정의될 수 있고 분여(分與)와 유사성(similitudo)에 기초한 관계들의 무한성에 의해 통치된다. 피조물이 하나의 거울처럼 나타나는 보나벤투라의 모형주의(exemplarismus)는 위계적 방식으로 드러나는데 거기에는 신적인 완전성들이 반영되고 반사된다. 일성, 진성, 선성과 미성이라는 신적 속성은 존재의 계층(scala)에

61　졸저, 『중세철학사, 그리스도교 사상의 기원과 발전』, 2004, 405쪽.

따라 피조물들 안에 현시된다. 모형주의에 기반을 둔 존재의 유비성(analogia)은 존재성(entitas)의 고유한 위계성을 유지하며 창조된 모든 완전성들에게 적용된다. 이러한 보편적 유비성을 발견하면서 보나벤투라는 그것을 아리스토텔레스적 언어가 아닌, 은유와 상징, 비유들을 통해 표현한다.

문제는 감각계를 포기하면 확실한 모든 인식은 이상계로 축소되고 그렇게 되면 영원한 이성들에 따라 나아가는 지혜의 노선은 굳어지게 되지만 창조된 이성들에 의해 이끌어지는 학문의 노선은 파괴되고 만다. 이 같은 노선은 아리스토텔레스의 학적 관점에서 바라보는 경우 상급 이성을 포기하게끔 한다. 이로 인해 플라톤에게서는 지혜(sapientia)라는 말이 인정을 받고 아리스토텔레스에게서는 지혜라는 말이 사라진다. 대신 학문(scientia)이라는 말이 알려지게 된다. 이로써 전자는 무엇보다 상급 실재(realitas superior)를 바라보게 되었고 후자는 하급 실재(realitas inferior)를 바라보게 되었다. 역사가 흐르면서 지혜와 학문이라는 이 두 단어는 성령에 의해 모든 성경의 가장 중요한 해설자라 말할 수 있는 아우구스티누스에게 탁월한 방식으로 주어져 알려지게 되었고 후대의 프란치스칸들에게 커다란 영향을 미치게 되었다.[62]

3. 프란치스칸 사상가들과 서구세계의 대변혁

현대 생태학은 자연 생태계의 훼손이나 파괴를 염려하면서 자연 사랑을 그 저변에 깔고 있다고는 하지만 그렇다고 이성적 관념의 사

---

62 SERMO IV, CHRISTUS UNUS OMNIUM MAGISTER, 18-19, IN OPERA, V, P.572.

고나 신에게서 분출된 창조적 결실인 피조물들을 존재론적 견지에서 바라보는 영적 사랑은 결여되어 있다. 다시 말해 창조가 신적 사랑의 결실이라면 완성을 향한 창조 경륜은 제이차적 창조라 이름할 수 있는 신의 섭리에 의한 것이다. 이러한 재창조의 세계적 흐름 속에서 프란치스칸 사상가들은 학계와 대학들에서 어떻게 지성과 사상적 무기를 동원하여 새로운 문화를 창시하고 역사를 획기적으로 발전시켰는지 살펴보도록 하자.

1) 중세의 자유 학예들

중세 초기의 학교들처럼 스콜라학이 황금기를 맞아 그 명성을 사방팔방에 널리 떨치는 13세기에 새롭게 시작하는 대학들에서는 일곱 과목의 자유 학예라 불리는 교양과목들(liberales)이 부과되었다. 이는 어려운 물리학을 요청하는 '보조적 학예'(servili arti)들과는 달리 인간 정신과 관련된 사안을 계획하고 교육하기 위한 목적에서 그러했다.

일곱 개의 교양과목들은 두 개의 단위로 구분되었으니, 하나는 '삼학'(trivium, artes triviales, sermocinales, rationales)이고 다른 하나는 '사학'이었다. 인문주의적 특성을 지닌 삼학은 문법학과 수사학 그리고 변증론(논리학)을 가리키는데, 이 과목들은 화법에 관한 학들이다. 그리고 두 번째는 학적 특성을 지닌 것으로 '사학'(quadrivium, artes quadriviales, reales physica, mathematica)이 있었으니, 이는 실재(realitas)에 관한 학으로 대수학(산술), 기하학, 천문학, 음악이 바로 여기에 해당한다. 당시에 사학은 삼학보다 그 중요성이 덜했는데, 이유는 당대의 비학문적 정신으로 인해서도 그러했지만 고대로부터 전수된 저술들이 매우 빈약했던 탓으로 그러했다. 이런 현상은 영국의 옥스퍼드 쪽보다는 파리대학교 쪽이 더 심했다고 보인다.

삼학에 있어 가장 의미심장한 역할은 변증론에 입각한 것으로, 변증론은 아리스토텔레스의 『오르가논』(Organon)이라는 작품들이 발견되면서 점차 그 중요성이 더해졌다.

2) 근대 물리학의 선구자, 로버트 그로스테스트

파리에서 '삼학'이 그 진가를 크게 인정받고 있을 때, 옥스퍼드에서는 한 스승에 의해 사학이 더 큰 관심사로 떠오르면서 그 위세가 폭넓게 확산하고 있었다. 당시 실험적 조사가 처음으로 시작되고 형식과 관련하여 자연에 대한 경험철학이라 할 수 있는 과목이 의미심장하게 그 모습을 확연하게 드러냈으니 그 장소는 다름 아닌 옥스퍼드였다.

물론 우리가 중세의 실험과학에 대해 언급하는 경우 그것이 뒤에 가서 획득하게 될 방법론적 자율성이나 전문화된 특성을 이미 갖추고 있었다거나 규정된 것으로 그렇게 말해서는 결코 안 될 일이다. 당대에 나타난 새로운 과학은 하나의 자연에 대한 개념으로 중세가 아랍인들의 중개를 통해 고전성을 전수받았던 세계에 대한 시각의 내적인 것과 엄밀히 연계되어 짜인 약간의 실험적 탐구들에 대한 것에 불과했다. 아무튼 중요하게 여겨야 할 점은 비록 새로운 탐구가 신학적, 신비적 형이상학적 요소들과 혼합되어 있었을지라도 철학적 탐구의 새로운 과정과 그 지평의 부흥을 선언하고 있다(N. Abbagnano)는 사실로서 이는 참으로 놀라운 일이 아닐 수 없다.

이러한 현상은 전에는 상상조차 할 수 없는 전대미문의 학적 체계였다. 시대가 바뀌면서 다양한 중세 철학자들 사이에서 새로운 학적

면모가 새롭게 구축되기에 이르렀으니, 이는 도미니칸 사상가들에게서도 예외는 아니지만 특별히 프란치스칸 사상가들에게서 독특한 형태로 드러나는 바이다. 예컨대 도미니칸이었던 대 알베르투스(Albertus Magnus)는 광물들과 생물들에 관심을 두면서 자신의 저술인『식물론』(Sui vegetali)에서 "경험은 유일하게 이 논증들에게 확실성을 부여하고 있는바, 그 이유는 그토록 특정한 현상들 주변에 자리한 삼단논법은 가치가 없기 때문이다"라고 주장한 바 있다.[63] 그렇지만 13-14세기에 자연학을 전제조건으로 삼아 기본적인 진로를 규정한 사람은 로버트 그로스테스트(R. Grosseteste)였다. 그는 프란치스칸은 아니었지만 옥스퍼드의 초기 프란치스칸 공동체에 스승으로 있으면서 제자들에게 막강한 영향력을 행사하며 그들로 하여금 문화적 역량을 발휘하도록 가르쳤다. 특히 로저 베이컨(R. Bacon)은 누구보다도 그에게서 많은 영향을 받은 것으로 보인다. 베이컨은 그로스테스트를 두고 이렇게 말한다. "그는 그 누구하고도 다른 ... 학적인 사람이었다. 그는 수학과 광학에 파묻혀 있으면서도 교부들(그리스)과 고대 철학자들 그리고 지자(智者)들을 읽어낼 수 있을 만큼 많은 언어를 알고 있었다." 그런데 그로스테스트는 "아리스토텔레스의 저술들과 지식들을 전적으로 멀리하고 있었다." 이는 그가 아리스토텔레스에 대해 무지해서가 아니라 오히려 아리스토텔레스에 대해 많은 것을 익히 알고 있었기 때문이다.

    그리하여 그로스테스트는 철학의 문제들에 접근하는 방식을 달

---

63   G. REALE / D. ANTISERI, *IL PENSIERO OCCIDENTALE DALLE OGINI AD OGGI*, EDITRICE LA SCUOLA BRESCIA, 1983. P.450.

리하고 있었다.⁶⁴ 그의 철학 체계에는 아리스토텔레스를 넘어 중후한 형태로 아우구스티누스가 살아 숨 쉬고 있다. 특히 그로스테스트의 우주론은 빛의 철학으로 나타난다. 그에 의하면 아홉 개의 천계와 불, 공기, 물, 흙과 같은 네 가지 지상의 영역들이 생겨나는 것은 빛의 확산과 결합 및 분산을 통해 가능하다. 자연의 현상들은 빛의 작품활동을 통해 모두 설명될 수 있다. 이는 참으로 놀라운 발견인 동시에 가르침이며 빛의 세계를 간구하는 크리스천들에게 영적으로도 의미하는 바가 상당하다. 우리가 거울의 고유성과 렌즈의 본성에 관한 그런 것을 순수 과학적 경험적인 자연의 체계적이고 확실하게 적용 가능한 인식들로 발견하는 일은 이러한 빛의 형이상학 내부에 자리하고 있음을 알아차릴 것이다.

이 모든 것을 떠나 그로스테스트가 이후의 갈릴레오 사상과 근대 물리학의 기반에 자리하게 될 원리에 찬란한 빛을 드리우며 다음과 같이 점을 표명했다는 사실은 참으로 괄목할만한 일이기도 하다. "선(線)들, 각(角)들, 수치(figura)에 관한 연구의 유용성은 총체적이다. 왜냐하면 이런 것들 없이는 자연철학에 대해 아무것도 알 수 없기 때문이다. 이러한 것들은 우주 전체와 그 부분들(pars) 안에서 절대적인 가치를 지닌다."⁶⁵

3) 아리스토텔레스와 유클리드의 조화 문제

세월이 흐르면서 전통적인 질서가 뒤바뀌고 신기원의 문이 활짝

---

64   졸저, 『중세철학사, 그리스도교 사상의 기원과 발전』, 298-299쪽.
65   G. REALE / D. ANTISERI, *IL PENSIERO OCCIDENTALE DALLE ORIGINI ADD OGGI*, P.450.

열리면서 새로운 지평이 펼쳐진다. 이런 작업에 결정적인 역할을 한 것이 바로 수학화된 견해다.

새로운 세계 질서 안에서 삼학은 일차적인 위치에서 점차 멀어지고 내용도 공허해지기까지 한다. 알고 보면 삼학의 수사학(修辭學, rethorica)은 도덕철학으로, 변증론은 음악으로 이동하고 결정적으로는 수학으로까지 이동하였다. 이런 장소의 변경은 사람들의 사고를 변화시키면서 마침내는 문법학만이 남게 되는데, 그것은 언어학인 한에서 모든 학문을 위한 이전적(移轉的) 요소를 구축하는 과목으로 남게 된다.

실제로 당대의 학적 흐름을 보면 아리스토텔레스의 논리적 모델과 유클리드의 권위 사이에 어떤 갭이 생겨나는 걸 보게 되는데, 이는 아리스토텔레스의 권한과 수학적이고 유클리드적인 모델을 따르면서 그 선차성(prioritas)을 어디에 두느냐에 관한 문제로 말미암아 생겨난 것이었다. 이런 흐름을 마주하게 된 중세는 유클리드의 자명한 모델 위에 아리스토텔레스의 삼단논법적 모델을 폭넓게 펼칠 수밖에 없었을 것이다. 실제로 중세 초기에는 아주 예외적으로 논리학을 연구하는 것에만 제한되고 있었으니 논리학은 마치 신학 입문과도 같았다. 그렇지만 대학의 인문학부에서는 주로 아랍 세계에서 유래된 새로운 과학-철학적 산물을 탐구하였다. 이 때문에 인문학부는 새로운 사상들, 주로 아리스토텔레스적 기질들로 요새화되고 계속해서 그러한 사상들은 논의되고 발전되기에 이른다.

4) 베이컨의 등장과 새로운 학으로서의 수학

이럴 때 "경이로운 박사"(Doctor mirabilis)란 칭호를 가진 베이컨은 당대의 지배적인 문화 흐름을 거슬러 수학의 선차성을 주장했다. 영국에서 공부하고 1251년 파리로 건너가 가르침에 종사하던 그는 그곳에서 성서보다 『롬바르두스』의 명제집을 더 중시하는 것을 이상하게 여겼다. 그것이 다름 아닌 과학과 언어에 대한 무지한 소치라 단언한 베이컨은 아리스토텔레스에 대해 커다란 존경심을 지니고 있었음에도 그가 남긴 라틴어 번역본을 오류와 결점투성이로 간주하여 경시했고 소각해버려야 한다고 생각했다.[66]

중세 철학의 영역에서 독자적인 정신을 소유했던 베이컨에 의하면 논리학은 수학을 발판으로 할 때만 제대로 지탱 가능하다. "수학 안에만 참되고 설득력이 있는 논증이 자리한다."[67] 따라서 자명한 모델은 아리스토텔레스의 삼단논법적 연역보다 더 중요하고 절박하다. "논리학은 단순히 수학에 의존치 않는다. 왜냐하면 논리학은 수학을 파악하기 위한 수단을 구축하는 것이기 때문이다. 논리학은 본질적인 것 안에서는 수학에 의존한다. 논증적 과정과 관련되는 경우가 바로 그러하다. 다시 말해 논리학의 가장 핵심이 되는 부분은 자명한 연역적 구조가 모든 연역법의 기초와 패러다임을 구축하는 한에 있어 수학에 의존한다. 이렇게 해서 우리는 삼학을 넘어 모든 사학이 수학에 종속되는 것을 여유 있게 살펴볼 수 있다."[68]

『오푸스 마유스』의 제4부에서 베이컨은 수학을 주제로 토론하는데,[69] 그는 그것을 다른 학문의 "문이요 열쇠"로 간주한다. 수학은 교

---

66 Cf. *Compendium studii philosophiae*, ed. Brewer, 469(각주 11번의 베이컨 전집 편집본 참조).
67 *Opus Maius*, II, 167.
68 *Opus Maius*, II, 167.
69 Cf. *Opus Maius*, I, 97-403.

부들에게도 연구의 대상이었고 칼데아(Caldaea) 사람들과 이집트인들을 통해 그리스 사람들에게도 알려졌다. 그리고 라틴족들에게도 전달되었으나 불행하게도 그들은 방심했다. 그럼에도 수학은 "거의 본 유적"이라 여겨질 만하고 적어도 경험과 더 적은 종속성을 지닌 채 더 쉽고도 즉각적으로 이해될 수 있다. 사실 우리는 수학이 신학처럼 논리학, 문법학, 천문학과 같은 다른 학문이 전제로 삼는 학이라 말할 수 있다.[70]

5) 새로운 존재론인 수학: 사학으로부터 제일 학문의 발생

삼학과 사학의 분류는 이미 보에티우스(Boetius)와 카시오도루스(Cassiodorus) 그리고 카펠라(M. Capella)에 의해 도입되었는바, 이는 당대의 문화적 흐름과 연관된 것이었다. 특히 사학을 수학과 동일시 하는 것은 누구보다도 보에티우스에 다소간의 뿌리들을 두고 있었다고 본다.

거대한 전통 철학이 그러하듯 바다 건너 영국철학에서도 수학 개념은 기하학, 산술(aritmetica), 음악과 천문학들 사이에 어떤 공통점이 있음을 알아차리고 있었다. 나아가 수학은 자기 내 실질적인 학, 다시 말해 그러한 한에서 양(quantitas)으로 파악되는 실제적 학문으로 그 정체성을 드러내기에 이른다. 이런 방식에서 기하학은 계속 양의 학문이 되고 산술 내지 대수학은 별개의 양의 학문이 되며 음악은 보컬(vocal) 양의 학문으로 자리 잡고 천문학은 별의 양의 학문이 된다. 특히 수학은 분량分量인 한에서 양의 실제적인 학문으로 자리를 굳힌다. 분량 혹은 양은 물체들이 동질적인 부분으로 나누어질 수 있기에 보

70　I. TONNA, *LINEAMENTI DI FILOSOFIA FRANCESCANA*, P.162-163.

통은 연장(延長, extensio)이란 말로 정의되기도 한다. 이러한 연장은 개체(individuum)와 직결되고 분량의 문제와 연계된다. 오캄의 경우엔 이러한 양을 연속적이며 적당한 양으로 구분한다. 양은 계속적인데 연장의 부분들 사이에 매개체들이 없는 경우가 그러하다. 그리고 모든 부분은 말해진 연장의 다른 부분들과 관련하여 정확한 위치를 점유한다. 이러한 연장은 오늘날 생태학에서 말하는 생물량을 말해주는데 그 기반으로 작용했다고 본다. 생태학에서 사용하는 언어 중 생물량이라는 용어가 있는데 이는 어떤 권역 안에 존재하는 생물의 총량을 의미한다. 이는 관념의 절대성을 중시하는 플라톤의 '과장적 실재론'이나 말뿐만이 아니라 사실에서도 개체를 보편적으로 알고 있고 또 그것을 조직하기 때문이 아니라 추리 과정을 통해 개념적인 면들 대신에 그것들이 공통으로 지니는 어떤 것을 알 수 있다는 실재론에서는 이런 생물량을 말하는 것 자체가 불가능하다.

오캄의 경우는 우리가 살아가고 있는 즉각적인 세계를 분석한 다음 구별된 다른 존재들의 가능성을 망각하지 않는다. 신학자로서 그는 즉각적인 것에 대해서도 그러하지만 분석적이고 경험론적인 철학자의 경험에 환원되는 것을 원치 않는다.

이런 방식으로 인해 수학은 베이컨과 함께 아리스토텔레스의 사상에서 형이상학에 유보된 바 있는 이름인 '제일 학문'(scientia prima)이 된다. 이것은 참으로 놀라운 사실이고 금시초문의 변혁이었다. 모든 게 보편원리와 보편자 입장에서 재고되고 재편되던 중세에 보나벤투라의 개체화에 이어 프란치스칸들에 의한 개체들이 강조되고 특별히 베이컨과 오캄에게서 경험적이고 과학적인 세계의 신기원의 문을 열게 된 이 사건은 근대를 앞당기는 데 결정적인 영향력을 행사했을 뿐 아니라 신 중심사고에서 인간 중심주의는 아니지만 인본주의를 가능케 한 새로운 전환점을 마련토록 했다.

이렇게 해서 수학은 존재론 일반(Ontologia in generalis) 내지는 제일 차적인 학이 된다. 수학은 이제 그 통일성과 이론적 기초 안에서 앎(cognitio) 자체가 된다. 모든 것이 수적 학문의 일성에 기초하게 되면서 급기야 사학(quadrivium)은 모든 학문의 초석이 된다. 이렇게 해서 앎의 백과사전은 그 기초적인 일성과 모든 앎의 영역이 상호의존적이 되면서 보증된다.

그 결과 이전의 존재론에서 말해지던 존재의 일성은 사라지고 수학 안에 앎의 일성이라는 이론적 기초가 자리한 결론에 다다른다. 그러니 수학은 다른 존재론적 기초 위에 기반을 두는 측면에서 일성의 기초라 말해지는 것이 부언 될 필요가 있다. 수학은 순수 정신의 발명품이 아니라 실재(realitas)의 존재론적 친밀성과 내성(interiorita)에 대한 이론적 명료화이다. 수학은 참된 학인데, 그것이 존재하는 것의 존재론적 이성에 대한 앎의 이거理據인 한에서 그러하다. 수학은 정신의 반영이거나 구체적 실체에 대한 법칙들의 복사본이다. 그러므로 수학은 존재론이다. 수학은 존재론적 실재의 인식론적 상관관계라 할 수 있다. 그렇지만 이러한 수학화되는 존재론은 성서 안에서 본래의 실제적인 일관성을 지닌다. 왜냐하면 모든 것은 신에게서 창조되었기 때문이다. 종교 세계와 실제 세계 그리고 사유 세계는 일원화된 견해 안에서 조화를 이루고 그러한 견해 속에 백과사전식의 프로젝트가 설정된다.[71]

수학은 구체적인 실재와 자연의 실재를 교체시키거나 대체하지 않는다. 자연학은 베이컨의 수학화하는 견해 속에 제거되지 않고 모

---

71 J. A. MERINO, *STORIA DELLA FILOSOFIA FRANCESCANA*, P.178.

든 앎의 출발점으로 자리한다. 자연학은 필요하다. 그러나 수학 없이는 이해 불가능한 학이다. 베이컨의 기관주의적 견해는 학문들을 실재와 관련시키고 인식론적 차원을 존재론적 차원과 연계시킨다. 자고로 사람은 세계의 장대한 몸체를 다스리는 단순한 영혼(anima simplex)의 탐구에 나서야 한다. 이는 복잡한 법칙들의 세계를 관장하는 초보적이고 단순한 프란치스칸 합리성을 발견하는 것과 관련된 것이다.[72]

6) 이성과 학문의 수학화

학문에 대한 베이컨의 개념은 다양한 앎들의 통합적이고 건축학적이며 피라미드식의 견해 안에 기초하여 거기에 지지기반을 둔다. 『클레멘스 4세에게 보낸 편지』에서 그는 수목의 성서적인 상(像)을 사용하여 다양한 과목들을 표상한다. 『오푸스 마유스』에서는 앎의 상징으로서 건물의 상을 사용하는데 그 안에는 기초들과 부분들, 방과 그곳을 출입하는 점들이 자리하고 있다. 다양한 과목들의 건축학적이고 상호독립적인 견해 속에 수학은 "모든 학문의 문이고 열쇠"라는 과제와 사명을 지닌다. 말하자면 수학은 앎의 본질적인 이론적 기반을 구축한다. 베이컨은 만인에게 공통적인 일원화된 원리를 현시할 수 있을 때 모든 지식(saperi)의 본질적인 일성을 유일하게 발견할 수 있을 것이라 주장했으니 일원화된 공통원리는 합리성(rationalitas)이라 불리고 그것은 수학적 합리화와 동일시되기에 이른다.

베이컨에 있어 이성은 자기 안에서 자기를 통해 출중하고 결정적인 형태인 수학적 합리화라는 데에 어떤 의심도 있을 수 없다고 알

72　*IBID.*, P.178.

레시오(F. Alessio)는 자신의 저서 『로저 베이컨 입문서』에서 말한다. 즉, 학문들이 그 총체성과 관련하여 원리에 있어 이성이고 그 대신 이성이 수학성 안에서 해결되고 또 수학은 이성보다 지고하고 고유하며 구성적인 내용과 형식 자체를 표상한다는 것을 즉각 덧붙이는 일은 불가결한 게 사실이다. 수학과 이성 간의 이 같은 정확한 등식은 다음 사실을 의미한다. 양자의 이론적인 공통 기반과 관련하여 모든 학문이 이성의 복수적 형태라는 유형에 그와 같이 본질적인 것에 대해 모든 학문은 그 같은 관련 하에 수학성의 복수적 형식이라는 것이다. 이러한 이성과 학문들의 수학화된 동향은 그로스테스트가 남긴 궤도를 따르며 그때의 학문들에 대한 해석과 확증을 굳히는 일에 있어 특기할만한 결과를 갖게 될 것이다.[73] 이 같은 수학에 대한 이해는 근대를 재촉하는 계기가 되고 이성의 합리화를 수식화하면서 새로운 세계 문명과 문화를 구축하는 제일의 학으로 설정되기에 이른다.

비단 생태학과의 관련성도 논해볼 수 있으니, 생태학이 개체와 개체군 및 군집의 생물학적 계층을 다루면서 이들 상호 간의 물리적, 화학적 및 생물학적 환경 사이의 관계를 밝히는 상호관계의 학문이라면 분명 우리는 생물학과 함께 물리학, 화학, 수학, 통계학 등의 기초 지식을 갖추어야 한다.[74] 이런 의미에서 중세의 프란치스칸 학자들의 수학에 대한 치적은 높이 그 공로를 기려야 할 것이며 이런 자세들이 현대 생태학의 발전에 기틀을 놓는 위업이었음을 기억할 것이다.

73　*IBID*, P.176.
74　김준호 외, 『현대 생태학』, 2007, VII쪽.

7) 경험계와 실험과학

완전한 지혜는 성서에 있다고 말하는 베이컨은 철학적 앎 역시 계시를 통해 인간에게 주어진다고 본다. 왜냐하면 하느님은 능동 지성으로 모든 개별 이성들을 비추는 원리인 한에서 진리의 원천이기 때문이다. 그는 도덕학을 학문의 최고 정점에 놓고 보면서도 실험적인 앎의 가치를 중대한 것으로 여기고 받아들인 자연 철학자다. 그리고 경험과 관련하여 그것을 두 가지로 분류하는데, 하나는 물질계에 대한 인식으로 감각들의 지각에 기초한 외적 경험이고 다른 하나는 아우구스티누스적 전통에 입각한 내적 경험 혹은 내부 조명이다. 그가 엄밀하게 말해질 수 있는 실험과학자는 못될지라도 그는 분명 실험적 방법을 동원하여 자연의 비밀들을 꿰뚫어 그 진의를 밝히 드러내는데 큰 관심을 기울였던 사람이다.[75]

과학적인 지식의 본성과 관련하여 베이컨은 아리스토텔레스를 따라 다음과 같이 주장한다. "앎의 유형은 두 가지다. 사람들은 그 앎을 이성을 통해서나 아니면 경험을 통해 안다. 이성의 작용은 우리를 결론에 이끌면서 그것을 인정하게끔 강요한다. 그런데 이것은 경험을 통해 그것을 획득할 수 없는 경우라면 진리에 대한 직관 안에서 정신을 진정시키면서 우리에게 확실성을 부여할 수도 없고 의심을 멀리할 수도 없다. 한편 직접적인 경험 역시 필요한 것이기에 이성의 작용은 충분한 것이 되지 못한다."[76] 이렇듯 자연계 안에서는 경험된 것이 아니라면 확실하고 분명하며 결정적인 것으로 제시될 수 없다는 게

---

75 졸저, 『중세철학사, 그리스도교 사상의 기원과 발전』, 468쪽.
76 *Opus Maius*, II, 168.

베이컨의 입장이기도 하다.

후에 나타나는 오캄주의의 이론은 새로운 기반을 우주관에 제공하여 베이컨의 입장을 보다 공고히 한다. 오캄은 우주가 시공간의 크고 작은 강렬함과 관련하여 있을 수 있는 절대적인 것들, 실체들 그리고 성질들과 같은 것으로 구성된다면 그것은 실제적 관계들이라 불리는 존재성에 의해 좌우되거나 중개되지 않는다. 우주는 그것을 통합하는 존재들을 떠나 배치되어 구별되고 기능하는 어떤 것이 아니다. 그렇다면 우주를 안다는 것은 일반적인 개념에서 출발하는 것을 의미하지 않고 그 모든 단수 존재들을 경험상 절대 존재들로 가까이하는 것이다. 이런 전망에서 오캄은 실험과학의 발전에 이바지하였다.

후기 스콜라학의 가장 저명한 인물 중의 한 사람인 베이컨의 구체적인 것에 대한 직관과 개별자에 대한 재평가는 둔스 스코투스나 굴리엘모 오캄의 철학적 라인을 앞서 있다. 과학적 앎에 관한 베이컨의 개념은 당대의 문화적 흐름을 뒤바꿔놓는다. 알렉산더 할레시우스의 위대한 『전집들』(Summae)의 조직적인 앎과 순수 이론적인 앎에 대해 알베르토 막뉴스와 성 토마스 아퀴나스는 실험과학에 헌신하면서 자력(magnetismus)과 야채의 고유성 및 금속들의 융합 그리고 연금술(alchimia) 등을 연구한 로베르토 그로스테스트, 피에르 마리쿠트(Pietro di Maricourt)와 아담 마르쉬(Adamo di Marsh)에 반기를 든다.[77]

근대 경험론의 선구자로 일컬어지는 베이컨의 과학적 전망 안에서 수학은 다른 과목들을 이해하는 데 있어 필수 도구로 그 특권적인 위치를 차지한다. "수학은 유용할 뿐만 아니라 다른 모든 학문에 절

---

77 *Opus Tertium*, 47.

대적으로 필요하다."[78]

관조적이고 순수하게 이성적인 인간은 실험적 인간에게 자리를 양보해야 한다. 새로운 지자(智者)는 "실험의 주인"이다. 왜냐하면 고유한 실험적인 앎들에 경험적 기반을 부여하기 때문이고 또 그에게 권좌와 가르침의 자리가 달렸기 때문이다. 참된 앎은 순수하고 단순한 이성의 협의적 조직 안에서 제공되는 폐쇄되고 결론지어진 인식이 아닌 언제나 새롭고도 개방된 길고도 어려운 실험을 통해 얻어지는 것이다.

『오푸스 마유스(Opus maius)』의 제6부에서 베이컨은 실험과학에 대해 다룬다. 이성의 합리성은 인간 정신을 올바른 결론에 이끄는 능력을 지니고 있다는 것, 이것은 의심할 바 없는 참된 것이다. 그러나 모든 의심을 제거한다는 것은 오직 경험을 통해 확인할 의무가 있다. 경험은 참됨(verum)으로 제시되는 모든 의견을 떨쳐버리고 무효화시킬 수 있다. 거기에는 두 가지 형태의 경험이 자리하고 있으니 하나는 도구들과 신뢰할 수 있는 증언들의 명확성에서 도움을 받은 우리의 신체적 감각들을 유익하게 사용하는 일이고 다른 하나는 영적인 것과 관련된 경험의 두 번째 형태와 신적 은총의 합일을 필요로 하는 것이다. 후자의 경험 형태는 황홀경을 통해 신비적 상태의 도달에 이르기까지 상이한 등급을 통해 진보적으로 나아간다. 대신 전자의 경험 형태는 의학을 완전케 하고 독을 거스르는 약품들을 발견하면서 삶의 연장을 위해 유익하게 사용할 수 있다. 이렇듯 6부에서는 모든 앎의 형식을 위한 기본적이고 대체 불가한 것으로서 경험의 기능이 강조

---

78 OPUS MAIUS, I, 198.

되고 있다.[79] "경험 없이는 그 어떤 것도 충분히 인식될 수 없다."[80] 경험은 여하한 모든 학문의 기초에 자리한다. 경험은 학문의 근본적인 것 중의 하나로 유비적으로는 수학에 그러하다, 경험은 "모든 학문의 문이며 열쇠"다. 경험과 수학 사이에는 내밀하고 상호의존적인 고리가 있다. 이러한 심오한 결합을 통해 앎은 효과적이고 실질적인 것이 되고 그것은 언제나 수학적이고 실험적이다. 경험은 필수 분야로 수학적이고 기하학적인 법칙들은 그 위에 배태되어야 한다. 이는 마치도 문헌학(Philologia)이 사람들이 생각하듯 철학과는 별개의 학으로 여겨질 수 있을지 모르나 필롤로기아는 시작하는 철학 그 자체라고 말할 수 있는 것과도 같다.[81] 이와 같은 관점에서 벗어나지 않는 경험은 한마디로 시초적인 앎이라 할 수 있다. 따라서 경험은 이성적 앎과 함께 묶인 노선에서 그리고 이미 묶여있다는 한에서의 앎인 것이다.[82]

베이컨은 실험과학(scientia experimentalis)이라는 표현을 자주 쓴다. 그렇다고 해서 우리는 이 말을 현대적 의미의 실험과학으로 이해해서는 곤란하다. 차라리 실험철학의 발생이라는 말로 이해함이 좋을 것이다. 왜냐하면 그렇게 할 때 있을 수 있는 오류를 피할 수 있기 때문이다. 실험과학은 스콜라학 시대에 처음으로 나타난 과학적 탐구를 의미하는 것이니 근대나 현대적 의미로 이 말을 이해해서는 상이한

---

79 Cf. *Opus Maius*, II, 166.

80 *Opus Maius*, II, 167.

81 이는 철학의 가장 밑바닥에는 언어에 대한 사랑이 있음을 표현하는 대목이다. 희랍어로 표현하면 '필롤로기아(PHILOLOGIA)'라는 표현이 바로 그것이다. 이는 '언어(LOGOS)'에 대한 '사랑(PHILIA)'을 가르치는 학문이다. 오늘날에 와서 필롤로기아는 주로 '문헌학' 혹은 '언어학'으로 번역되는데, 번역어로 무슨 말을 쓰건 그 근원에는 '언어 탐구', 즉 '언어에 대한 탐구'와 '언어를 통한 탐구'가 놓여있다.

82 J. A. Merino, *Storia della Filosofia Francescana*, p.174.

시대 정신의 차이로 말미암아 큰 문제가 발생할 수 있다. 실험이라는 현대적 개념은 수학적으로 측량 가능하고 상징적으로 재생할 수 있는 인위적 생산 기술을 거친 검증방식이기 때문이다. 그렇다면 베이컨의 경험 개념을 근대화시켜 프란치스 베이컨이나 갈릴레오 그리고 다른 근대 과학자들의 선구자로 그를 만드는 것은 제안할 만한 일이지만 현실에는 맞지 않는 이야기다. 베이컨의 실험과학은 검증이라는 근대적 원리와 함께 하는 선상에 있지 않기 때문이다. 분명 베이컨은 경험에 의존하기는 한다. 그렇다고 해서 그것은 검증을 위한 것도 아니고 어떤 명제나 주장의 진리를 부정하기 위한 것도 아니다. 단지 심리적으로 인정된 진리와 확실성들을 확고히 하기 위한 것이다. 베이컨의 경험은 내적으로 체험된 검증의 토대이다. "모든 것이 경험의 노선을 통해 확인되는 것이 필요하다."[83]

그런데 경험은 이중적이다. 그것은 경험이 영혼의 외적인 것이면서 내적인 것이기 때문이다.[84] 이런 이유로 경험이 물리적 실험주의로 축소될 수는 없다. 그것은 인간적이고 세계적이며 종교적인 폭넓은 경험으로부터 출발하여 이해되고 설명되어야 한다. 경험은 확실성의 학문인데 이유는 그것이 실험과학에 의해 안전해질 수 있기 때문이다.

8) 오캄의 경험 세계

오캄은 그 자체로 고찰되는 자연, 인식의 독창적 원천으로 작용하

---

83 *Opus Maius*, II, 169.
84 *Opus Maius*, II, 169.

는 감각 경험의 대상인 한에서 자연에 대한 특별한 관심을 둔다. 오캄이 자연과 관련된 자신의 저술들 안에서 유난히 강조하는 점은 경험과 관련된 것인데 이를 두고 그는 자연계에 대한 인식의 기초이고 경험적 검증 원리의 빛이라 해석한다. 이런 현상은 영국 경험론을 태동하게 하는 직접적인 동기로 작용하고 기존의 보편자와 보편원리를 무너트리며 개체 중심의 사고를 끌어들임으로써 유효한 인식은 더는 지성 중심이 아니라 감각 경험과 직결된 외부세계에서 출발하는 것으로 보게 된다. 이렇게 된 연유에는 전통적인 아리스토텔레스의 가르침에 대해 오캄이 애정을 드러냈음에도 그를 극복하려 애썼기 때문이다.

토미즘에서 중시하는 추상적 인식에 대해 오캄은 두 가지 의미로 해석하고 있는데 하나는 많은 단일자에 의해 추상된 어떤 것과 연관된 인식을 의미한다. 이런 의미는 추상적 인식이 많은 사물에 의해 추상될 수 있는 보편자에 관한 인식 외에 다른 게 아니다. 이런 의미에서는 직관지와 추상지 간에 대당되는 바가 없다. 다른 의미 안에서 추상적 인식은 존재와 비존재 그리고 다른 우연적으로 한 사물에 서술되거나 속하는 다른 조건들에 의해 추상된다. 이는 어떤 것이 직관지를 통해서도 인식될 수 있다거나 추상지를 통해서도 알려지지 않을 수 없음을 의미치 않는다. 오히려 동일한 것은 전적으로 알려지고 동일한 관점에서 양자로부터 인식들은 .... 그럼에도 구분된다.[85]

오캄은 이런 추상지를 넘어 밖으로 나와 다양한 자연을 인정하는데 아리스토텔레스가 자연학에서 말하는 천상계의 물체와 월하계(月下界)의 물체 사이에는 이러 저러한 자연들이 존재한다고 보았다. 그

---

85 I, SENT., PROL., Q. 1; CF. LINEAMENTI DI FILOSOFIA FRANCESCANA, P.293.

리고 천상계와 월하계는 동일한 물질로 이루어져 있다고 주장했다. 왜냐하면 오캄의 면도칼인 이법(理法, economia)의 방법론적 원리만큼은 다양한 실체들을 인정하는 것을 거부하기 때문이다. 그렇게 해서 이 두 가지는 두 질료가 동일한 자연임을 인정하면서 설명될 수 있다. 그러면서 오캄은 신적 권능의 무한성 위에 지렛대를 갖다 대어 더 많은 세계의 가능성을 인정한다. 이는 아리스토텔레스의 가르침과 확연히 반대된다. 오캄에 의하면 신은 우리 세계의 그것과는 다른 물질을 그러면서 이 세상의 같은 종류의 다수의 개체를 창조할 수 있다. 그 어떤 것도 그것들과 하나이거나 우리의 것과는 다른 더 한 세계를 만드는 것을 방해하지 못한다. 세계의 복수성은 실제적인 무한자의 가능성을 함축한다. 이러한 테제는 르네상스 시대에 많은 사람이 철학적 눈길을 보내는 주제가 되었다.

아리스토텔레스의 자연학과 그 전통에 대한 오캄의 근본적인 비판은 아리스토텔레스의 형이상학 개념으로부터 개별존재들이 물리적 자연으로 나아가는데 자리한다. 아리스토텔레스주의자들에게 자연학의 모범이 되는 과목은 확실성을 갖춘 기하학이었다. 그러므로 자연학 역시 기하학처럼 보편적으로 받아들일 수 있는 진술을 전제로 개별 명제를 결론으로 이끌어내는 연역적 구조를 갖추고 있어야 했다. 이러한 자연학의 전제들은 자연계에 관한 것이기에 경험적 명제의 형식을 띠었고, 보편적이어야 하기에 누구나 익숙하게 받아들일 수 있는 일상 경험에 바탕을 두고 있었다. 존재자들과 관련되는 차이 나는 유형들인 아리스토텔레스의 범주들은 단일한 존재들의 실제적인 어떤 구분을 제공하지 못하는 총체적인 개념들로 해석될 여지가 있었다. 하나의 사물이 하나의 실체라면 한가지 소리나 한가지 색채는 하나의 성질(qualitas)이다. 어떤 실제적인 기체基體와 일치하는 관계를 제외하고 다른 모든 범주는 개별적인 것들을 지시하고 실제적인 것의 구체적인 면들을 암시해준다. 단일자單一者로의 환원의 전형적 사례는 양 안에서 발견되는데 이는 계량된 동일한 개별적인 것들 외에 다른 어떤 게 아니다.

질료와 형상, 그 박탈에 관한 동일한 아리스토텔레스의 개념들은 구체적 물리적인 관련성을 지니고 있고 존재들의 단수성에로 환원 가능하다. 자연계에는 무차별한 질료(materia indiffentiata)와 계량화되지 않은(non quantificata) 질료는 존재치 않는다. 모든 개념이 다름 아닌 단순 실재를 의미하지 않는다면 그것은 현실태로 있는 실제적인 것을 유일하게 지속함을 뜻한다. 이 같은 전망에서는 현실태와 가능태라는 이원론 역시 재해석되어야 한다. 자연 안에는 실질적인 계층의 연속과 진행 과정들이 주어진다. 따라서 잠세성潛勢性은 하나의 모습(figura)이고 명칭(nomen)으로 아직은 미정으로 존재하지는 않지만 앞으로 있을 존재의 실재를 가리키는 데에 있다. 자연학은 존재론의 피할 수 없는 운명이다. 이는 우주를 수학화하면서 도피처를 마련하기 위해 그렇게 하는 게 아니다.[86]

현실적인 것은 이제 오캄에게서는 개체일 따름이며 보편적인 것은 이름에 불과하다. 그에게는 감각적이고 직관적인 인식만이 확실한 진리다. 따라서 경험적인 확증에 불충분한 것은 그것이 무엇이든 모두 배척되어야 한다. 이런 개별자의 존재와 지식의 참된 형식인 직관지는 오캄의 인식론과 형이상학의 비판기준이 된다. 이렇게 해서 존재론은 오캄주의에서 사라지지 않고 최소한의 차원으로 축소된다. 존재론이 경험으로 그리고 단순자의 직관에로 가결되는 경우 실제적

---

86   J. A. MERINO, *STORIA DELLA FILOSOFIA FRANCESCANA*, pp.378-379.

인 것에 대한 지식은 본질들과 보편적 정의들을 통해서가 아니라 실험을 통해 얻을 수 있을 것이다. 이렇듯 자연학은 실제적이고 참된 인식을 모두 흡수, 자연학은 유일하게 시공간에 자리한 모든 것과 관련하여 근본이 되는 경험론적 인식을 제공해줄 수 있다.

4. 참 존재를 향한 방향 설정

세상이 본래의 모습대로 그 기원과 원천적인 모습을 상실치 않고 그대로 신적 섭리에 의해 구원 경륜의 완성을 향해 나아간다면 만사는 순리를 벗어날 일이 없다. "'하느님께서 보시니 좋았다'라는 말씀은 필연성(necessitas)이나 어떤 유(有)의 유익을 위해서가 아닌, 오로지 신의 선성(善性, bontas) 때문에 하느님이 세계를 만들었다는 개념을 충분히 표하고 있다."[87] 세계 창조에 최상의 올바른 원인을 인정한바 있는 플라톤 역시 신의 창조행위는 신의 선성善性과 직결되어 있다고 보았다. 이에 대해 아우구스티누스는 다음과 같은 말로 이 사실을 뒷받침해주고 있다. "하느님보다 더 탁월한 저자도 없으며 하느님 말씀보다 더 효력을 발생하는 예술가도 없고 선한 하느님이 좋은 것들을 만드신 것보다 더 올바른 원인도 없다. 플라톤 역시 세계 창조에 이러한 최상의 올바른 원인을 인정하고 있으니, 즉 선한 모든 것은 선한 하느님에 의해 만들어졌다는 것이다."[88] 신의 의지에서 비롯된 자유로운 창조행위는 자기 자신을 떠나 외부의 어떤 요인에 의해 결코 결정

---

87 *DE CIVIT. DEI*, XI, 24.
88 *IBID.*, 21.

될 수 없는 일이다.

이러한 신의 선성(bontas), 자유로운 창조행위, 신적 의지와 그 안에 내재된 신적 사랑, 이 모든 것과 철저히 대당對當되고 반대되는 필연성, 방종, 피상성으로 돌변하여 현시되고 있는 이 세계는 지금에 와서 인류에게 크나큰 골칫거리로 부상하고 있다. 세계 존재는 신적 섭리로 본래적 창조목표에 부합하는 완성을 향해 진척해야 함에도 불구하고 인간을 위한 행복이라는 미명과 독단적 편의주의적인 사고방식으로 말미암아 세계 존재들은 그 누구도 손쓸 수 없을 만큼 처참한 지경에 이르렀다. 한마디로 자연은 죽음의 통증으로 신음하고 있다. 생산주의와 소비주의의 악순환, 무분별하고 무절제한 삶의 가혹한 행위는 갈수록 개체個體들의 가치와 의미를 철저히 경시하며 급기야 저주하기까지에 이르렀다. 이는 현실 속에서 자연 파괴와 훼손에 단초가 되는 동기와 이유가 되고 있다. 생태 영성의 안착을 위해서는 무엇보다 이런 문제들의 심각성을 깨닫고 공유하며 그에 대한 해법을 제시해야 한다.

마르틴 하이데거(M. Heidegger, 1889-1971)가 자신의 『형이상학입문』(1935)의 첫머리에서 던진 그 유명한 질문인 "도대체 왜 무(Nichts)가 아니고 존재자(Seiendes)가 존재하는가?"라고 물었던 점에 방점을 찍어보자. 세상은 존재로 가득하다. 그런 존재들은 없을 수도 있었다. 거기에 지금의 나의 유도 무일 수 있었다. 그러기에 묻는다. 왜 존재자이고 존재인가? 왜 내 눈앞에 없음이 아니고 있음일까? 무엇 때문에 무가 아니고 왜 하필 유(ens)란 말인가?

있음의 문제를 프란치스칸 사상가들은 창조 문제에서 출발하고 그곳에서 문제의 중요성을 발견하였다. 그리고 완성을 향한 구원의 역사를 "유한자 안에서 무한자의 자기실현"이라 말하는 헤겔의 언사에 발맞추기라도 하듯 실질적으로 역사 안에서 사상적으로 구체화하는 작업을 우리는 어려운 말마디 속에서 지켜봤다. 결론에 이르러 우리는 프란치스칸 존재론에 깊은 존중심을 표하며 탄복해 마지않는다. 이 사상이 건재하지 않았다면 세상은 상당한 암운으로 드리워졌을 테고 인생은 무의미함과 비관주의의 커튼으로 가리어져 힘들고도 고단한 여정에 비극의 연속이었을지도 모른다. 그러나 앞에서 누누이 살펴보았듯이 프란치스칸 사상은 존재 문제에 올바른 존재론적인 해답을 제시했다. 특히 현대에 와서 과하게 존재하는 것으로서의 존재를 고찰하는 사르트르적 논제와 풍요로움에 공허함을 느끼며 진성 眞性을 추구하는 모든 이에게도 적합한 해결책으로 제시될 수 있다.

사르트르의 소설 "구토"를 보면 구토의 주인공인 로강탱은 존재하는 모든 것이 그저 아무런 이유 없이 생겨나 연약함 속에 존재를 이어가다 죽는 것이라 생각한다. 구토라는 것은 토하고 싶은 욕구라는 측면에서 바라볼 때 분명 과도하다는 데서 발생하는 행위다. 세상은 존재한다. 더구나 우주에는 너무나 많은 것이 존재한다. 이러한 존재의 과도함에 - 인간이 과식으로 토하듯 - 그렇게 구토를 하게 된다. 우리 주변에는 너무나 많은 사물이 존재하고 우리 자신 안에도 너무나 많은 것이 존재한다. 너무나 철철 넘치니 토할 수밖에 없다. 모든 것은 똑같은 필연성의 결여와 우연성 그리고 주변 사물에서 근본적인 부조리가 자리하고 있음을 알기에 구토를 느끼며 삶을 포기 하려든다.

세상에 태어나 삶을 위해 용쓰는 무리, 특히 젊은이가 공부와 기술 습득으로 미래를 준비하는 행위는 당연성을 넘어 의무사항으로까지 번졌다. 지금 사람들은 과도한 지식을 쌓는 데는 조금도 인색하지 않은 데 비해 지혜를 갈구하고 덕을 쌓는 일에는 한없이 소홀하며 무심하기까지 하다. 아우구스티누스와 보나벤투라의 가르침에 의하면 이 시대 사람들은 상급 이성의 중대성과 긴박함을 공허함으로 대체한 다음, 하급 이성의 지식만큼은 더는 확대, 팽창시킬 수 없을 만큼 폭발 일보 직전까지 밀어붙이며 '구역질하기' 일보 직전이다. 이런 연유로 일상생활은 일방적인 학식과 과학 기술의 세계관 속에 녹아나면서 어처구니없이 부조리한 것으로 변모되고 있다. 삶이 단순한 실재가 아닌 일상의 거대한 성사聖事로 집행되도록 새로운 정신교육이 요구된다. 또 자신의 존재를 감사로, 사회를 형제성으로, 세계를 거처로 가르쳐야 한다. 그때 피상적 일상사는 의미 있는 일상사로 비약 가능하다.

5. 결어: 생태 영성을 위한 발걸음

우리가 발을 딛고 있는 이 세계는 인간에게 주어진 유일한 삶의 공간으로 그 내부는 의미 충만한 사물들로 가득하다. "세계는 각자의 삶에 귀속되는 구성물이다. 이는 주관이 대상에 대해 태도를 취할 수밖에 없음을 뜻한다. 역사 안에 살아있는 인간은 분명 행위자이고 참여자이며 변화를 가져다주는 존재이다. 존재 사물들은 우유부단하거나 모호한 저항들이 아니며 오히려 인간을 위한 의미와 뜻을 풍부히 내포하고 있는 것들이다."[89] 이런 세계를 자연 철학적인 관점에서 바라보면 무엇보다 공허(空虛, vacuum)를 근거로 하는 변화와 운동을 가능케 하는 비어있는 세계지만 심오한 존재론적인 눈길로 살펴보는 경

---

89 졸저, 『철학과 그리스도교 문화탐색』, 273-274쪽.

우엔 무한한 세계의 한 편린片鱗이긴 하지만 나름의 완전한 존재체存在體라 규정할 수 있다.

사람은 이런 존재의 세계를 떠나 삶을 영위할 수 없다. 우주 강국이 도래하고 상상을 초월한 미지의 세계가 눈앞에 활짝 펼쳐진다 해도 지구촌을 떠나 인간이 인간답게 살아갈 수 있는 또 다른 지대가 우주의 어느 한쪽에 자리하고 있을 것이란 믿음은 참으로 묘연한 꿈과 상상에 불과하리라. 사상가들은 이런 유일한 터전에 자리한 인간을 두고 '나그네 인간'(homo-viator)이니 '세계-내-존재'라 이름했다. 이런 명칭이 시사하는 바는 인간이 장소의 제약적인 운명에 처한 미약한 존재라는 것 그러면서 인간 존재가 쉽사리 지구계를 벗어나 제대로 숨 쉬고 동작할 수 있는 공간이 따로 없다는 것, 그럼에도 어떻게 서든 인간은 세계를 초월해야만 하는 영적 존재임을 무게감 있게 지적한 것이다.

인간은 정신 혹은 영혼을 소유한 존재이면서 물질적 요소인 육체와 합성된 생물체다. 모든 생명체가 세계 안에서 개별적이거나 독자적인 삶을 고수할 수 없듯이 개별 인간 역시 단독자單獨者로서의 삶을 구사할 순 없다. 물론 정신을 지녔기에 의식적으로는 홀로서기를 추구하며 살 수도 있겠지만 그것은 키에르케고르(S. Kierkeggard)의 실존주의나 관상적 차원에서 아니 그것도 특수한 경우에만 그럴 수 있을 뿐이다. 물질세계의 확산으로 비대해진 육체와 지속적으로 영적인 힘을 상실하여 보잘것없는 영혼을 지닐 수밖에 없게 된 비대칭 내지 가분수 형태의 꼴을 취한 현대인이 지금에 와서 할 수 있는 일이라곤 그리 많지가 않다. 그래도 그중 하나는 기존의 문화에 대적하는 반(反)문화적 운동의 중요성을 깨닫고 이 운동에 적극적으로 가담하는 일이다. 라드리에(J. Ladrière)는 말한다. "반문화적 운동은 기술-과학적 정신 구조에 의해 망각되었거나 아니면 이러한 정신 구조와는 판이하게 모순되는 가치들을 요구한다."[90] 그 가치들은 단적으로 말해 프란치스코적 가치들로 관계, 전달, 직관, 애정, 창조성과 참여의 가치, 단순성과 자발성의 가치가 여기에 해당한다. 또 이런 가치들은 자신과 다른 사람들 그리고 자연과의 참되고 진정한 조화의 느낌에서 유발되는 고로 고유한 프란치스칸 의미를 지닌 가치라 할 수 있다. 과학이 객관적 지식을 개념하고 있는 것처럼 반문화적 운동은 그렇게 그런 지식을 넘어서는 별개의 종류의 지식이 존재한다고 주장한다. 이것은 과학적 사고보다 더 형이상학적이고 더 지혜로운 사유 형식들에 관심을 갖는다. 이는 곧 이 시대의 변증론이며 이런 지식에 익숙할 때 전반적인 중세사상뿐 아니라 중세의 한 축이며 결정적 맥락인 프란치스칸 사상에도 별 무리 없이 접근 가능하다. 그러면서 거기에 현대 상황을 되비추어 보는 가운데 당대의 혁명적 사상이 어떻게 현대에도 적용 가능한지, 특히 생태 영성의 경우 프란치스칸 사상의 한 주류로 어떻게 그 고귀한 사상을 현대로 이전시켜 위기의 세계 존재들을 본래적인 존재체로 회귀시킬 수 있는지 심사숙고할 수 있다.

이 시대는 노동 생산력에 있어 훌륭한 발전을 보아왔고 기술이라 불리는 거의 전능한 창조물을 거침없이 이용하고 있다. 만사가 형통인 듯한데도 인간은 염려와 불안, 경쟁과 투쟁, 죄악과 죽음 등에 별다른 손을 쓰지 못하는 자포자기 상태다. 낙관적 세계를 희망하면서도 이중적 세계를 목전에 두고 헤매는 소우주 인간의 불만족은 가면 갈수록 쌓여만 가고 루소의 말대로 '행복한 노예'를 자초하고 있다. 이는 인간이 자유, 애정, 희망, 우정, 휴식, 기쁨, 자발성 그리고 창조

---

90 J. LADRIÈRE, *EL RETO DE LA RACIONALIDAD,* SÌGUEME, Salamanca, 1978, p.172.

성과 같은 인간의 가장 본질적인 가치들의 상당 부분을 상실했거나 아니면 세상에 저당 잡혔기 때문이다. 이런 가치들을 회복할 때만 인간은 평화와 조화가 살아 숨 쉬는 세계도시를 건설할 수 있다. 이를 위해서는 인간과 인간의 관계를 넘어 인간과 자연, 인간과 신까지도 포함하는 관계성으로 그 폭이 확대돼야 한다. 이는 프란치스칸 학자들이 한결같이 주장하는 테제이고 현대 세계가 긴히 필요로 하는 새로운 범주론으로 한시바삐 도입될 요소이다. 그렇지 않으면 금세기 인간은 또다시 잘못 인식된 자연으로 되돌아가 상처받을 수밖에 없고 그의 차지인 본질적 가치들은 폐쇄된 공간 속에 무참히 빠져들어 기나긴 암흑의 터널만을 직면하게 될 것이다. "인간은 세계의 전 존재에 참여하면서 자기 가능성의 지평을 확대하고 자연을 문화로 계속 변모시켜 왔다. 이러한 참여 정신은 문화 발전이라는 미명 하에 새로운 역사의 장을 펼치도록 하는 데 결정적인 기폭제가 되어 주었다. 그 대신 인간은 자신도 모르는 사이 이 환경 세계에 둘러싸여 순수 자연의 경이로움을 바라보지 못하고 그 신비경에 황홀해할 기회마저 상실하는 우를 범하였다. 이는 서구사회가 그리스도교 역사관과 관련하여 잘못 이해하고 파악한 바를 자연 세계에 주저함 없이 적용한 이후 쉴새 없이 발생하여 누적되어 온 필요악과 같은 것이었다."[91]

    인간을 비롯한 피조물이 상부상조하고 만물이 생장과 소멸을 거듭하는 곳은 다름 아닌 자연이고 생태계 아니던가! 자연이 "그렇게 있는 것"이라면 생태계는 생물학적인 측면에서 그렇게 "생명체들이 살아가는 곳"이다. 동양적으로 풀이하면 그것은 '스스로 그렇게 있는 것'일 수 있지만 살아있는 생체들이 보여주는 '있음의 태도를 말해주

---

91 졸저, 『철학과 그리스도교 문화탐색』, 273쪽.

는 게' 자연학의 새로운 혁신인 현대 생태학이기에 이것들의 기원과 본래성, 현상과 기능, 역할을 밝혀내고 연구하는 일은 생태학이라는 학문과 영성이 성취해야 할 막중한 임무에 해당한다고 하겠다. 이를 위해서는 먼저 13세기 성 프란치스코가 살았던 인간과 자연 그리고 신이라는 삼자의 일원적이고 통합적인 세계관을 답습하고 생태 영성적인 차원이 어떻게 프란치스칸 사상 속에 깊숙이 파고들어 용해되었는지 살펴보는 일에 게으르지 말 것이다. 나아가서 어떤 프란치스칸 에너지들이 지적으로 발산되어 그토록 찬란한 인류문화를 정초케 하고 새 문화를 불러일으킴과 동시에 융성케 했는지 그리고 그 엄청난 저력이 중세와 그 이후의 세계 흐름에 어떻게 작용했는지 면밀히 살펴볼 일이다.

이런 작업은 지식산업을 넘어 과학 기술의 첨단 문명이 세계를 지배하고 있는 작금에 와서 긴히 요구되는 보편적 성질을 띤 임무이고 인간의 익명화, 기계화, 분업화, 전문화의 현대 세계의 병폐를 차단할 수 있는 장치가 될 수 있다. 이를 인지하고 사명에 충실할 때 프란치스칸 사상은 또다시 이 시대에 놀라운 광휘와 파워로 세상을 변화시키게 될 것이다.

지금 우리는 침묵 속에서 웅얼거리고 있는 피조물들에게 어떤 식으로 따뜻한 언어를 입혀줄 것인지 참으로 고심할 때다. 프란치스칸 사상가들은 모든 존재가 침묵으로 속삭이는 소리를 주의 깊게 경청했고 그때 떠오르는 메시지를 주목하며 살았다. 이렇듯 위대한 사상은 일상의 경험에서 출발하지만 신비주의를 향해 나아갔다. 사람들은 그간 침묵 속에서 자신의 모습을 있는 그대로 드러내며 알지 못하는 언어로 속삭이다가 지금에 와서는 울부짖음으로 자신의 존재를 탄원하는 비참한 자연의 모습을 더는 외면치 말고 더더욱 그들에게

귀를 기울여 인간이 진정 침묵해야 할 때가 바로 지금임을 깨달아야만 한다.[92]

존재 안에서 만사가 고리로 서로 엮여있듯 인간 역시 공존과 관계성 안에서 존재한다는 것을 인정할 때 그가 거하는 장소는 자연생태계라는 공간의 연속성이다. 인간은 이런 세계의 자연현상과 기능, 생물과 생물, 비생물과의 상호관계에 지적으로 능숙해야 하지만 시간적으로도 중세 속에 파묻혀 있는 보화와 같은 가르침도 자주 대면하여 이를 현대에 퍼담아 이전시키는 일과 그 토착화에 힘쓸 것이다. 이것이 이 강좌가 요구하는 바이고 우리는 그 가능성을 13세기 지적 수고로 학적 투쟁에 최선을 다하며 몸부림친 사상가들의 가르침들 안에서 눈여겨보았다.

우리는 이 논고에서 현대 생태학의 문제들을 현장감 있게 다루지는 못했다. 왜냐하면 프란치스칸 사상 속에는 생태학이나 생태 영성이 대상으로 삼는 주제나 내용이 이미 철학적으로 다 용해되어 존재론적으로 표현되고 있기 때문이다. 존재 문제를 근간으로 진화 이전의 창조 문제, 개체와 개별자, 지혜와 지식(형이상학과 수학), 자연 세계와 환경, 실험과학과 자연학의 문제 등이 바로 그런 것들이다. 서양에서는 각 생물의 관계뿐 아니라 생물과 비생물 간의 관계를 학문을 뜻하는 '로고스'(logos)라는 말을 거기에 붙여 연구하는 학을 생태학이라 칭하였다. 쉽게 말해 인간을 둘러싸고 있는 생물들이 살아가고 있는 자

---

92 이런 세계에 안착할 때 비로소 인간은 시편 작가의 자연에 대한 찬송가의 의미를 이해하며 자연에 대한 깊은 애정과 더불어 피조물의 창조주이신 하느님의 위엄도 높이 기리며 생태 영성의 참된 참여자가 될 수 있다. "하늘은 하느님의 영광을 말하고, 창공은 그분의 솜씨를 알리네. 낮은 낮에게 말을 건네고. 밤은 밤에게 앎을 전하네. 말도 이야기도 없으며, 목소리조차 들리지 않지만, 그 소리 온 누리에 퍼져나가고, 그 말은 땅끝까지 번져나가네."(「시편」, 19).

연을 알고자 하는 지식이 생태학인 것이다. 그런데 그 근본으로 돌아가면 생태의 범위는 우리를 감싸고 있는 환경을 넘어 인간과 인간, 인간과 하느님, 인간과 자연, 하느님과 자연의 관계를 다루는 사상들을 모두 포함한다. 현대 생태학이 이들 중 세계에 대한 자연생태계에 올인하는 학이라면 생태 영성은 자연은 물론 그 현실의 주인공인 인간, 세계의 창조자와 섭리자인 신 문제까지 포함한 존재들을 총체적인 대상으로 삼는다.

오늘의 이러한 생태학을 발전할 수 있게 한 저변에는 한마디로 프란치스코 성인의 자연에 대한 극진한 애정과 존경심이 깊숙이 내재하고 있었던 터였기에 가능했다. 이러한 삶의 체험은 무엇보다 당대 프란치스칸 학자들에 의해 수용되어 다양한 철학적, 신학적 개념으로 재편되고 역사의 흐름 속에서 학계에 생태학을 비롯한 일반 학문들을 전적으로 수렴, 존재론적으로 그것들을 채색, 발전시킨 결과다. 다시 말해 프란치스칸 사상은 나무의 줄기와도 같은 역할을 거침없이 수행하면서 그 가지에 해당하는 생태학을 비롯한 제(諸) 학문에 상당한 역량을 발휘하고 영향력을 행사하였기 때문이라고 확신한다.

결론적으로 말해 프란치스칸 존재론은 형이상학 일반이 그러하듯 '존재를 존재로서', '존재인 한에서 존재'(ens inquantum ens)를 다루는 학이었다면 존재의 일부분인 생태학이나 생태 영성은 존재론의 한 부분의 몫을 취할 수밖에 없기에 형이상학의 직접적 대상이 될 수는 없었어도 프란치스칸 사상은 이들 학문의 기원과 발전, 확산에 역사의 어떤 존재론보다 깊이 있게 그 근거를 마련해주었다는 사실만큼은 만고에 길이 빛날 것이다.

셋째날

김현태 루카 사제의 「프란치스칸 사상 안에 나타난 생태 영성의 단초들」에 대한 논찬

고계영 파올로
(작은형제회)

김현태 루카 신부님의 논문을 읽으면서, 철학적인 용어들을 자유자재로 구사하는 가운데 난해한 형이상학적 개념들을 유려한 필치에 담아 매끄럽게 펼쳐가는 문장력에 연신 탄성을 터트리지 않을 수 없었습니다. 여기 저기 즐비하게 나타나는 주옥 같은 표현들을 대할 때에는 아름다운 철학적 수필 또는 존재론적 수상록을 읽는 것 같은 느낌이 들어, '이렇게 언어 구사를 하는 거구나' 감탄을 하며 어떻게 인간 내면의 세계를 묘사해야 하는지 문장 표현법을 유심히 들여다 보기도 했습니다. 이제 제가 논찬하려는 논문은, 이 발제문을 쓰신 루카 신부님이 마음속의 철학적인 사색과 표현해 내기 어려운 깊은 사상의 세계를 표현하고 싶은 대로 마음껏 표현해 내는 대학자이실 뿐만 아니라 언어의 연금술사이심을 확연히 드러내 줍니다.

루카 신부님은 저희들에게 근대 철학과 맑시즘을 가르쳐 주신 신학교의 은사님이시고 또 저 개인적으로는 학사 논문을 지도해 주신 존경하는 교수님이시기도 해서, 루카 신부님 발치에 앉아 있기만 해도 제게는 영광인데, 이렇게 신부님 곁에서, 그것도 대학자의 유려한 논문을 논평하자니, 한편으로는 신부님께 한없이 송구스러운 마음부터 앞서지만, 제 개인적으로는 황송하기도 합니다. 그래서 저는 감히 신부님의 논문을 논평할 수가 없고, 신부님께서 이 논문을 통해 역설하시는 중요 관점들을 잘 알아듣는 것만으로도 충분하리라 여겨져, 사전적 의미 그대로 논찬을 하고자 합니다.

먼저, 오늘날 생태 위기가 절체절명의 상태에 이르러 지금 당장 해결의 현장에 뛰어들어도 인류가 직면한 현재의 이 위기를 극복해 낼 수 있을지 알 수 없는 절박한 형국에, 난해하고 탁상공론 같은 철학 이야기가 무슨 의미가 있고 무슨 효용성이 있느냐는 의문을 제기할 분들이 혹시라도 있을지 모르겠습니다. 일견 타당성이 있다고 여겨집니다. 그런데 이 학술 발표회의 첫날부터 현재 인류가 직면한 생태 위기를 해결하기 위해서는 가치관이나 사고 방식의 전환, 또는 패러다임의 전환 같은 의식의 전환이 필요하다고 지적되었는데, 그러한 전환을 위해 전제적으로 요청되는 것이 철학적 사상 아닐까 싶습니다. 말하자면, 오늘날의 생태 위기는 근원적으로 철학의 부재 내지 빈곤으로부터 비롯되었다고 진단할 수 있기 때문입니다. 철학이 확고한 프란치스코 교황님이 생태 문제를 해결하기 위해 전 세계에 긍정적으로 미치는 영향력이나, 푸틴이나 시진핑 또는 트럼프 같은 철학이 빈곤한 지도자들이 생태 문제에 미온적으로 대처함으로써 골든 타임을 놓치거나 생태 위기 상황을 악화시키는 부정적 정치 여파를 고려할 때, 철학의 중요성을 다시금 상기하지 않을 수 없습니다. 그런데 우리는 철학이 빈곤한 시민들이 철학이 빈곤한 지도자들을 선출하는 불행한 경우들을 왕왕 목격해 왔습니다. 이는 시민들의 의식이 철학적인 바탕 위에서 건강하고 튼튼하게 의식화되어야 할 당위성을 말해주는 근거라 여겨집니다.

일단 출혈부터 막는 응급 처지나 나날이 악화되는 암 세포를 제거하는 수술이 긴급하게 요청되는 상황에서 철학은 얼핏 무용지물처럼 보일 수 있습니다. 그러나 면역력 회복이나 강화가 근원적인 암치료 방법이 되듯이, 철학은 오늘날 인류가 직면한 생태 위기를 근원적으로 해결하도록 근원적인 방향을 제시해 줄 수 있습니다. 그것이 오늘 탁월한 철학자이시고 중후한 철학자이신 발제자께서 철학을 강조하시는 이유이고, 우리 또한 철학에 귀 기울여야 하는 까닭이라 하겠습니다.

그런 관점에서 오늘 발제하신 논문의 부족함을 메꾸기보다, 발제자의 궁극적인 취지를 잘 이해하는 것이 훨씬 더 중요하고 유익하지 않을까 싶어, 이와 관련이 있는 논문의 일부 구절들을 인용해 보겠습니다.

발제자에 의하면, 우리가 발을 딛고 있는 이 세계는, 자연철학적인 관점에서 바라보면 공허하고 "비어 있는 세계이지만, 심오한 존재론적인 눈길로 살펴보는 경우엔 무한한 세계의 한 편린이긴 하지만 나름의 완전한 존재체라 규정할 수"있고, "사람은 이런 존재의 세계를 떠나 삶을 영위할 수" 없습니다. 다시 말하면, "인간은 정신 혹은 영혼을 소유한 존재이면서 물질적 요소인 육체와 합성된 생물체"이기에, 다른 "모든 생명체가 세계 안에서 개별적이거나 독자적인 삶을 고수할 수 없듯이, 개별 인간 역시 단독자로서의 삶을 구사할" 수 없습니다. 그런데 과학 기술의 첨단 문명이 거의 모든 분야를 지배하고 있는 현 시대는 "노동 생산력에 있어 훌륭한 발전을 보아왔고 기술이라 불리는 거의 전능한 창조물을 거침없이 이용하고" 있지만, 불행히도 그런 현대인들은 "인간의 익명화, 기계화, 분업화, 전문화"와 같은 만성적인 병폐 속에서 "물질 세계의 확산으로 비대해진 육체와 지속적으로 영적인 힘을 상실하여 보잘것없는 영혼을 지닐 수밖에 없게 된 비대칭 내지 가분수 꼴을" 취하고 있고, "세상에 태어나 삶을 위해 용쓰는 무리, 특히 젊은이가 공부와 기술 습득으로 미래를 준비하는 행위는 당연성을 넘어 의무 사항으로까지 번졌"으며, 이 시대 사람들은 너나할 것 없이, "과도한 지식을 쌓는 데는 조금도 인색하지 않는데 비해 지혜를 갈구하고 덕을 쌓는 일에는 한없이 소홀하며 무심하기까지" 하고, 아우구스티누스와 보나벤투라가 말하는 "상급 이성의 중대성과 긴박함을 공허함으로 대체한 다음, 하급 이성의 지식만큼은 더 이상 확대, 팽창시킬 수 없을 만큼 폭발 일보 직전까지 밀어

250

붙이며 '구역질하기' 일보 직전"에 처해 있습니다. 최첨단 과학 기술 문명을 구가하고 있어 만사가 형통인 듯한 데도, 현대인들은 "염려와 불안, 경쟁과 투쟁, 죄악과 죽음 등에 별다른 손을 쓰지 못하는 자포자기 상태"에 빠져 있어 "불만족은 가면 갈수록 쌓여만 가고, 루소의 말대로, '행복한 노예'를 자초하고" 있습니다. 발제자께서는 그 여파로, "인간을 위한 행복이라는 미명과 독단적 편의주의적인 사고 방식", "생산주의와 소비주의의 악순환, 무분별하고 무절제한 삶의 가혹한 행위"로 말미암아 갈수록 점점 더 "개체들의 가치와 의미를 철저히 경시하며 급기야 저주하기까지에" 이르렀고, 이러한 것들이 "현실 속에서 자연 파괴와 훼손에 단초가 되는 동기와 이유가 되고 있다"고 진단하면서, "생태 영성의 안착을 위해서는 무엇보다 이런 문제들의 심각성을 깨닫고 공유하며 그에 대한 해법을 제시해야 한다"고 강조합니다.

발제자께서 논문을 통해 철학적 관점에서 제일차적으로 제시하는 발걸음은 중세기에 서구 세계의 대변혁을 주도했던 위대한 프란치스칸 사상가들의 "인간과 자연 그리고 신이라는 삼자의 일원적이고 통합적인 세계관을 답습"하는 것이고, 이를 위해 발제자께서는 "생태 영성적인 차원이 어떻게 프란치스칸 사상 속에 깊숙이 파고들어 용해되었는지 살펴보는 일에 게으르지 말 것"을 촉구하면서, "어떤 프란치스칸 에너지들이 지적으로 발산되어 그토록 찬란한 인류 문화를 정초케 하고 새 문화를 불러일으킴과 동시에 융성케 했는지 그리고 그 엄청난 저력이 중세와 그 이후의 세계 흐름에 어떻게 작용했는지 면밀히 살펴볼" 것을 역설합니다.

그런 다음 구체적으로 나열하는 프란치스칸 관점들은 다음과 같습니다. 발제자께서는 제일 먼저 "세상이 본래의 모습대로 그 기원과 원천적인 모습을 상실치 않고 그대로 신적 섭리에 의해 구원 경륜의 완성을 향해" 나아가야 함을 지적합니다. 즉, 창조된 세계는 "필연성이나 어떤 유(有)의 유익을 위해서가 아닌, 오로지 신의 선성 때문에" 만들어진 하느님의 탁월한 작품이며, 아름답고 선한 이 작품 안에는 신적 의지와 사랑이 내재해 있다는 것입니다. 따라서 하느님의 자유로운 창조 행위의 소산인 세계의 존재들은 "신적 섭리로 본래적 창조 목표에 부합하는 완성을 향해 진척해야" 합니다.

발제자께서는 또한 프란치스칸 존재론에 깊은 존중심을 표하고 탄복해 마지 않으면서, 존재 문제에 올바른 존재론적 해답을 제시하는 프란치스칸 사상을 부각시킵니다. 프란치스칸 형이상학의 특성은 "이성 중심적이고 관념적이며 추상적 사고 방식에서 탈피"하여, "경험적이고 현실적이며 구체적인 삶을 중시하고 정위하는" 사상에 있다고 할 수 있고, 이는 과학적 사고들이 가미된 수학과 실험 과학의 존재론으로 심화됩니다.

발제자께서는 이어서 인간은 "쉽사리 지구계를 벗어나 제대로 숨 쉬고 동작할 수 있는 공간"을 따로 갖고 있지 못한 "나그네"(homo-viator)요 "세계-내-존재"이면서 동시에 "세계를 초월해야만 하는 영적인 존재"이기 때문에, 그 어느 때보다 이 시대가 "인간과 인간의 관계를 넘어 인간과 자연, 인간과 신까지도 포함하는 관계성으로 그 폭이 확대되는 관계, "전달, 직관, 애정, 창조성과 참여", "단순성과 자발성"과 같은 프란치스코적 가치를 요구하고 있음을 무게감 있게 지적합니다.

그런 다음 발제자는 세구 세계의 대변혁을 일으킨 중세 프란치스칸의 "혁명적 사상이 어떻게 현대에도 적용 가능한지, 특히 생태 영성의 경우, 프란치스칸 사상의 한 주류로 어떻게 그 고귀한 사상을 현대로 이전시켜 위기의 세계 존재들을 본래적인 존재체로 회귀시킬 수 있는지 심사숙고" 합니다. 그리고 그러한 전망 아래 발제자는 "인간을 비롯한 피조물이 상부상조하고 만물이 생장과 소멸을 거듭하는 곳은 다름 아닌 자연이고 생태계"이기에, "생태학이라는 학문과 영성이 성취해야 할 막중한 임무"는 피조물들의 "기원과 본래성, 현상과 기능, 역할을 밝혀내고 연구하는 일"임을 되새긴 다음, 인간과 자연 그리고 하느님 사이의 일원적이고 통합적인 세계관 안에서, 침묵으로 속삭이는 피조물의 소리에 주의 깊게 귀 기울였던 프란치스칸 사상가들처럼, "침묵 속에서 웅얼거리고 있는 피조물들에게 어떤 식으로 따뜻한 언어를 입혀줄 것인지" 고심합니다.

발제자에 의하면, 위대한 프란치스칸 사상은 경이로운 피조물의 소리에 귀 기울이기 때문에 "일상의 경험에서 출발하지만, 신비주의를 향해" 나아갑니다. 따라서 이 시대를 살아가는 사람들은 이제 진정으로 침묵을 하면서 그동안 "침묵 속에서 자신의 모습을 있는 그대로 드러내며 알지 못하는 언어로 속삭이다가 지금에 와서는 울부짖음으로 자신의 존재를 탄원하는 비참한 자연의 모습을 더 이상 외면치 말고 더더욱 그들에게 귀" 기울여야 하는데, 이는 사실상 그리스도의 몸을 구성하고 있는 피조물들의 소리로서, 만물 안에 그리스도의 흔적으로 존재하는 로고스의 소리, 즉 로고스가 몸부림치며 울부짖는 소리라고 할 수 있습니다.

발제자는 우리 모두가 이 소리를 잘 알아 듣기 위해서 한편으로는 우리들이 거주하는 장소인 자연 생태계의 현상과 기능, 생물과 생물 그리고 비생물과의 상호 관계에 대해서도 지적으로 능숙해야 하지만, 다른 한편으로는 "중세 속에 파묻혀 있는 보화와 같은 가르침에도 자주 대면하여 이를 현대에 퍼담아 이전시키는 일과 그 토착화에 힘쓸 것"을 호소합니다. "왜냐하면 프란치스칸 사상 속에는 생태학이나 생태 영성이 대상으로 삼는 주제나 내용들이 이미 철학적으로 다 용해되어 존재론적으로 표현되고 있기 때문"입니다. 이를 좀더 구체적으로 이르면, "존재 문제를 근간으로 진화 이전의 창조 문제, 개체와 개별자, 지혜와 지식(형이상학과 수학), 자연 세계와 환경, 실험 과학과 자연학의 문제 등이 바로 그런 것들"입니다.

김현태 루카 신부님의 논문과 발제를 보고 들으면서 제 마음 안에 이는 느낌을 말씀드리고자 합니다.
루카 신부님께서는 "프란치스칸 사상 안에 나타난 생태 영성의 단초들"을 추론해 내기 위하여 먼저 프란치스칸 사상을 서구 세계의 사상사 전체 맥락 안에서 비추어 보면서, 프란치스칸 사상이 혁신적인 사상임을 현저하게 돋보이도록 부각시켜 놓았습니다. 신부님의 관점을 제 나름대로 요약하자면, 프란치스칸 사상가들은 플라톤적인 초험적 세계, 즉 하느님의 신비적 차원과 아리스토텔레스적인 경험적 세계를 참으로 오묘하게 조화시키면서, 삼위일체 하느님을 중심으로 균형있고 조화롭게 펼쳐지는 신과 인간과 세계의 관계 안에서 인간의 정체성과 크리스천 정체성을 건강하고 튼튼하게 정립시켜 놓았다고 말할 수 있을 것 같고, 따라서 프란치스칸 사상가들에게 세계는 단순한 경험적 대상이나 실용적인 삶의 물리적 대상만도 아니고 존재와 본질, 질료와 형상, 실체와 우유, 가능태와 현실태 같은 보편적인 형이상학적 범주로 건조하게 규명해 낼 수 있는 대상도 아니게 됩니다. 프란치스칸들에게 세계는 하느님의 자유로운 사랑의 행위로 창조된 살아 있는 예술품이고, 하느님의 사랑과 창조주의 지혜가 아름다운 빛으로 빛나는 말씀의 책이며, 일성 진성 선성 미성이라는 하느님의 속성들이 계층에 따라 생생하게 현시되는 신비의 거울입니다. 다시 말하면, 창조된 세계의 모든 피조물들은 가장 탁월한 예술가이신 하느님의 오묘한 작품들로서 삼위일체 신비의 반향이고 메시지이며 하느님 신비의 세포들이라고 표현할 수 있습니다. 프란치스칸 사상가들은 이런 지평 위에서, 세기를 바꾸어 가며 프란치스칸 존재론을 새롭게 정초해 놓았고, "존재 일반에서 개체를 향한 세계 일반의 흐름"을 바꾸어 놓았으며, 창조의 시간성과 영원성, 유한 존재와 우연성, 세계 존재와 신, 이성과 빛의 조명, 학문과 지혜 등의 개념들과 관계들을 기존과는 다른 차원에서 해석하며 새롭게 조명해 놓았습니다. 프란치스칸 사상 안에서 하느님의 자유 의지에 따라 우연적으로 창조된 피조물들은 성사론적이고 신적인 차원으로 한껏 드높여지고, 단 하나도 제외됨 없이 모두 자기들의 고유한 자리에서 더할 나위 없이 고귀하고 신비롭게 빛을 발하게 됩니다.

 하느님께서 세계를 창조하신 목적대로 창조 세계가 제 자리를 찾아갈 수 있도록 하느님과 인간과 세계의 관계를 존재론적 차원에서 올바르게 정립하기 위하여 프란치스칸 사상가들은 새로운 학적인 탐구들을 통하여 새로운 지평을 지속적으로 확장시켜 나갔습니다. 김현태 루카 신부님은 이와 관련된 프란치스칸들의 기여를 구체적으로 기술하는데, 그 가운데 몇 가지를 되짚어 보면, 중세적인 개념으로 이해해야 하겠지만, 실험 과학을 수용함으로써 전대미문의 학적 체계를 새롭게 구축해 나갔다는 것과, 아리스토텔레스의 논리적 모델과 유클리드의 자명한 수학적 모델을 조화시키며 폭넓게 펼쳐 나갔다는 것, 수학을 존재론 일반 내지 제일차적인 학으로 정초하면서 수학 없이 이해 불가능한 자연학과 인식론 및 존재론을 수학과 조화시켜 놓았다는 것, 이성과 학문의 수학화, 학문과 수학의 균형, 경험과 수학의 관계 규명, 경험과 실험 과학에 대한 특별한 관심 및 적극적 수용 등을 들 수 있습니다. 여기에서 중요한 점은 프란치스칸 사상가들이 열린 마음과 사고 방식으로 새로운 학문적 방법론들을 적극적으로 수용하여 새로운 사상을 정초해 나가면서 서구 세계를 변화시켜 나갔다는 것이고, 오늘날 인류가 직면하고 있는 생태 위기를 해결해 나갈 수 있는 사상적 토대와 해결의 근거들을 이미 중세에 마련해 놓았다는 것입니다.

김현태 루카 신부님의 논문과 발제를 보고 들으면서 생태 위기와 관련하여 되새기고 싶은 관점 하나는 개체 개념이 지니고 있는 무게감과 중요성입니다. 신 존재 증명을 위하여 보편 개념과 보편적 원리가 요청되던 시대에, 프란치스칸들은 그와 더불어 각 개체가 지니고 있는 고유성이 얼마나 고귀하고 탁월한지를 규명해 내기 위하여 수많은 철학적 개념들을 동원시켜 심혈을 기울였습니다. 그리고 프란치스칸 사상가들의 공로로 르네상스를 비롯하여 근대 사상의 물결이 역사의 주류로 흘러넘치게 되었습니다. 저는 이러한 프란치스칸 사상이 생태 위기를 직면하고 있는 오늘날 모든 피조물들에게 확장 적용해야 할 시점에 이르렀다고 생각합니다.

유엔 인권 선언문의 1조는 "모든 인간은 태어날 때부터 자유로우며 그 존엄과 권리에 있어 동등하다"이고, 2조는 "모든 사람은 인종, 피부색, 성, 언어, 종교, 정치적 또는 기타의 견해, 민족적 또는 사회적 출신, 재산, 출생 또는 기타의 신분과 같은 어떠한 종류의 차별 없이, 이 선언에 규정된 모든 권리와 자유를 향유할 자격이 있다"이며, 3조는 "모든 사람은 생명과 신체의 자유와 안전에 대한 권리를 가진다"입니다. 이러한 사상의 기초에는 두말할 필요 없이 프란치스칸들이 줄기차게 강조해온 개체성과 고유성의 개념이 자리하고 있습니다.

이제 이러한 인권 사상이 물권 선언으로 선포되어 실행되어야 하지 않을까 싶습니다. 이를 테면, 제1조: "모든 피조물은 창조되는 순간부터 자유로우며 그 존엄과 권리에 있어 인간의 존엄 및 권리와 동등하다". 제2조: "모든 피조물은 유와 종, 색깔, 모양, 질량, 길이, 부피, 크기 등 어떠한 종류의 차별도 없이, 이 선언에 규정된 모든 권리와 자유를 향유할 자격이 있다". 제3조: "모든 피조물은 존재의 자유와 안전에 대한 권리를 가진다". 제4조: "어떤 피조물도 노예 상태 또는 예속 상태에 놓여지지 아니한다"… 등등. 이제 프란치스칸들은 피조물들이 저마다 고유하고 동등한 존엄성과 권리를 지닌 하느님의 작품임을 선언하며 실천해 나가야 할 것입니다. 그런 의미에서 새로운 대변혁의 시대를 열어가야 하지 않을까 싶습니다.

오늘 탁월하고 심오한 발제를 해주신 김현태 루카 신부님께 다시 한 번 깊은 감사와 존경을 표하면서, 두 가지 질문을 드리고자 합니다.

질문 1) 현재 인류가 직면한 생태 위기는 자연을 사정없이 착취하는 이기적인 인간 중심주의에 근본적인 원인이 있고, 그러한 인간 중심주의는 데카르트나 로저 베이컨 같은 사상가들로부터 비롯된다는 비판적 시각이 우리 프란치스칸들 안에도 있습니다. 생태 위기의 근본 원인이 인간의 이기주의에 있다는 지적에 대해서는 충분히 공감하고 있고 그 책임 또한 인간에게 있음은 두말할 필요가 없다고 생각합니다. 그러나 그런 이기적인 인간 중심주의의 전환이 데카르트나 베이컨 같은 사상가들로부터 비롯되었다는 해석에 대해서는 이의 제기를 하지 않을 수 없습니다. 과연 그러한지 질문을 드립니다.

질문 2) 이번 학술 발표회의 표제가 "우리 어머니요 그리스도의 몸인 지구"인데요, 이러한 개념 하나 정립하기 위해서도 많은 철학적 신학적 개념들이 동원되고 많은 정성과 노력을 기울여야 할 것으로 보입니다. 어떻게 보면 범신론적으로 읽힐 수 있는 이 표제 안에 담긴 생태 영성의 의미를 프란치스칸 사상 안에서 간략하게 조명해 주셨으면 고맙겠습니다.

셋째날

"찬미받으소서 회칙과 프란치스칸 영성"에 대한 논평

이정환 대건안드레아

(작은형제회)

오늘 논평을 준비하면서 무엇보다 발제자의 노고에 감사드린다. 그리 길지 않은 시간 동안 생태 만이 아니라 현사회 전반을 바라보고, 그리스도교의 가르침에 따라 판단하고, 그리스도인과 공동의 집인 지구에 살고 있는 구성원들에게 행동하도록 촉구하는, 종합적이고 통합적인 회칙을 프란치스칸의 눈으로 해석하는 작업은 녹록치 않은 과정이었을 것이다.

생태적 위기, 녹색혁명, 기후정의 등을 부르짖는 현대를 살아가는 우리에게 오늘날 교회의 응답은 무엇보다 교황 프란치스코의 회칙 "찬미받으소서"에 잘 드러난다. 발제자는 이 "찬미받으소서" 안에 담긴 프란치스칸 영성을 소개하며, 총 세 단계로 우리를 안내하고 있다.

첫 장에서 발제자는 1891년 사회 회칙 "새로운 사태"에서 시작하여 교황문헌을 중심으로 "찬미받으소서"에 이르는 일련의 흐름을 일목요연하게 전해주고 있다. 특별히 1971년 회칙 80주년부터 시작되는 '환경문제'와 연관된 회칙의 역사를 살펴보면서, 시대의 징표가 교회에 촉구한 응답의 변화를 잘 보여준다. 여기서 발제자는 두 가지 요소를 우리에게 강조한다.

첫째, 인간과 피조물의 관계에 주목하며, 전통적 창조신앙, 즉 유다-그리스도교적 창조신앙을 바탕으로 한 지배/다스림의 모델에서 관리자의 모델로 변해가는 과정을 잘 설명하고 있다. 특히 전통적 지배개념의 인간중심주의에서 생태적 관리자 개념의 인간중심주의로 전환되어가는 과정을 20세기 교황들의 회칙과 문헌을 바탕으로 설명하면서, 생태중심주의와 그리스도교적 생태학이 지니는 차이점을 잘 짚어내고 있다. 하지만 동시에 여전히 인간중심주의의 지배개념이 그 근저에 있음 또한 지적한다.

둘째, 인간과 피조물(자연)의 관계에 영향을 주는 요소들의 확장을 잘 그려내고 있다. "인간의 불법", "인간의 욕망"이라는 인간 본성 중심의 문제제기에서, 과학과 기술의 발전과 소비주의로 인해 야기되는 인류 공동체의 문제제기로 그 시각을 확장하는 과정을 정리한다. 이에 자연생태학, 인간생태학, 사회생태학으로 지평을 넓혀가는 교회의 응답을 전개한다. 이를 바오로 6세 교황의 환경보호에서 시작하여, 인간과 자연의 올바른 관계에 대한 숙고와 하느님의 창조에 대한 연구와 성찰이 발전되고 축적된 결과라고 해석한다.

두번째 장에서 발제자는 회칙 "찬미받으소서"의 의의, 구조, 내용을 간략하게 정리하고 있다. 회칙 "찬미받으소서"는 아마도 그 이전의 어떤 회칙보다 대중에게 많이 읽혔고, 보편적이며, 영향력이 강하다고 할 수 있을 것이다. 이는 발제자의 설명처럼 가장 당면한 시대적 문제, 즉 생태위기(생태론)에 집중한 첫번째 회칙이고, 가장 열린 입장에서 기존의 전통적 교회의 가르침에 근거를 두면서, 동시에 지역 교회의 목소리, 다른 그리스도교(동방교회)의 목소리, 심지어 과학적 연구 결과들을 담아내며, 하나의 주제(생태위기)로 비단 가톨릭신자(그리스도인)만이 아니라 '공동의 집'인 지구에 살고 있는 모든 이를 향해 교회가 내놓은 응답이기 때문이다.

"관찰-판단-행동"으로 이어지는 일련의 방법론을 바탕으로 "찬미받으소서"는 우리를 관계에 대한 숙고와 전환 즉, 생태적 회개로 이끈다고 발제자는 이야기한다. 그는 회칙의 각 장을 다음과 같이 짧게 정리하고 있다.

우선 회칙은 생태적 위기가 인간 사회의 위기와 연관됨을 관찰(1장)하고, 성경과 신앙에 근거한 판단과 실천적 행동으로 나아가야함을 밝힌다. 특히 판단은 인간과 피조물의 관계를 재조명하며, 양자간의 조화와 균형을 중시한다. 또한, 창조가 하느님의 자기 계시이며, 동시에 모든 피조물 사이의 다양성과 차별성을 통해 계시가 풍성하게 드러난다고 발제자는 강조한다.(2장) 이어서 기술지배 패러다임과 왜곡된 인간중심주의가 이 관계를 깨뜨리는 근원이라고 정리하고 있다.(3장) 이후 관계의 쇄신을 위한 방법으로 기존의 자연/인간/사회생태학에서 확장된 통합생태론을 제시한다. 동시에 문화와 우리 삶의 장(자리)에 공동선와 정의가 자리해야 함을 강조하고 있다.(4장) 마지막으로 행동에 대해 정리하며, 대화, 결정과 실행의 투명성(5장), 교육과 영성, 연대와 조화, 생활양식의 변화, 신앙인으로서 '기념' 등의 생태적 회개(6장)를 지적한다.

발제자는 "찬미받으소서"가 기존의 사회적 가르침에 대한 연속성과 가톨릭 교회의 인간중심주의를 바탕으로 한 생태론적 발전을 그 특징으로 가지고 있다고 말한다. 그러기에 발제자는 단순히 녹색회칙, 환경회칙이 아니라, 교황 스스로 말하듯 '사회회칙'이라는 점을 강조하며, "찬미받으소서"가 단순히 환경 문제, 환경 위기에 머무는 것이 아니라, 모든 관계의 문제를 주제로 삼으며 통합적으로 응답하는 통합생태론을 담은 회칙이라고 설명한다. 특히 인간과 자연 사이의 관계에 다시금 초점을 맞추며, '지배' 개념의 약화를 지적한다. 즉, '다스리는 관리자'로서 '지배'보다는 '돌봄'의 개념이 대두되고 있음을 주목한다.

결국 이 회칙은 하느님을 드러내는 창조, 그 가운데 인간과 다른 피조물의 관계를 진솔하게 바라보고, 정확하게 이해하며, 찬양하도록 안내하는 가르침이다. 또한, 온 우주가 함께 "찬미받으소서"로 시작해서 "주님! 찬미받으소서"로 끝을 맺는 찬가라고 발제자는 우리에게 알려주고 있다.

마지막 장에서 발제자는 "찬미받으소서" 안에 나타나는 프란치스칸 영성을 우리에게 전해준다. 실제로 이 회칙에서 프란치스코가 언급되는 부분은 많지 않다. 하지만 교황 스스로가 '통합생태론'의 가장 탁월한 모범으로 아시시의 프란치스코를 소개하고 있는 것을 보면 그에게 적지 않은 영감을 받았다고 볼 수 있다.

발제자는 네 가지 관점을 우리에게 전해준다. 그가 전해주는 각각의 항목들은 프란치스칸 삶에 있어서 언제나 중요한 자리를 차지하고 있는 부분이다.

첫째, "삼위일체적 관계: 피조물의 상호 연관성"은 삼위일체 하느님에 대한 프란치스칸적 이해와 동시에 온 세상 피조물에 대한 이해를 담고 있다. 삼위일체이신 하느님에 초점을 맞추고 그 내적인 친교의 역동성, 사랑의 원리, 자기 확산적인 선, 사랑의 발출과 이로 인해 이루어진 창조를 언급한다. 이어서 모든 피조물과 하느님 사이의 관계를 설명해주고, 각각의 피조물들에게 부여된 역할과 고유한 가치를 입증해주며, 동시에 피조물의 상호연관성, 다시 말해 사랑의 관계, 친교의 관계, 돌봄의 관계를 설명해준다. 이를 바탕으로 다른 프란치스칸 전망이 도출될 수 있다.

둘째, 성 프란치스코의 창조세계에 대한 인식: 우주적 형제애, 가족 모델은 첫째 관점의 실재적 발전이라고 이해할 수 있을 것이다. "찬미받으소서" 본문 안에 수차례 반복되고 있는 형제, 자매인 피조물에 대한 인식은 모든 선의 근원이신 하느님께 모든 것이 속하고 모든 것이 찬미를 드린다는 프란치스코의 창조관에서 나온다고 볼 수 있다. 여기서 출발하는 우주적 형제애, 그리고 그리스도교의 전통적인 인간중심주의적 관리자 모델에서 한 걸음 나아간 프란치스칸 생태적 모델인 '가족 모델'을 발제자는 소개하고 있다. 즉, 인간중심의 모델이나 상태중심의 모델이 아니라 삼위일체 하느님을 중심으로 하는 모델을 설명한다.

셋째, "찬미받으소서"는 몇몇 곳에서 프란치스코와 보나벤투라를 인용하며 피조물을 통한 하느님 현존의 체험을 이야기한다. 발제자는 이를 '피조물을 통한 관상으로' 우리에게 소개한다. 이 체험은 프란치스코가 세상을 바라보고 느끼며 하느님을 만나는 출발점이었고, 보나벤투라 또한 이를 삼위일체 하느님을 관조하는 첫 발판으로 삼았다.

넷째, 모든 피조물은 하느님의 선물: 감사와 무상성. 교황은 회칙에서 생태적 회개와 관련해 감사와 무상성을 말한다. 발제자는 이에 프란치스칸 해석을 덧붙이며 '가난의 영성(소유 없음)'과 '무상성과 감사'를 연결한다. 즉, 모든 피조물을 무상성에 기인한 선물로 받아들였던 프란치스코를 조명하며, 실제적 삶의 양식인 자발적 가난, 소유 없음을 우리에게 알려준다. 또한 가난한 삶의 양식을 통해서 조건 없는 사랑과 무상성의 극치인 강생한 말씀을 체험하는 것이 소유와 필요에 의한 사용 사이의 경계를 가르쳐주며, 왜곡된 인간중심주의에 대한 응답이 될 수 있다고 설명한다.

마지막으로 이 연구는 우리에게 끊임없이 관계에 대한 질문을 하게 만든다. 비록 회칙 "찬미받으소서"는 인간과 자연의 관계에 대한 물음과 위기에 대한 관찰, 식별, 판단 그리고 행동을 통한 생태적 회개 즉, 삶의 전환을 이야기 하지만, 조금 더 들어가 보면 아시시의 프란치스코가 끊임없이 던진 질문, '당신은 누구이시고, 저는 누구입니까?'에 대한 질문과 다르지 않고, 그가 온 생에 걸쳐 노래한 '피조물의 찬가'와 다르지 않다. 이에 간결하지만 하나의 흐름으로 이어지는 이 발제문의 첫 번째 장은 "찬미받으소서"를 아직 접하지 못 한 사람들에게 친절한 안내문이 될 것이고, 두 번째 장은 이미 읽은 사람들에게 좋은 요약본이 될 것이며, 마지막 장은 프란치스칸들에게 좋은 지침서가 될 것이다.

질문 1) 실제로 본문에는 가족 모델이 등장하지 않고, 여전히 회칙의 전반적인 기조에서 인간중심적이고 약간은 이분법적, 혹은 위계적 구조가 나타나고 있다고 느껴지는데, 발제자께서는 이번 연구를 통해 회칙이 지니는 한계 혹은 아쉬움이 없으셨는지? 있었다면 앞으로 어떤 방향으로 나아가면 좋을지 궁금하다.

질문 2) 글 첫머리에 프란치스칸 영성을 이야기하면서 회칙에서는 직접적으로 연관된 부분에 한정하여 연구를 진행하셨는데, 특별한 이유가 있었는지? 또한 이전 교회 문헌에 비해 상당히 많은 부분에서 프란치스칸 정신(영성, 신학, 전망)이 회칙에 담겨있는데, 앞으로 전망은 어떻게 보시는지? 궁금합니다.

셋째날

프란치스칸 생태 영성

김일득 모세

(작은형제회)

약어표

1 프란치스코의 글

권고	권고들
레오 편지	레오 형제에게 보낸 편지
비인준 규칙	인준받지 않은 수도규칙
1신자 편지	신자들에게 보낸 편지 1
2신자 편지	신자들에게 보낸 편지 2
은수처 규칙	은수처를 위한 규칙
태양 노래	태양 형제의 노래(피조물의 노래)

2 클라라의 글

3아녜스 편지	프라하의 아녜스에게 보낸 편지 3

3 프란치스칸 원천

대전기	성 프란치스코의 대전기(보나벤투라)
세 동료	세 동료들의 전기
1첼라노	성 프란치스코의 제1생애
2첼라노	성 프란치스코의 제2생애(간절한 마음의 비망록)

1. 들어가는 말

2015년에 교황 프란치스코(1936~)가 반포한 회칙 『찬미받으소서』는 아시시의 성 프란치스코(1181~1226)가 노래하던 문구를 그대로 회칙 제목으로 차용한 예이다. 성 프란치스코는 생애 말년 극심한 육체적 고통 속에서 직접 가사와 음률을 붙여 「태양 형제의 노래」를 작곡하였다. 당시 프란치스코는 대낮의 태양 빛을 감당할 수 없을 정도로 심각한 눈병을 앓고 있었고, 그 외에도 여러 육체적인 질환으로 산 다미아노(San Damiano) 수도원 뒤편의 작고 어두운 거처에 기거하고 있었지만, 마치 피조물의 섬세함과 장대함과 아름다움을 몸소 눈으로 보고 손으로 만지는 듯한 표현으로 이 피조물의 찬가를 작곡하였다.[1] 중세 움브리아어로 작성된 「태양 형제의 노래」는 '로다토 시 페르(lodato si per)'라는 반복적인 구절로 피조물을 통하여, 특히 우주의 4대 원소인 땅, 바람, 불, 물을 통하여 창조주 하느님을 찬미한다.[2] 그리고 바로 이 구절이 회칙의 제목으로 차용되었다. 제목뿐만 아니라 회칙 『찬미받으소서』의 내용과 맥락도 프란치스칸적이다. 프란치스코 성인의 이름과 그가 전한 영감은 1항에서부터 언급되고 있다.[3] 성 프란

---

[1] 참조: 일리아 델리오ILIA DELIO, 키쓰 더글라스 워너KEITH DOUGLASS WARNER, 파멜라 우드PAMELA WOOD, 『우리의 형제자매 피조물: 프란치스칸 지구 영성』, 김일득 옮김 (서울: 프란치스코 출판사, 2022), 121.
[2] 참조: 윌리엄 쇼트WILLIAM SHORT, 『가난과 기쁨: 프란치스칸 전통』, 김일득 옮김 (서울: 프란치스코 출판사, 2017), 177.
[3] 『찬미받으소서』 1항: "찬미받으소서(LAUDATO SI). 프란치스코 성인께서는 "저의 주님, 찬미받으소서."라고 노래하셨습니다. 아시시의 프란치스코 성인께서는 이 아름다운 찬가에서 우리의 공동의 집이 우리와 함께 삶을 나누는 누이이며 두 팔 벌려 우리를 품어 주는 아름다운 어머니와 같다는 것을 상기시켜 주십니다."

치스코의 이름으로 시작된 『찬미받으소서』는 프란치스코의 가난과 피조물 영성을 상기하는 가운데, 프란치스칸 전통의 영성과 가르침도 여러 곳에서 서술하고 있다.[4]

이에 본 연구에서는 회칙 『찬미받으소서』의 영감이 된 프란치스칸 생태 영성의 몇몇 꼭지를 살펴보되, 주로 『찬미받으소서』에 인용된 프란치스칸 원천 사료의 맥락과 프란치스칸 영성 전통이 전하는 피조물 이해에 관한 몇몇 주제에 집중하여 고찰하고자 한다. 또한, 프란치스칸 피조물 전통이 제안하는 오늘날 생태 위기 시대에 대한 해법을 제공하고자 한다.

2. 어머니 oikos

프란치스코 교황은 『찬미받으소서』 1항에서 '우리 공동의 집'을 '누이'이며 '어머니'라고 칭한다. 이는 성 프란치스코의 「태양 형제의 노래」에서도 노래 되는 구절인데, 프란치스코는 다음과 같이 노래한다. "내 주님, 우리 어머니인 땅 자매를 통하여 찬미 받으시옵소서! 그는 우리를 기르고 보살피며…"[5] 프란치스코의 글을 살펴보면 '어머니'라는 표현이 종종 발견된다. 예컨대, 은수처에서 기도와 관상에 전념하길 원했던 형제들을 위한 「은수처를 위한 규칙」에서는 기도와 관상에 전념하는 '아들' 형제들과 이들을 돕는 '어머니' 형제들을 구

---

[4] 예컨대, 대표적인 프란치스칸 학자 중 하나인 보나벤투라(1221~1274)의 사상의 경우 『찬미받으소서』 11항, 66항, 77항, 83항, 233항, 238항, 239항 등에서 직간접적으로 인용되거나 함축적으로 나타나고 있다.
[5] 「태양 노래」, 20.

분하며 다음과 같이 말한다: "어머니인 이 두 사람은 마르타의 생활을 할 것이고... 어머니가 되는 이 형제들은... 아무도 자기 아들들과 이야기하지 못하게 그 아들들을 모든 사람으로부터 보호할 것입니다."[6] 또한, 「인준받지 않은 수도규칙」 9장에서는 형제들에게 "마치 어머니가 자기 자녀를 사랑하고 기르듯이" "자기 형제를 사랑하고 기를 것"이라고 권면한다. 심적으로 어려움을 겪고 있던 초기 동료 형제 레오에게는 "나의 아들, 나는 그대에게 어머니로서 말합니다."[7]라는 문구로 편지를 시작하면서 레오 형제에게 위로와 권고를 건넨다. 이렇게 프란치스코가 말하는 '어머니'는 '사랑', '기르고 보살핌', '보호' 등의 의미로 요약될 수 있고, 「태양 형제의 노래」에서도 역시 같은 맥락이 반복된다고 하겠다.

프란치스코가 말하는 '어머니' 개념은 '집'이라는 의미로 더 확장된다. 프란치스코는 「신자들에게 보낸 편지 1」에서 "신성한 사랑과 순수하고 진실한 양심을 지니고 우리의 마음과 몸에 그분을 모시고 다닐 때 우리는 어머니들입니다. 표양으로 다른 이들에게 빛을 비추어야 하는 거룩한 행위로써 우리는 그분을 낳습니다."[8]라고 말한다. 즉, 회개하는 이들이 곧 주님을 품고 다니는 어머니이며, 그렇게 주님을 모시는 '집'이 된다는 의미로 해석될 수 있다. 위에서 언급한 문장은 「신자들에게 보낸 편지 2」에서도 그대로 반복되며,[9] 클라라의 글에서도 역시 비슷한 의미의 문장을 찾을 수 있다. 클라라는 다음과 같

---

6 「은수처 규칙」, 2; 8.
7 「레오 편지」, 2.
8 「1신자 편지」, 10.
9 「2신자 편지」, 53.

이 말한다. "그분의 발자취, 특히 그분의 겸손과 가난의 발자취를 따른다면 의심할 여지없이 그대의 순결한 동정의 몸 안에서 영적으로 그분을 항상 품을 수 있습니다. 그리하여 그대와 모든 사물을 담으시는 분을 그대가 담을 것이며…"[10]

프란치스코의 전기 사가들에 따르면 프란치스코는 회개 초기 산 다미아노 성당에서 홀로 기도하다가 다음과 같은 말씀을 들었다고 기록한다. "프란치스코야, 보다시피 다 허물어져 가는 나의 집을 가서 수리하여라."[11] 이 말씀을 문자 그대로 이해한 프란치스코는 실제로 허물어져 가던 성당들을 직접 수리하기 시작하였다. 그러나 점점 더 깊은 회개로 나아가자, 프란치스코 스스로「신자들에게 보낸 편지들」에서 서술하듯이 인간이 하느님의 집임을 깨달았으며,「태양 형제의 노래」를 통해서는 피조물이 곧 하느님의 무엇인가를 담지하고 있는 형제자매요 집이라고 노래한다.

프란치스코 교황도『찬미받으소서』1항에서 '집'과 '어머니'를 연결하며, "아시시의 프란치스코 성인께서는 이 아름다운 찬가에서 우리의 공동의 집이 우리와 함께 삶을 나누는 누이이며 두 팔 벌려 우리를 품어 주는 아름다운 어머니와 같다는 것을 상기시켜 주십니다"라고 말한다. 현대 생태론에서는 종종 어머니 집을 서술할 때 종종 그리스어로 집을 의미하는 오이코스(oikos)와 연관하여 살펴본다. 예컨대, 영어의 eco-라는 어두는 그리스어 오이코스에 그 뿌리를 두고 있다. 이 어두를 뿌리로 하여 에콜로지(eco-logy, 생태론)와 에코노미(eco-nomy, 경제) 등의 단어가 생겨났다. 즉, 생태나 경제 모두 집에 관한 무엇인가

---

10 「3아녜스 편지」, 24-26.
11 『2첼라노』, 10.

를 이야기하는 것이다. 두 단어를 그 어원에서 보자면, 생태론인 에콜로지는 '집에 관한 연구' 혹은 '집에 관한 진실'을 뜻하고, 경제인 에코노미는 '집의 관리'를 뜻한다.[12] 그래서 프란치스코 교황은 경제를 "우리가 함께 사는 집인 이 세계 전체를 적절히 관리하는 기술"[13]이라고 말한다. 실제로 생태 문제와 경제 문제는 긴밀하게 연관되어 있으며, 사실상 '모든 것은 연결되어 있다'는 우리의 관계성에 문제가 발생했다는 관계 파괴의 문제가 서로 다른 형태로 표현된 이란성 쌍둥이와 같다고 보아도 무방하다.

생태 문제나 경제 문제는 또한 우리가 이 어머니 오이코스를 사랑하고 있지 않음을, 이 행성을 그저 커다란 소비재로 인식하고 남용하고 착취하고 있음을 드러낸다. 우리가 정말로 이 오이코스를 사랑한다면, 지금과 같은 위기가 발생하지는 않았을 것이다. 이 사랑하지 못함의 태도는 또한 우리가 충만하게 존재하고 있지 못한다는 사실도 드러낸다. 관련하여 보나벤투라는 다음과 같이 말한다. "그저 그냥 살아가는 곳에서보다는 사랑하는 곳에서 더 참으로 존재한다."[14]

우리를 기르고 보살피던 우리의 누이요 어머니인 우리의 집이 울부짖는 현재 상황에서 이제 우리에게 절박하게 필요한 것은 바로 호모 오이코노미쿠스(homo oikonomicus/ 집의 인간)로의 전환이라 하겠다.[15] 아래에서는 이 호모 오이코노미쿠스로의 전환에 도움이 될 만한 프란치스칸 생태 영성의 몇 가지 꼭지를 고찰하고자 한다.

---

12 참조: 일리아 델리오 외,『우리의 형제자매 피조물』, 44.

13 『복음의 기쁨』, 206항.

14 BONAVENTURE, "SOLILOQUIM", 2.12(VIII, 49), VOL. 2. ZACHARY HAYES, TRANS. BONAVENTURE: MYSTICAL WRITINGS (NEW YORK: CROSSROAD, 1999), 140.

15 일리아 델리오 외,『우리의 형제자매 피조물』, 261.

3 프란치스코의 피조물관

1) 프란치스코 시대의 주류 피조물관

프란치스코가 살아가던 시대를 지배하던 피조물관 중 하나는 카타리 이단의 이원론적 세상관이 전파한 것이었다. 그리스어 카타로스(katharos)에서 기인한 카타리라는 단어는 순수한 이들을 의미한다. 이들에 따르면 보이지 않는 영적인 것을 창조한 '좋은' 창조주와 보이는 물질세계를 창조한 '나쁜' 창조주가 존재한다. 따라서 카타리 이단은 나쁜 창조주가 창조한 물질을 극도로 멀리하는 금욕의 삶을 살았다. 음식의 경우 성적 결합으로 생산된 고기, 달걀, 우유 등을 거부하였다. 성사도 물질을 매개로 하기에 거부하였다. 카타리 이단은 프랑스 남부 지방과 이탈리아 중북부 지방에서 광범위하게 퍼져 있었으며 많은 서민이 빠져들고 있었다. 그 이유는 아마도 당시 유럽인들이 감내해야 했던 여러 고통에 기인한 것으로 보인다. 아시시의 경우 서민들 사이에서 일자리 부족, 노동 착취, 전쟁으로 인한 질병, 기아, 위생 설비의 부족 등으로 많은 고통을 겪고 있었다. 카타리 이단은 이들에게 물질 악마를 피하는 방편을 제공함으로써, 또한 카타리 이단이 제공하는 복음 해석을 통해서 빛의 왕국으로 들어가는 길을 제시하고 있었다. 그래서 이 물질세계와 그 안에 존재하는 고통을 거부하는 방향으로 이끌었던 것이다. 프란치스코도 이 이단을 잘 알고 있었지만, 여기에 물들지는 않았다. 프란치스코에게 회개 체험을 제공했던 여러 계기를 살펴보면 모든 면에서 카타리 이단과 부합하지 않는다. 예컨대, 프란치스코는 나환자의 썩은 물질을 통하여 하느님의 달콤함을 체험하였고, 카타리 이단은 거부하던 십자가에 못 박힌 그리스도에 대한 구원의 힘에 매달렸다. 또한, 프란치스코의 글 이곳저곳에서 카타리 이단에 반박하는 내용이 적혀있다.[16]

프란치스코 시대의 또 다른 피조물관은 신 플라토니즘이었다. 신 플라토니즘의 세상관은 하느님을 전망하는데 있어서 이 세상을 계층적 사다리로 보았다. 이 사상은 주로 아우구스티노의 글과 위-디오니시우스의 글을 통하여 중세에 전달된 것으로, 감각적인 사물로부터 상승하여 하느님에게 이르는 상승의 사다리로 요약할 수 있다. 여기서 영적인 것은 물질적인 것보다 우위를 점하며, 물질 피조물은 열등한 것으로 묘사되거나 참된 실재가 아닌 것으로 그려진다. 따라서 물질 피조물은 그 자체로 의미를 지니고 있다기보다는 영적이고 신성한 영역을 가늠케 하는 형이상학적 사다리로 인식된다. 즉 참된 실재를 알기 위해서는 이 지상 세상을 초월하여야 하며, 이 세상 위에 있는 영적인 세상을 관상해야 한다고 가르쳤다. 이 사상은 주로 당시 대학에서 토론되던 성직자들의 초월적 세상관이었다. 따라서 아시시 성당에서 기본적인 읽기와 쓰기 교육을 받았던 프란치스코가 배운 적이 없는 세상관이었다. 또한, 아시시 상인으로서 물질 피조물을 유용한 어떤 것으로 만들던 많은 다른 이들을 체험한 프란치스코에게는 참된 실재를 관상하기 위해 이 세상을 초월해야 한다는 신 플라토니즘이 생소했을 것이다.[17]

---

16 Cf: Ilia Delio, *A Franciscan View of Creation*, (NY: St. Bonaventure University, 2003), 7-8.

17 Cf: Delio, *A Franciscan View of Creation*, 6.

2) 프란치스코의 피조물관: 「권고들」 5와 「태양 형제의 노래」

많은 이가 프란치스코의 피조물 통찰을 읽을 수 있는 첫 번째 사료로 「태양 형제의 노래」를 꼽겠지만, 「태양 형제의 노래」를 살펴보기 전에 「권고들」 5에 관하여 먼저 언급하고자 한다. 프란치스코는 「권고들」 5에서 다음과 같이 말한다. "오, 사람이여, 주 하느님께서 육신으로는 사랑하시는 당신 아들의 모습대로, 그리고 영으로는 당신과 비슷하게 그대를 창조하시고 지어내셨으니, 주 하느님께서 그대를 얼마나 높이셨는지 깊이 생각해 보십시오." 이 통찰에 따르면 우리 인간의 물질 몸은 예수 그리스도의 모습대로, 우리의 영은 아버지 하느님의 모습대로 창조되었다. 중요한 것은 우리의 '물질' 몸에 대한 통찰이다. 프란치스코는 "하느님이 이미 우리의 첫 번째 부모를 창조할 때부터 육화한 아들의 모상대로 창조했음"[18]을 분명히 한다. 즉, 예수 그리스도의 인간성이 이 세상이나 다른 모든 피조물보다 먼저 정해졌으며, 피조물을 창조하는 주제, 특별히 인간의 물질 '몸'을 창조하는 청사진이 되었음을 분명히 한다. 이 통찰은 여러 깊은 사색을 함축하고 있는데, 특별히 물질 피조물에 관하여 더 그러하다. 이 통찰은 훗날 프란치스칸 철학자이자 신학자인 복자 둔스 스코투스(1265-1308)에 의해서 더 심화한 형태로 완결된다. 이에 관해서는 뒤에서 자세히 살펴보도록 하겠다.

전술하였다시피 프란치스코의 피조물 통찰은 「태양 형제의 노래」를 통하여 널리 전파되었다. 이 찬가는 피조물의 성사성을 아름답게 노래하는 가운데, 우리 모두를 피조물에 대한 관상으로 일종의 장엄한 초대라고 보는 것이 옳을 것이다. 즉, 프란치스코는 이 노래를 통

18　Mary Beth Ingham, Scotus for Dunces: An Introduction to the Subtle Doctor (New York: Franciscan Institute Publication, 2003), 75.

하여 하느님을 알기 위해서는 피조물을 관상해야 한다고 초대하고 있다.[19]

「태양 형제의 노래」는 또한 '상호 의존성'이라는 또 다른 중요한 개념을 노래한다. 프란치스코는 태양, 달, 별, 물, 바람, 불, 땅 등 모든 종류의 피조물에 대한 놀라운 경의를 보이고, 모든 피조물은 각자의 방법으로 하느님을 찬미한다.[20] 이렇게 이 찬가는 우리의 거룩한 상호 의존성을 노래한다. 모든 것은 연결되어 있고, 모든 것은 서로에게서 생명을 주고받는다. 만약 타인이나 다른 피조물이 없다면, 그 어떤 피조물도, 그 어떤 인간도 존재할 수 없다. 그렇게 우리 모든 피조물은 서로의 사랑과 생명에 의존하고 있다. 상호 의존성은 우리 모든 피조물이 공유하는 하나의 본성, 즉 거룩한 가난의 본성이라고 말할 수 있겠다.

「태양 형제의 노래」가 노래하는 피조물관은 회칙 『찬미받으소서』 이전에 현대 교회가 가르쳐 온 '지배(Dominion) 모델'이나 '관리자(Stewardship) 모델'이 아닌 '혈족(Kinship) 모델'이다. 프란치스코는 「태양 형제의 노래」에서 각 피조물을 형제, 자매, 누이, 어머니로 칭한다. 모든 피조물은 삼위일체 하느님으로부터 솟아 나온 형제자매 가족 피조물이다. 관련하여 보나벤투라는 프란치스코 성인을 설명하며 다음과 같이 말한다. "그래서 그는 아주 미미한 피조물에게 조차도 그들이 그와 똑같은 기원을 가졌다는 것을 알고 있었기 때문에 형제 자매

---

19 KENAN B. OSBORNE, "THE CENTER OF THE SPIRITUAL VISION", THE FRANCISCAN MORAL VISION: RESPONDING TO GOD'S LOVE, ED. THOMAS A. NAIRN (NEW YORK: FRANCISCAN INSTITUTE PUBLICATION, 2013), 29.
20 CF: DELIO, A FRANCISCAN VIEW OF CREATION, 19.

라고 불렀다."²¹ 그래서 프란치스코를 묘사하는 전기 사가들은 프란치스코가 "형제 양", "자매 새", "자매 귀뚜라미"와 함께 가족 관계 안에서 살았다고 보도한다. 즉, 프란치스코는 피조물의 '지배자'나 '관리자'가 아닌 피조물에게 '형제자매됨'의 성소를 살아간 것이다. 이러한 프란치스코의 접근법은 회칙 『찬미받으소서』에도 작지 않은 영감으로 작용하였다.

4 회칙 『찬미받으소서』가 인용하는 프란치스칸 원천 사료

회칙 『찬미받으소서』는 프란치스칸 초기 원천 사료를 직간접적으로 인용하면서 프란치스칸 생태 영성의 향기와 영감을 전하고 있다. 그렇게 인용된 몇몇 사료를 더 자세히 분석하고 그 맥락을 살펴본다면 프란치스칸 생태 영성의 주요 주제로의 자연스럽고 깊은 접근이 가능하기에 아래에서는 회칙 『찬미받으소서』가 인용하는 몇몇 사료를 분석 및 고찰해 보고자 한다.

1) 각주 19: "성인께서는 … '꽃이 마치 이성을 지닌 듯 주님을 찬미하도록' 초대하셨습니다."(『1첼라노』 81항 인용)

『찬미받으소서』 11항에서 프란치스코 교황은 "수학과 생물학의 언어를 초월하는" 통합 생태론으로 우리를 초대한다. 이런 맥락에서 프란치스코 교황은 프란치스코의 초기 사료 중 『1첼라노』 81항의 문

---

21 『대전기』, 8. 6.

구 중 프란치스코 성인이 마치 꽃에게 이성이 있는 양 주님을 찬미하도록 초대하였다고 말한다. 『1첼라노』 81항은 『1첼라노』 29장에 속한 부분이고, 29장은 80-83항을 포함하고 있다. 『1첼라노』 29장이 담고 있는 내용의 맥락은 프란치스코의 모든 피조물에 대한 사랑과 주님의 이름을 담고 있는 문자에 대한 존중에 관한 것이다. 그런데 저자 토마스 첼라노는 프란치스코의 피조물에 대한 사랑과 주님의 이름을 표현하는 글자에 대한 애정을 구분하지 않는 것으로 보인다. 우선 첼라노는 피조물에 대한 프란치스코의 사랑을 묘사한다. 예컨대, 첼라노는 다음과 같이 기록한다. "과연 누가 하느님의 소유인 모든 피조물에게 품었던 그의 위대한 사랑을 표현해 보일 수가 있겠는가? 삼라만상에서 창조주이신 하느님의 지혜와 힘과 선을 명상할 때 그가 즐긴 그 감미로운 느낌을 누가 말로 할 수 있으리오?"[22] 이후 첼라노는 프란치스코가 피조물을 사랑한 이유를 제공하는데, 다음과 같이 말한다. "그는 구더기 한 마리를 보고도 큰 사랑에 불탔다. 그는 거기에서 구세주께 대하여 씌어 있는 말씀을 읽었기 때문이었다: '나는 사람도 아닌 구더기입니다.'"[23] 그리고 나서 첼라노는 바로 이어지는 항에서 하느님 말씀이 적힌 글에 대한 프란치스코의 공손함을 묘사한다. 관련하여 첼라노는 다음과 같이 기록한다. "그는 하느님의 말씀이나 인간의 말이 쓰인 글을 발견하면 길에서나 집에서나 땅바닥에서나 대단히 공손한 태도로 그것을 집어서, 거룩한 장소나 합당한 곳에 가져다 놓곤 하였다. 주님의 이름이나 성서 말씀과 관련된 글들이

---

22 『1첼라노』, 80.
23 『1첼라노』, 80.

그러한 곳에 적혀 있지 않을까 해서였다."[24]

『1첼라노』 29장의 이러한 전반적인 맥락의 중심에는 '하느님의 글자'가 있다. 즉, 프란치스코가 피조물 안에서 본 것은 단순한 피조물이 아니라, 그 피조물 안에 새겨진 글자인 것이다. 마찬가지 이유로 하느님의 말씀이 쓰인 글을 발견하면 공손한 태도를 취한 것이었다. 이 맥락에서 중요한 점은 '피조물'이나 '하느님의 말씀이 쓰인 글'이나 모두 하느님의 글자를 담고 있다는 점이다. 프란치스코는 이렇게 피조물 안에서'도' 하느님의 글자를 보았기에 피조물을 '이성을 지닌 듯'한 존재로 인식한 것이다.

2) 각주 20: "모든 사물의 공통 원천에 관한 성찰로 더욱 커다란 측은지심에 찬 성인께서는 아무리 하찮은 피조물이라도 형제나 누이로 부르셨습니다."(『대전기』 8장 6항 인용)

프란치스코 교황은 보나벤투라가 작성한 『대전기』 8장 6항의 내용을 인용하면서 모든 피조물이 하나의 근원, 즉 삼위일체에서 기원하였고, 따라서 우리는 모두 가족 형제자매라는 점을 강조한다. 이러한 프란치스코 교황의 피조물에 대한 접근법은 이전까지 교회의 지배적인 시각이었던 '관리자(Stewardship) 모델'에서 한층 진일보한 것이라 하겠다. 피조물에 대한 '관리자적' 접근은 창세기 1장과 2장의 내용에 근거한 것으로, 우리 인간이 하느님을 대신하여 이 지구와 피조물을 사랑과 정의와 자비로 보호하고 돌보아야 한다는 접근법이다.[25]

---

24   『1첼라노』, 82.
25   참조: 일리아 델리오 외, 『우리의 형제자매 피조물』, 112-113.

이러한 접근법은 회칙『찬미받으소서』의 공표 이전까지 피조물에 대한 가톨릭 교회의 주된 입장이었다.

그러나 성 프란치스코는 모든 피조물에게 가족 형제였지 관리자는 아니었다. 프란치스코는 이 세상 피조물을 자신에게 맡겨진, 그래서 책임지고 돌보아야 할 것으로 보지 않았다. 그러한 수직적인 관계가 아닌 수평적인 관계성을 직시하였으며, 그래서 모든 피조물에게 형제됨의 성소를 살고자 하였다.[26] 그것을 가장 잘 보여주는 작품이 바로 해님 형제, 달 자매, 바람 형제, 물 자매, 불 형제, 어머니인 땅 자매를 노래하는「태양 형제의 노래」일 것이다. 따라서『찬미받으소서』각주 20을 통하여 피조물에 대한 교회의 시각이 '관리자 모델'에서 '친족(kinship) 모델'로 옮겨가고 있음을 어렵지 않게 감지할 수 있다.

『찬미받으소서』각주 20이 인용하고 있는『대전기』8장 6항의 도입부는 다음과 같이 서술하고 있다. "모든 것이 같은 근원에서 생겨 나온다는 인식은 프란치스코를 지금까지보다 더 큰 애정으로 가득 채웠다. 그래서 그는 아주 미미한 피조물에게조차도 그들이 그와 똑같은 기원을 가졌다는 것을 알고 있었기 때문에 형제 자매라고 불렀다." 보나벤투라는 '같은 근원'에 대한 통찰을 명제집 주해 1권에서 다음과 같이 더 확장된 의미로 서술한다. "피조물은 하나의 원천에서 솟아 나온 강과도 같다. 이 땅을 정화하고 비옥하게 만들기 위해 이 땅 위로 퍼져 나간다. 그리고 다시 근원이 되는 지점으로 되돌아 흘러간다."[27] 즉, 인간을 포함한 모든 피조물은 삼위일체 하느님이라는

---

26 참조: 일리아 델리오 외,『우리의 형제자매 피조물』, 115.
27 ILIA DELIO, SIMPLY BONAVENTURE: AN INTRODUCTION TO HIS LIFE, THOUGHT, AND WRITINGS (NY: NEW CITY PRESS, 2001), 54.

같은 근원에서 솟아 나온 형제자매들일 뿐만 아니라, 다시 그 뿌리로 돌아가는 여정을 함께 하고 있다는 점을 함축한다. 이러한 보나벤투라의 사상은 『찬미받으소서』에서도 다음과 같이 유사하게 표현되고 있다. "모든 피조물은 우리와 더불어 그리고 우리를 통하여 공동의 도착점, 곧 하느님을 향하여 부활하신 그리스도께서 모든 것을 품어 주시고 빛나게 해 주시는 초월적 충만 안에서 앞으로 나아가고 있습니다."[28]

3) 각주 21: "이러한 이유로 프란치스코 성인께서는 수도원 정원의 일부를 언제나 손대지 않은 상태로 놓아두어 거기에 들꽃과 목초가 자라게 하셨습니다. 그래서 그것을 본 사람들이 그러한 아름다움의 창조주이신 하느님을 찬미하게 하신 것입니다."(『2첼라노』 165항 인용)

각주 21이 있는 『찬미받으소서』 12항의 맥락은 피조물을 통하여 창조주를 알아볼 수 있다는 것이다. 이러한 맥락을 강조하기 위하여 프란치스코 교황은 『2첼라노』 165항의 구절을 인용한다. 『2첼라노』 165항의 전체적인 맥락은 피조물에서 무엇을 발견하든 창작가인 창조주와 관련시키는 성 프란치스코에 대한 묘사이다. 즉 아름다운 사물 안에서 아름다움 자체를 보고, 모든 피조물을 선으로 보는 프란치스코의 모습을 그린다. 또한 모든 것 안에서 주님의 상징을 발견하는 프란치스코를 묘사한다. 특히 주목할 만한 표현은 "그분의 발자국이 서려 있는 사물들을 통하여 그[프란치스코]는 어디서나 사랑이신 그분을 따라갔다. 그는 홀로 모든 사물에서 사다리를 만들어 그 사다리

---

28 『찬미받으소서』, 83항.

를 밟고 옥좌로 올라갔다."이다. 즉, 성 프란치스코는 어떤 피조물 안에서든 주님의 발자국 또는 흔적을 관조하였고, 그것을 사다리 삼아 하느님 체험에 올랐던 것이다. 그러므로 이 세상에 그 어떠한 피조물도 하찮은 피조물은 없으며, 따라서 자연스레 피어나는 풀잎과 꽃들도 창조주 당신의 아름다움을 전하고 있다고 본 것이다. 이러한 통찰은 『찬미받으소서』에서도 다음과 같이 메아리치고 있다. "하느님께서는 소중한 책을 쓰셨습니다... 가장 뛰어난 장관에서부터 가장 작은 생명체에 이르기까지 자연은 경탄과 경외의 끊임없는 원천입니다. 이는 또한 하느님의 끊임없는 계시입니다."[29]

4) 각주 40: "보나벤투라 성인께서는 프란치스코 성인께서 모든 피조물과 맺으신 보편적 화해를 통하여 어느 모로 본디의 순수 상태로 돌아가려 하셨다고 주장하셨습니다."(『대전기』 8장 1항 인용)

각주 40이 삽입된 『찬미받으소서』 66항의 맥락은 인간 삶의 세 가지 관계, 즉 하느님과의 관계, 이웃과의 관계, 지구와의 관계의 중요성을 이야기한다. 프란치스코 교황은 인간 스스로 하느님의 자리를 차지하면서 조화로워야 할 이 관계가 깨졌다고 설명한다. 그래서 프란치스코 교황은 보나벤투라가 작성한 『대전기』 8장 1항을 인용하면서 프란치스코 성인이 체험한 모든 피조물과의 조화로 이러한 불화가 치유되었다고 설명한다. 나아가 프란치스코는 피조물과 맺은 보편적 화해를 통하여 원죄 이전의 상태(본디의 순수 상태)로 회복되었음을 보나벤투라의 글을 참고하여 말한다. 피조물과의 조화로운 관계

---

29 『찬미받으소서』, 69항.

회복을 통한 순수한 상태의 회복은 초기 프란치스칸 전기 사가들도 자주 전하는 이야기이다. 이에 관해서는 이어지는 지면에서 더 상세하게 다루도록 하겠다.

5. 프란치스코와 동물의 만남 이야기

프란치스코의 전기 사가들은 꽤 많은 양을 할애하여 프란치스코와 피조물 간의 만남 이야기를 보도한다. 토끼, 벌레, 물고기, 귀뚜라미, 늑대, 벌 등 다양한 피조물이 등장하는데, 그중 가장 자주 다루어지는 피조물은 새이다.[30] 그런데 이러한 이야기들을 현대의 동화적인 시각으로만 읽는다면 자칫 그저 낭만적인 이야기로만 읽힐 수도 있고, 혹은 그 뜻을 온전히 통찰하지 못한 채 남겨질 수 있는 위험이 있다.

작은형제이자 중세 영성 전문가인 윌리엄 쇼트(William Short)는 고대와 중세 성인전에서 성인들과 동물의 만남 이야기를 읽는 방법을 연구하였고, 이러한 성인이 동물과 조우하는 이야기를 해석할 렌즈를 제공한다. 윌리엄 쇼트의 연구에 따르면 성인과 동물의 조우에 관한 여러 이야기에서 드러나는 일반적인 구조는 다음과 같다. 우선, 동물들은 성인들 안에서 그리스도의 현존을 인식하고 응답한다. 그래서 동물들은 성인들에게 경의를 표한다. 그리고 성인들의 현존 안에서 원죄 이전의 에덴 동산이 회복된다. 이렇게 성인들의 하느님께 대한 순종은 동물들의 성인들에 대한 순종으로 이어지고, 동물과 인간 사이의 평화가 재개되는 것이며, 그렇게 우주의 본래 질서가 회복되는

---

30 일리아 델리오 외, 『우리의 형제자매 피조물』, 102.

구조를 띠고 있다.³¹ 초기 전기 사가 중 토마스 첼라노 역시 대체로 이 구조를 따르고 있기는 하지만 약간 다른 부분이 있다. 아래에서는 이 다른 부분에 관하여 논하고자 한다.

1) 피조물의 역逆-복음화

『1첼라노』58은 프란치스코가 새들에게 설교한 이야기를 서술한다. 그런데 여기서 정말 중요한 점은 프란치스코가 새들에게 설교했다는 사실이라기보다는 그렇게 새들에게 설교한 이후 프란치스코에게 나타난 변화이다. 첼라노는 다음과 같이 기록한다. "새들이 그렇게 공손한 태도로 하느님의 말씀을 경청하는 것을 보고서, 전에 새들에게 설교하지 않은 자신의 무관심에 스스로를 나무라기 시작하게 되었다. 그런 일이 있고 난 다음 날부터 그는 모든 새들과 동물, 그리고 파충류에게까지, 비록 감각 없는 피조물에게까지도 그들의 창조주를 찬미하고 사랑할 것을 열의를 다하여 권하였다." 여기서 첼라노가 전하고자 하는 바는 프란치스코가 새들에게 설교한 이후 일어난 변화 또는 충격이었다. 새들에게 설교한 이후 프란치스코의 시각도 깨어나게 되었고, 새들도 프란치스코의 형제자매들임을, 함께 하느님을 찬미할 수 있는 존재들임을 알아보는 시각을 갖게 된 것이다.³²

이렇게 피조물이 프란치스코를 '역으로 복음화한 예' 또는 프란치스코를 '더 복음화한 예'는 첼라노 전기에서만도 여러 군데서 발견된

---

31 Cf: Keith Douglass Warner, "Taking Nature Seriously: Nature Mysticism, Environmental Advocacy and the Franciscan Tradition", Franciscans and Creation: What is Our Responsibility? (Washington Theological Union Symposium Papers 2003, NY, The Franciscan Institute, 2003), 61; 윌리엄 쇼트,『가난과 기쁨』, 182.
32 참조: 일리아 델리오 외,『우리의 형제자매 피조물』, 102-103.

다. 이러한 예들은 앞서 윌리엄 쇼트의 연구가 설명하는 전통적인 구조와는 부합되지 않는 예라 하겠다. 예컨대, 『1첼라노』 59와 61의 이야기에서는 프란치스코가 동물을 형제자매와 연관시킨다. 『1첼라노』 58과 『2첼라노』 171이 전하는 이야기에서는 프란치스코가 동물과의 교류를 통하여 겸손을 배우거나 행한다. 『1첼라노』 60, 80, 『2첼라노』 47, 167, 111 등에서는 프란치스코가 피조물과의 교류의 결과로 사랑과 연민을 체험한다. 이런 예들이 가지고 있는 공통적인 특징이라면 어떤 권위나 명령을 통하여 피조물의 순종을 이끌어내는 이야기가 아니라는 점이다.[33]

2) '딴 세계'로 이끈 피조물

첼라노는 여기서 한발 더 나아가 동물과의 교감으로 '딴 세계'로 올라간 프란치스코를 아래와 같이 묘사한다.

> 어느 어부 하나가 그에게 물새 한 마리를 바쳐, 그를 주님 안에서 즐겁게 하려고 하였다. 복되신 사부님이 그것을 기쁘게 받았다. 그리고 그는 새를 쥐고 있던 손을 펴면서 새에게 이젠 자유롭게 날아가라고 말하였다. 그러나 새는 날아갈 꿈도 꾸지 않고, 그의 손을 둥지 삼아 쉬고 싶어 했을 때 성인은 시선을 들어 기도에 들어갔다. 오랜 시간이 흐른 다음에 성인이 딴 세계에서 돌아와 새에게 먼저 가지고 있던 자유로 돌아가라고 부드럽게 명하였다. 강복과 함께 이 허락을 받아들여 새가 날아올랐다.[34]

---

33 WARNER, "TAKING NATURE SERIOUSLY", 61.
34 『2첼라노』, 167.

이 이야기는 첼라노가 묘사한 다른 동물 이야기와는 차원이 다른 충격이 프란치스코에게 있었음을 묘사한다. 프란치스코가 피조물과 직접적인 접촉이 있는 동안 기도에 들어갔고, 심지어 '딴 세계', 즉 일종의 무아지경에 들어갔다가 돌아왔다는 이러한 묘사는 단순히 피조물이 성인에게 순종한다는 차원의 이야기나 피조물을 통하여 더 복음화되었다는 이야기와는 결을 달리할 만큼의 심원함을 드러낸다. 첼라노는 이 이야기에 관한 별다른 신학적 해석이나 결론을 제공하지 않는다. 이는 아마도 저자인 첼라노 역시 이 사건을 온전히 이해하지 못했음을 드러내는 것일 수도 있다.[35] 윌리엄 쇼트는 이에 관하여 다음과 같이 해석한다.

> 프란치스코는 동물이나 물고기나 새를 단지 만지거나 안고 있는 것만으로도 무아지경에 빠졌는데, 이는 그 피조물이 그리스도를 통하여, 그리고 그리스도를 위하여 창조되었기 때문이었다. 그 피조물들은 그리스도의 흔적을 품고 있었다. 이들은 프란치스코가 사랑하던 그리스도에 대한 암시이자 그의 메시지였으며 전령이었다.[36]

6. 피조물 전통의 신학적 요점

위에서 살펴본 아시시의 프란치스코가 시작한 프란치스칸 피조물 전통은 머지않은 훗날 보나벤투라나 둔스 스코투스 등 프란치스칸

---

35 참조: 윌리엄 쇼트, 『가난과 기쁨』, 179; Warner, "Taking Nature Seriously", 63.
36 윌리엄 쇼트, 『가난과 기쁨』, 179.

학자들을 통하여 더 깊은 차원의 통찰로 이어졌다. 아래에서는 그중 몇 가지 주제를 살펴보고자 한다.

1) 피조물: 첫 번째 계시의 책

보나벤투라에 따르면 하느님은 당신의 거룩한 말씀을 통하여 이 세상을 창조하였다.[37] 따라서 전체 피조계는 "내재적인 하느님의 말씀이 하느님 외부로 표현된 외적인 언어 체계"[38]로 이해되어야 한다. 즉, 피조물은 외적이고 유한한 형태로 내재적이고 무한한 하느님에 관하여 말하는 '하느님의 책'인 것이다. 보나벤투라는 이 피조물의 책이 하느님 계시의 첫 번째 책이라 말한다.[39] 따라서 이 세상 모든 피조물은 말씀 하느님을 표현하므로 하느님의 작은 '말씀들'로 이해되어야 한다.[40] 그렇게 하느님은 피조물의 다양함 안에서 당신 자신을 계시하고 이야기한다.[41] 그러므로 일리아 델리오가 서술하듯이, "하느님은 피조물 안에서 자신을 표현하고, 따라서 피조물은 창조주를 표현한다."[42] 따라서 피조물을 '올바로' 바라볼 수 있다면 그 안에서 하느님을 읽을 수 있을 것이다. 그러나 이 책은 오직 죄에서 돌아서서 회개한 사람들에게만 활짝 열린 책이라 하겠다. 부당한 소유의 죄에 사로잡혀 아직 죄에서 돌아서지 않은 이들에게는 읽기 난해한 외국

---

37   Zachary Hayes, "Bonaventure: Mystery of the Triune God", *The History of Franciscan Theology*, ed. Kenan B. Osborne (New York: The Franciscan Institute, 1994), 73-74.
38   Hayes, "Bonaventure: Mystery of the Triune God", 74.
39   일리아 델리오 외, 『우리의 형제자매 피조물』, 25.
40   일리아 델리오 외, 『우리의 형제자매 피조물』, 75.
41   일리아 델리오 외, 『우리의 형제자매 피조물』, 68.
42   Delio, *A Franciscan View of Creation*, 22.

어책과도 같다. 프란치스코처럼 회개한 이들에게만 그 모든 의미가 제대로 전달되는 하느님의 책인 것이다.[43] 그래서 보나벤투라는 프란치스코가 모든 아름다운 것에서 아름다움 자체이신 그분을 보았다고 기록하면서, 회개한 이들에게 이 피조물의 책이 무엇을 계시하는지를 함축한다.[44]

피조물이 하느님 계시의 책이라는 점은 회칙 『찬미받으소서』에서도 같은 의미로 다음과 같이 메아리치고 있다. "하느님께서는 소중한 책을 쓰셨습니다. 이 책의 글들은 세상에 존재하는 다양한 피조물들입니다."[45]

2) 세상 창조보다 먼저 예정된 예수 그리스도: 예수 그리스도의 우선성과 피조물

프란치스칸 학자인 둔스 스코투스가 말하는 예수 그리스도의 우선성이라는 주제는 예수 그리스도의 육화라는 주제와 긴밀하게 연관되어 있고, 따라서 피조물의 궁극적인 의미와 본성을 함축하고 있다. 스코투스는 그리스도에 관한 신학적 주제를 논함에 있어서 그리스도의 육화라는 실제적인 체계에서 시작한다.[46] 알란 버나드 월터(Allan Bernard Wolter)가 설명하듯이, 스코투스는 하느님은 그 무엇보다도 먼저

---

43 참조: 일리아 델리오 외, 『우리의 형제자매 피조물』, 25.
44 참조: 『대전기』, 9. 1.
45 『찬미받으소서』, 85항.
46 ALLAN BERNARD WOLTER, "DUNS SCOTUS ON THE PREDESTINATION OF CHRIST", THE CORD 5 (1955), 368.

그리스도를 온 우주의 왕이자 중심으로 의도하였다고 논한다.[47] 관련하여 스코투스는 다음과 같이 말한다:

> 사리에 타당한 방법으로 의도하는 이는 누구나 먼저 목적을 의도하고, 두 번째로 그 목적을 즉각적으로 이루기 위한 것을 정하며, 세 번째로 그 목적을 이루는데 보다 더 멀리 떨어진 것을 정한다 … 하느님은 가장 합리적인 분으로 … 먼저 목적을 정한다 … 두 번째로 하느님은 즉각적으로 당신에게 명해진 것들을 의도한다. 이는 하느님 당신을 직접적으로 얻는 선택된 이를 예정하는 것이고, 이는 말하자면 당신 자신과 사랑을 나눌 다른 존재를 궁리하고 의도함으로써 당신 사랑의 대상 그 자체를 정하는 것이다 … 그러므로 하느님은 먼저 당신 자신을 사랑한다 … 둘째, 하느님은 다른 함께-사랑하는 존재를 의도하고, 이는 하느님 당신의 사랑을 담고 있는 다른 이들을 정하는 것이며, 그들을 미리 예정하는 것이다 … 셋째, 하느님은 당신의 목적에 필요한 것, 즉 은총의 선물을 정한다. 넷째, 하느님은 당신을 함께-사랑하는 존재를 위하여 보다 더 간접적인 다른 존재들, 예컨대 이 감각적인 세상을 정한다.[48]

즉, 스코투스는 가장 합리적인 하느님은 그 무엇보다도 먼저 당신을 완벽하게 '함께-사랑하는' 존재인 그리스도를 가장 먼저 정했다고 논하는 것이다. 이렇게 그리스도는 그 인간성과 함께 하느님의 목적에 보다 더 가까운 존재로 의도되었고, 이는 이 세상의 다른 존재들

47　Wolter, "Duns Scotus on the Predestination of Christ", 366.
48　재인용: Wolter, "Duns Scotus on the Predestination of Christ", 366. [John Duns Scotus, Opus Oxoniense III, d. 32, n. 6.]

보다 먼저 정해졌음을 의미한다.⁴⁹ 따라서 그리스도의 육화는 이 세상 창조보다 먼저 계획되었고, 그러므로 인간의 원죄보다 먼저 예정되었다. 예나 지금이나 이 세상 창조가 하느님의 자기 계시를 따라 먼저 이루어졌고⁵⁰, 그 이후 원죄로 타락한 인간을 구원하기 위한 그리스도의 육화가 계획되었다고 보는 시각이 많다. 즉, 세상 창조 - 인간 타락 - 원죄에 빠진 인간 구원을 위한 그리스도의 육화라는 도식으로 구원 과정을 인식하는 것이다. 그러나 스코투스는 그 모든 구원 활동 이전에 그리스도가 가장 먼저 예정되었으며, 따라서 그리스도의 육화는 하느님의 전체 계획의 가장 중요한 첫 부분이라고 가르친다. 그러므로 이 세상의 창조는 그리스도의 육화와는 별개로 독립적으로 이루어진 하느님 활동이 아니라, 그리스도의 육화라는 "하느님의 선함을 더 충만하게 드러내 보이기 위한 서곡 혹은 그 시작에 불과하다."⁵¹

이러한 그리스도의 우선성에 대한 가르침으로부터 아래와 같은 몇 가지 매우 중요한 신학적-영성적 개념이 도출된다. 첫째, 이 이론은 "그리스도의 육화 목적이 인간 구원에 있다는 사유를 거부한다."⁵² 그리스도는 그 무엇보다도 먼저 온 우주의 왕으로 의도되었고, 그리고 나서 부차적으로 원죄로 타락한 인간성을 구원하도록 계획된 것이다. 스코투스가 사용하는 논리와 원리에 따르면, 하느님은 먼저 그

---

49   ALLAN BERNARD WOLTER, "JOHN DUNS SCOTUS ON THE PRIMACY AND PERSONALITY OF CHRIST", FRANCISCAN CHRISTOLOGY: SELECTED TEXTS, TRANSLATIONS, AND INTRODUCTORY ESSAYS, ED. DAMIAN MCELRATH (NEW YORK: FRANCISCAN INSTITUTE OF ST. BONAVENTURE UNIVERSITY, 1980), 141.

50   INGHAM, SCOTUS FOR DUNCES, 141.

51   INGHAM, SCOTUS FOR DUNCES, 75.

52   WOLTER, "DUNS SCOTUS ON THE PREDESTINATION OF CHRIST", 366.

리스도의 영혼을 영광으로 예정하였고, 그 후 그리스도의 인간 본성이 제2격 하느님인 말씀과 결합하도록 하였으며, 그리고 다른 피조물도 이 영광에 참여할 수 있도록 계획하였다. 하느님은 이러한 예정들 이후에 비로소 아담의 타락을 예견하고 그에 따른 구원 계획을 마련한다. 이에 관해서 스코투스는 다음과 같이 적는다.

> 나는 그리스도의 육화가 죄로 인해서 예견된 것이 아니라, 목적에 더 근접한 선으로서 창세 전의 그 영원함으로부터 하느님께서 즉시 예견한 것이라 말한다 … 첫째, 하느님은 자기 자신을 지극히 높은 선으로 체험한다. 둘째, 하느님은 모든 피조물을 마음에 그린다 … 셋째, 하느님은 그들 중 일부를 영광과 은총으로 미리 정한다 … 넷째, 하느님은 아담을 통하여 죄에 빠질 모든 이를 예견한다. 다섯째, 하느님은 그 원죄에 대한 치유책을 예견하고 미리 예정한다.[53]

스코투스가 사용하는 일반적인 논리에 의하면 언제나 목적이 수단보다 먼저 정해지고, 더 큰 선이 더 작은 선보다 먼저 정해진다. 말씀의 육화는 하느님 사랑의 최고의 표현인 지극히 높은 선이다. 육화에 드러난 무한한 사랑과 선에 비교해 볼 때, 아담과 이브의 죄의 영향을 바로 잡는다는 선은 '더 작은 선'일 뿐이다. 위의 인용구에서 표현된 '목적'은 전체 피조계를 위한 하느님의 목적을 뜻하는 것이고, 스코투스는 이 목적이 바로 하느님 당신 자신의 생명을 나누는 것이라 논한다. 하느님의 생명은 너무나도 생산적이기에 지속해서 당신 자신의 표현을 추구하고, 하느님의 최종적인 목적은 하느님 당신

53　WOLTER, "JOHN DUNS SCOTUS ON THE PRIMACY AND PERSONALITY OF CHRIST", 153.

의 생명 나눔이다. 따라서 창조의 목적 역시 모든 피조물이 하느님의 거룩한 삶 안으로 참여하는 것이고, 아드님의 육화는 바로 이 목적에 더 부합하고 근접한 선이라 말할 수 있다. 왜냐하면, 윌리엄 쇼트가 논하듯이, 그리스도는 이 피조계 안에서 인간을 포함한 모든 피조물을 하느님의 내적 생명에 연결하는 중간 다리 역할을 하기 때문이다. 그렇게 모든 피조물이 하느님의 생명에 참여하는 것이 모든 피조물에 의도된 최고의 목적이다.[54]

따라서 그리스도의 육화, 그리스도의 인간 본성에 대한 우선적 예정이 결코 아담의 원죄에 종속될 수 없다. 만약 그렇게 된다면 언제나 더 큰 선이 더 작은 선보다 먼저 정해진다는 원칙, 즉 앞서 살펴본 바와 같이 모든 피조물이 하느님의 생명에 참여하도록 인도한다는 육화의 더 높은 선이 죄의 상태의 치유라는 더 작은 선 보다 먼저 정해진다는 원칙을 파괴하기 때문이다.[55] 또한, 만약 그리스도의 육화 목적이 타락한 인간 구원에 있다고 말한다면, 결국 이 세상 안에서 그리스도의 육화, 지상 삶, 죽음, 부활이라는 하느님의 지극히 높은 현존과 활동이 이루어지기 위해서는 인간의 죄가 필수적으로 요청된다는 해괴한 결론에 이르게 된다.[56] 이러한 사유는 결국 하느님의 무한한 자유를 제한할 뿐이고, 하느님은 '인간의 죄와는 무관하게' 당신의 영광이 그리스도와 그리스도의 인간 본성 안에서 드러나기를 갈망한다.[57] 따라서 우리가 살아가는 온 우주는 죄-중심적이 아니라 그리스

---

54 윌리엄 쇼트, 『가난과 기쁨』, 80-81.

55 RICHARD CROSS, *DUNS SCOTUS: GREAT MEDIEVAL THINKERS* (NEW YORK: OXFORD UNIVERSITY PRESS, 1999), 128-129.

56 INGHAM, *SCOTUS FOR DUNCES*, 76.

57 INGHAM, *SCOTUS FOR DUNCES*, 76.

도-중심적이라 말할 수 있겠다.[58]

스코투스의 그리스도 우선성 개념에서 도출되는 또 다른 중요한 개념은 바로 피조물에 관한 것이다. 하느님은 다른 모든 피조물에 앞서 예수 그리스도의 인간성을 정한다. 그리고 이 예수 그리스도의 인간성이 전체 피조계를 창조하는 주제(motif), 패턴(pattern), 혹은 청사진이 된다.[59] 즉, 예수 그리스도의 인간성이 각각의 피조물의 본성과 전체 피조물계를 설계하는 디자인 원형이 된 것이다. 앞서 살펴본 바와 같이 성 프란치스코도 「권고들」 5에서 같은 통찰을 보여주고 있다. "오, 사람이여, 주 하느님께서 육신으로는 사랑하시는 당신 아들의 모습대로, 그리고 영으로는 당신과 비슷하게 그대를 창조하시고 지어내셨으니, 주 하느님께서 그대를 얼마나 높이셨는지 깊이 생각해 보십시오." 우리가 당신 아들의 모습대로 지어졌다는 것은 곧 아담과 이브도 예수 그리스도의 모습을 따라 지어졌다는 것이고, 이는 곧 예수 그리스도의 인간성이 이 세상이나 다른 모든 피조물보다 먼저 정해졌으며, 이 세상 다른 모든 피조물 역시 우리 인간처럼 예수 그리스도의 인간성이라는 패턴과 청사진에 따라 창조되었음을 드러낸다. 그래서 스코투스 전문가인 알란 월터(Allan Wolter)는 "온 우주가 그리스도로 가득 차 있다"라고 선포한다.[60] 이렇게 모든 피조물은 그리스도의 인간성을 본떠 만들어졌으며, 그 인간성이 바로 창조의 궁극적인 목적이다.[61]

---

58 WOLTER, "DUNS SCOTUS ON THE PREDESTINATION OF CHRIST", 366.
59 WOLTER, "JOHN DUNS SCOTUS ON THE PRIMACY AND PERSONALITY OF CHRIST", 141.
60 WOLTER, "DUNS SCOTUS ON THE PREDESTINATION OF CHRIST", 366.
61 윌리엄 쇼트, 『가난과 기쁨』, 81.

이러한 그리스도 우선성 이론에서 볼 때 전체 피조물 혹은 온 세상은 지극히 그리스도-중심적이라 할 수 있다. 이러한 그리스도-중심적 세상관은 다소간 죄-중심적이었던 우리의 전통적인 세상관에 변화를 일으킬 수 있다고 하겠다. 온 우주 자체가 그리스도에 관한 세상이다. 보나벤투라가 논하듯이 피조물은 하느님의 이야기요 거울이자 책이다. 전체 피조물이 먼저 이야기하는 것은 죄가 아니라 창조주이다.

또한, 그리스도의 우선성 이론은 피조물이 그리스도의 육화를 담을 수 있는, 그렇게 완벽하게 육화에 꼭 맞는 존재임을 드러낸다. 이에 관하여 일리아 델리오(Ilia Delio)는 다음과 같이 설명한다: "예수님께서 하느님의 육화로서 오셨을 때, 이 세상에는 예수님께 꼭 맞는 존재가 있었는데, 이는 모든 피조물이 예수 그리스도를 닮아서 만들어졌기 때문이다."[62] 이렇게 전체 피조물은 그리스도를 청사진으로 창조되었다. 하느님의 육화에 꼭 맞는 존재인 피조물은 우리 인간으로 하여금 그 피조물의 신비로운 아름다움과 성사적인 본성을 바라보고 관상하도록 이끌고 있으며, 또한 어떻게 모든 피조물이 자신의 본성 안에서 그리스도를 닮아있는지 발견하도록 인도한다. 나아가 우리 인간이 이 성사적인 세상에서 어떠한 삶을 살아야 하는지에 대한 함축적인 가르침도 전달한다.

3) 피조물의 우연성: 사랑의 신비

보나벤투라나 스코투스 모두 피조물은 우연한 존재임을 강조한다. 즉 하느님이 하느님이기 위해서 반드시 이 세상을 창조할 필요는

---

[62] DELIO, A FRANCISCAN VIEW OF CREATION, 34.

없었다는 것이다. 하느님의 절대성과 절대적인 자유는 그 어떤 필연성이나 필요성으로 침해당할 수 없다. 그러나 우리 모두 명백하게 체험하고 누리는 바와 같이 이 세상은 이렇게 광대하고 아름답게 존재하고 있고, 그 위에 우리 인간도 창조되어 사랑과 자유를 누리고 있다. 하느님은 이 세상이 필요가 없었으나 이 세상을 창조하였다. 그렇다면 이 세상 창조가 결국 하느님의 의도적인 선택이었음을 드러낸다. 즉, 우리를 둘러싸고 있는 이 세상과 이 세상 안에 있는 모든 개별자는 하느님 당신의 거룩한 의도의 행위로서 창조한 것이다.[63] 그렇게 전체 피조계는 하느님이 하느님이기 위해서, 그렇게 하느님에게 필요해서 창조된 존재(필연자)가 아니라 하느님의 절대적 자유 안에서 우리가 지금 보는 이러한 모습으로 창조되기로 선택된 존재이다.

그렇다면 이 세상 전체 피조계의 본성은 지극히 '우연적'이다. 왜냐하면, 그 어떤 논리적인 필요나 절대적인 요청이 없었음에도 불구하고 창조되었기 때문이고, 따라서 어떤 피조물도 필연적이지 않기 때문이다. 나아가, 우연한 존재자는 그 존재의 탄생과 유지가 다른 존재자에게 종속된다. 따라서 이 세상 모든 피조물이 우연한 존재라는 말은 곧 그 어떤 피조물도 자기 자신의 힘으로 탄생하거나 유지될 수 없고, 창조주인 하느님께 그 존재가 완전히 종속된다는 말이다. 그러므로 지금 이 세상에 존재하는 피조물은 사실 전혀 존재하지 않았을 수도 있었고, 만약 존재한다고 하더라도 지금과는 다른 양태로 존재할 수도 있었던 것이다.[64]

13세기에는 피조물의 필연성 혹은 우연성에 관한 토론이 활발하

---

63 Cf: Ingham, *Scotus for Dunces*, 45.

64 Cf: Ingham, *Scotus for Dunces*, 39.

게 전개되었다. 아리스토텔레스와 아라비아 사상가들의 사료를 바탕으로 토론을 펼친 학자들은 전체 피조계의 필연성을 옹호하는 의견을 피력하였다.[65] 이들은 창조라는 신적 행위가 필연적이라고 보았는데, 왜냐하면 하느님의 본질 그 자체가 그와 같은 세상 창조의 행동을 요청한다고 생각하였기 때문이었다. 그러므로 이들은 창조로부터 신적 본성에 이어지는 그들 나름의 사유에 기초하여 하느님께서는 창조하지 않을 수 없었다고 결론 짓는다.[66] 즉, 하느님이 하느님이기 위해서는 이 세상 창조가 반드시 필요했다는 것이며, 따라서 모든 피조물은 필연적이라는 결론에 이른다. 만약 어떤 존재자가 그 존재의 탄생과 유지에 있어서 그 어떤 다른 존재에게도 빚지지 않는다면, 그 존재는 필연적인 존재자이며, 이는 주로 필요성의 개념과 관련된다.

그러나 스코투스와 같은 프란치스칸 학자들은 그와 같은 이론에 전혀 동의하지 않았고, 하느님의 이 구체적인 세상 창조에 대한 선택이 하느님의 선善이라는 본성으로만 설명될 수 있다고 논하였다. 만약 전체 피조물이 하느님의 선에 그 뿌리를 두고 있다면, 그렇다면 모든 피조물은 간명하게도 우연적일 수밖에 없다. 왜냐하면, 선은 사랑에서 발로하는 것이지 필요성에 기인하지 않기 때문이다.[67]

그러나 피조물을 '우연적인 존재'로 정의한다고 해서 전체 피조물의 의미가 사라지거나 퇴색되거나 부정적인 의미를 지니지 않는다. 전혀 창조되지 않았을 수도 있었던 이 세상과 피조물이 지금 분명히 존재하고 있다는 것은 곧 거룩한 창조주이신 하느님이 자유롭게, 의

---

65 INGHAM, *SCOTUS FOR DUNCES*, 47.
66 INGHAM, *SCOTUS FOR DUNCES*, 47.
67 INGHAM, *SCOTUS FOR DUNCES*, 47.

도적으로, 그리고 사랑으로 이 세상을 창조하기를 '선택'하였다는 것을 드러낸다. 즉, 모든 피조물은 하느님이 필요해서가 아니라, 원하고 사랑하기 때문에 창조되었고 존재하고 있는 것이다. 따라서 하느님과 피조물의 본성은 사랑이라는 단어로 요약될 수 있다.

나아가 우연한 피조물 안에 있는 하느님의 자유와 사랑은 결코 그 현존을 멈추지 않는다. 이에 관하여 스코투스 학자인 메리 배쓰 잉험(Mary Beth Ingham)은 다음과 같이 논한다: "하느님은 이 세상에서 발생하는 모든 것에 사랑 안에서 자유롭게 현존한다. 이 우연한 세상에 대한 하느님의 지식 혹은 앎은 하느님의 지탱력의 현존과 다른 말이 아니다."[68] 다른 말로 하자면, 무엇인가가 지금 존재하고 있다면, 하느님의 사랑이 그것을 지탱하고 있다는 것이다. 따라서 지금 무엇인가가 존재하고 있다면, 그 존재는 존재 자체로 하느님의 사랑을 받고 있음을, 그 사랑으로부터 지탱되고 있음을 표현하고 있는 것이다. "하느님은 절대적으로 자유롭기에, 하느님은 절대적으로 사랑하며, 이 사랑은 절대적으로 (지금 여기 우리와 함께) 내재한다. 무엇인가가 존재하고 있는 한, 하느님은 그것을 지탱하며 현존한다."[69] 따라서 지금 현재의 순간은 영원의 완벽함을 표현한다고 말할 수 있다.[70]

피조물의 우연성이라는 이론은 피조물을 필연적이지 않은, 필요 없는, 일종의 부정적인 개념으로 바라보는 개념이 아니다. 오히려 반대로 피조물이 하느님의 사랑과 자유 안에서 선택되어 그 사랑과 자

---

68 INGHAM, *SCOTUS FOR DUNCES*, 46.

69 DAWN M. NOTHWEHR, *ECOLOGICAL FOOTPRINTS: AN ESSENTIAL FRANCISCAN GUIDE FOR FAITH AND SUSTAINABLE LIVING* (COLLEGEVILLE, MINNESOTA: LITURGICAL PRESS, 2012), KINDLE ELECTRONIC EDITION: LOCATION 3495.

70 DELIO, *A FRANCISCAN VIEW OF CREATION*, 33.

유로 지탱되고 있다는 신비적인 차원의 지평을 드러낸다고 하겠다.

4) Haecceitas: 다름의 신비

프란치스칸 학자인 둔스 스코투스가 논하는 피조물에 관한 주제 중 가장 독특하고도 중요한 가르침이라면 아마도 해체이타스(Haecceitas, 개별화의 원리)라는 개념일 것이다. 해체이타스는 '개별화의 원리' 혹은 '바로 이것임' 등으로 번역될 수 있다. 이러한 "개별화의 원리는 그 어떤 개별자에게 있어서나 그 존재 자체에 반드시 고유한 본질적인 것이고, 독특하며, 적합하다." 따라서 해체이타스는 "각 개별자를 바로 그 개별자로 만들며, 비교 가능한 다른 것들로부터 완전히 구별시킨다."[71]

이를 조금 더 쉽게 설명하자면 다음과 같이 이야기할 수 있겠다. 각각의 개별 피조물은 각자만의, 그리고 그에게만 속한 '개별 원리'를 가지고 있다. 예를 들어, 나는 나에게만 속한 '무엇인가'를 가지고 있고, 이것이 나를 진정한 나로 만들며, 바로 이것으로 나는 나와 비슷한 다른 사람들과 구분된다. 그리고 나에게만 속한 이것은 이 세상 다른 어떤 사람이나 피조물에서도 찾아볼 수 없는 나에게만 속한 독특한 것이다. 이것은 반복되거나 복사될 수 없는 오로지 나의 본질에 속한 원리이고, "오직 하느님에게만 온전히 알려져 있다."[72]

스코투스 당시의 많은 학자는 개별자의 개별화가 양, 질료 등 본질적이지 않은 개념에 기반한다고 보았지만, 스코투스는 그러한 사

---

71 INGHAM, *SCOTUS FOR DUNCES*, 52.
72 INGHAM, *SCOTUS FOR DUNCES*, 54.

유를 거부하고 "개별화는 어떤 개별 피조물이나 사람의 우연적인 부분에 근거해서는 안 되고, 반드시 각 개별자의 본질 그 자체에 근거해야 한다"⁷³고 주장한다. 즉, 스코투스는 모든 존재자가 질료와 형상이라는 두 가지 근본적인 구성 요소만 가졌다고 본 전통적인 가르침에 해체이타스라는 제3의 요소를 근본 구성 요소로 추가한다.⁷⁴

그리고 이 이론을 앞서 살펴본 '그리스도의 우선성' 이론과 결부시켜 보면 피조물의 의미를 더 값지게 하는 의미 있는 결과가 나온다. 앞서 논하였듯이, 모든 피조물은 예수 그리스도라는 청사진을 따라 창조되었다. 따라서 모든 피조물은 어떤 의미에서 자신의 존재와 삶을 통하여 예수 그리스도를 행하고 있다고 볼 수 있다. 이것은 모든 생명체가 지닌 생명 전달의 본성에서 바로 찾을 수 있다. 우리가 경험적으로 보고 듣고 알고 있듯이, 모든 피조물은 자신의 삶을 통하여 다른 피조물과 인간에게 자신의 생명을 내어주는 삶을 기꺼이 살고 있다. 그런데 각 피조물은 이러한 생명 전달의 삶을 바로 자신만의 '개별성' 혹은 '해체이타스(haecceitas)' 속에서 하고 있다. 즉, 자신에게만 주어진 바로 그 무엇인가를 자신에게만 주어진 방법으로 살고 행함으로써 예수 그리스도를 드러내고 있다. 바로 이런 맥락에서 볼 때 이 피조계에 존재하는 무의미하고 가치가 없는 것처럼 보이는 가장 작은 피조물들, 예를 들어 나뭇잎 혹은 한 알의 모래도 거룩한 의미로 가득 차게 된다.⁷⁵ 이에 관하여 일리아 델리오는 다음과 같이 간단하고 명확하게 이야기한다. "각각의 피조물은 무엇인가를 하고 있다.

---

73 KENAN B. OSBORNE, "INCARNATION, INDIVIDUALITY AND DIVERSITY", *THE CORD* 45 (3, 1995), 25.
74 윌리엄 쇼트, 『가난과 기쁨』, 200.
75 DELIO, *A FRANCISCAN VIEW OF CREATION*, 37-38.

그리고 그것이 하는 것은 다름 아닌 바로 자기 자신이다. 이렇게 자기 자신이 되는 것은 다름 아닌 그리스도를 행함(doing-Christ)이다."[76]

교황 프란치스코도 회칙 『찬미받으소서』에서 다음과 같이 이와 유사한 가르침을 전한다.

> 물질세계 전체는 하느님의 사랑, 곧 우리에 대한 무한한 자애를 나타냅니다. 흙과 물과 산, 이 모든 것으로 하느님께서 우리를 어루만지십니다.[77]

> 하느님께서는 소중한 책을 쓰셨습니다. 이 책의 "글들은 세상에 존재하는 다양한 피조물입니다." 캐나다 주교님들은 하느님의 이러한 계시에서 배제된 피조물은 단 하나도 없다는 사실을 잘 표현하셨습니다. "가장 뛰어난 장관에서부터 가장 작은 생명체에 이르기까지 자연은 경탄과 경외의 끊임없는 원천입니다. 이는 또한 하느님의 끊임없는 계시입니다." 일본 주교님들도 매우 시사하는 바가 있는 말씀을 하셨습니다. "모든 피조물이 자신의 존재를 노래하고 있음을 알아채는 것은 하느님 사랑과 희망 안에서 기쁘게 살아가는 것을 의미합니다."[78]

---

76 Delio, *A Franciscan View of Creation*, 38.
77 『찬미받으소서』, 84항.
78 『찬미받으소서』, 85항.

7. 생태 위기에 대한 프란치스칸적 해법

1) 생태 위기는 환경 위기인가?

지금까지의 논의를 바탕으로 지금의 생태 위기를 정의한다면, 이 위기는 단순한 자연환경의 위기로만 논할 수는 없을 것이다. 우선 이 위기는 말씀의 위기이다. 왜냐하면, 하느님의 책인 작은 '말씀들' 피조물이 위기에 처했기 때문이다. 이는 곧 신학의 위기를 뜻한다. 왜냐하면, 신학(Theology)은 문자 그대로 하느님의 말씀을 뜻하기 때문이다.[79] 또한, 이 위기는 의미의 위기이다. 앞에서도 살펴보았듯이 그리스도의 인간성을 청사진으로 창조되어, 각각의 고유함(haecceitas)을 통하여 서로에게 생명을 전하는 피조물의 의미가 위기에 처했기 때문이다. 이 위기는 또한 우리 종교의 위기라고 할 수 있겠다. 하느님의 말씀인 피조물, 창조물에 하느님이 부여한 의미를 알아보지 못하는 우리 교회 공동체 전체의 위기일 수도 있기 때문이다. 마지막으로 이 위기는 관계의 위기라고 표현할 수도 있겠다. 회칙『찬미받으소서』가 표현하듯이, "모든 피조물은 우리와 더불어 그리고 우리를 통하여 공동의 도착점"으로 공동의 여정을 하고 있다.[80] 즉, 지금 여기에서부터 하느님이 원하고 정하신 올바른 조화의 관계가 끝까지 이어져, 모든 피조물이 인간과 함께 하느님에게로 돌아가는 그 여정이, 그 올바른 관계성이 위기에 처한 것이다. 그러므로 지금 온 인류가 직면하고 있는 생태 위기는 단순한 환경의 위기가 아니라 전술했다시피 그보다

---

79 참조: 일리아 델리오 외,『우리의 형제자매 피조물』, 24-25.
80 『찬미받으소서』, 83항.

훨씬 더 깊고 광범위한 위기이며, 실제로 프란치스코 교황이 경고하는 대로 공멸과 종말의 위기로 이어질 수 있는 치명적인 어떤 것이다. 관련하여 프란치스코 교황은 다음과 같이 경고한다. "종말에 대한 예언은 더 이상 비웃거나 무시할 수 없습니다."[81]

2) 해법 1: 가난의 회복

그렇다면 이 위기를 타개할 해법은 무엇일까? 우선 '올바른 가난'의 회복이 급선무이다. 프란치스코 교황은 아시시 프란치스코의 청빈과 검소를 언급하며 다음과 같이 말한다. "프란치스코 성인의 청빈과 검소는 피상적인 금욕주의가 아니라 좀 더 근본적인 것입니다. 곧 현실을 단순히 이용하고 지배하기 위한 대상으로 삼는 것을 거부하는 것입니다."[82] 즉, 프란치스코 교황은 성 프란치스코의 물질적 가난의 삶이 단순한 자기 극복을 위한 수덕적 행위나 금욕주의의 결과물이 아니라는 것이다.

그렇다면 성 프란치스코의 그 가난은 어디에서 기인한 것일까? 이에 관한 간명한 설명은 성 프란치스코의 다음 구절에서 찾을 수 있다. "우리는 지극히 높으시고 지존하신 주 하느님께 모든 좋은 것을 돌려드리고, 모든 좋은 것이 그분의 것임을 깨달으며, 모든 선에 대해 그분께 감사드립시다."[83] 여기서 프란치스코는 '모든 좋은 것이 그분의 것임'을 분명히 한다. 즉, 존재하는 모든 피조물은 나의 것이나 우리의 것이 아니라, 오로지 하느님의 것이다. 바로 이 지점이 프란치스

---

81 『찬미받으소서』, 161항.
82 『찬미받으소서』, 11항.
83 「비인준 규칙」 17. 17.

칸 가난이 시작되는 지점이다. 가난은 단순히 덜 소유하거나 덜 탐욕하는 것이 아니라 존재하는 모든 것 안에서 하느님의 주권과 소유권을 보는 것이다. 따라서 프란치스코 교황이 말하듯이 그 어떤 피조물도 자신의 것으로 또는 자신의 지배 대상으로 삼지 않는 것이다. 이렇게 프란치스칸 가난은 우선 하느님이 자신의 모든 것을 나누는 지극히 선한 분이심을 깨닫고, 또한 모든 좋은 것들이 그 하느님에게서 온다는 사실을 자각하며, 그 좋은 것들을 부당하게 내 것으로 소유하거나 축적하지 않는 가운데, 다시 하느님에게 돌려드리는 것이다.[84] 이런 태도의 삶을 살면 청빈과 검소는 자동적으로 따라오는 결과이다. 프란치스코와 초기 형제들이 살았던 가난의 삶은 단순한 참회의 행위나 금욕적 실천이 아니었다. 이 가난은 거룩한 복음을 따르는 아주 구체적이고도 실제적인 삶의 계획이었다. 즉, 예수 그리스도의 탄생, 삶, 활동, 죽음, 부활에서 읽을 수 있었던 하느님의 자비로운 내어주심을 있는 그대로 따르는 삶이었다.[85]

만약 이 가난을 제대로 살지 못하고 부당한 소유의 죄에 빠져 있다면 어떤 모습의 삶을 살게 될까? 이에 관하여 일리아 델리오는 보나벤투라의 관점에서 다음과 같은 설명을 남긴다.

> 보나벤투라의 사상 안에서 죄는 하느님으로부터 돌아서서, 몸은 구부려지고, 지력의 눈은 멀며, 무한히 많은 질문들에 얽힌 채로 우리 자신을 향하는 것이다. 우리는 이제 선(혹은 사랑)을 찾아 이 세상을

---

84 참조: THADDEE MATURA, "FRANCIS OF ASSISI-THEOLOGIAN?", *A PILGRIMAGE THROUGH THE FRANCISCAN INTELLECTUAL TRADITION*, EDS. ANDRE CIRINO AND JOSEF RASCAL (CANTERBURY, U.K: FRANCISCAN INTERNATION STUDY CENTRE, 2008), 20.
85 참조: 윌리엄 쇼트, 『가난과 기쁨』, 94.

떠돌게 되는데, 이는 우리가 그 선(혹은 사랑)을 우리 자신 안에서 인식하는 것이 불가능해졌기 때문이다. 지성의 눈이 멀고 갈망이 왜곡된 우리 인간은 이제 전혀 우리에게 속하지 않는 것들을 우리 자신을 위해서 거머쥐기 시작한다. 전적으로 하느님에게 의존하는 그러한 가난한 인간이 되는 것과는 반대로, 이제 우리는 우리 자신을 작은 하느님으로 만들고 우리를 우주의 중심이 되게 한다. 그렇게 우리는 모든 것을 우리만을 위한 목적에 사용하고, 우리에게 정당하게 속하지 않은 것을 다른 이로부터 취한다. 우리가 피조물에 대한 하느님의 선물이 공동선의 세상을 발가벗길 때, 이제 우리는 새로운 가난의 체계를 창조하게 된다. 이렇게 우리는 철저한 의존 관계라는 참된 가난에서 탐욕의 잘못된 가난으로 옮겨간다.[86]

지금의 생태 위기를 헤쳐나가기 위해서는 올바른 가난의 시각과 태도를 회복해야 한다. 즉, 모든 것이 하느님 것이라는 관점에서 모든 피조물, 모든 인간과 새로운 형제자매 관계를 맺어야 한다. 이러한 관계 맺음이 곧 생태적 형제 공동체의 시작점일 것이다. 이러한 삶의 구체적인 표현은 감사, 존중, 소유나 축적이 아닌 사용, 감사로운 되돌려 드림 등의 형태로 나타날 것이다.

3) 해법 2: 관상적 시각의 회복

두 번째 해법이라면 관상적 시각의 회복이다. 보나벤투라는 자신이 직접 만든 단어인 컨투이시오(Contuitio/관조)라는 단어를 통하여 눈으로 보는 것을 심도 있게 통찰하여 숨겨진 하느님의 심연을 관상하

---

86   ILIA DELIO, *CLARE OF ASSISI: A FULL OF LOVE* (CINCINNATI, OHIO: ST. ANTHONY MESSENGER PRESS, 2007), 18.

라고 가르친다.[87] 각각의 피조물은 하느님과의 독특한 관계를 맺고 있고, 하느님의 권능과 지혜와 선을 반사하고 있다. 그렇게 모든 피조물은 하느님의 계시이다. 그리고 그것을 꿰뚫어 통찰하는 관상이 곧 '컨투이시오'이다. 프란치스칸 초기 사료들은 프란치스코의 컨투이시오적인 시각을 다음과 같이 전한다. "[프란치스코는] 모든 피조물을 형제자매라고 불렀고 아무도 알 수 없는 탁월한 방법과 예민한 감성으로 사물의 숨겨진 비밀을 간파하였다."[88] "모든 아름다운 것에서 그는 아름다움 자체이신 그분을 보았으며 창조물에 새겨져 있는 그분의 모습을 보고 그는 어디서나 사랑하는 그분의 뜻을 따랐다."[89]

회칙 『찬미받으소서』는 보나벤투라를 인용하면서 모든 피조물이 자신 안에 삼위일체의 구조를 담고 있다고 가르친다. 나아가 하느님은 우리가 "삼위일체의 열쇠로 현실을 읽도록 노력하라고 우리를 채근한다."라고 강조하면서 전술한 관상적 시각의 중요성을 함축한다. 즉, 우리가 육안으로 바라보는 존재하는 실재의 이면에 숨겨진 삼위일체의 신비를 함께 바라볼 것을 채근하는 것이다.[90] 이러한 관상적 시각의 회복 없이는 현대의 생태 위기를 그 근본에서 극복하는 것이 힘들 것이다.

---

87 참조: 일리아 델리오 외, 『우리의 형제자매 피조물』, 185-186.
88 『1첼라노』, 81.
89 『대전기』, 9. 1.
90 『찬미받으소서』, 239항.

4) 해법 3: '인간'이라는 생물 종의 생태적 지위 회복

모든 피조물은 자신만의 생태적 지위를 가지고 있고, 각자 만의 역할을 통하여, 또한 각자가 속한 생태적 지위에서 행하는 서비스를 통하여 인간을 포함한 전체 생태계에 기여하고 있다. 그리고 우리 인간도 하나의 생물 종으로서 인간의 생태적 지위를 회복해야 할 때다. 즉, 피조물 안에서 우리 인간의 역할을 회복해야 하는 것이다.[91] 인간은 이 세상에 펼쳐진 다양한 피조물의 의미를 알아볼 수 있는 유일한 피조물이다. 또한, 하느님이 이 피조물들과 맺는 관계, 피조물 서로 간의 관계를 간파할 수 있는 유일한 피조물이다. 그리고 피조물과 우리가 맺는 관계가 '형제자매' 관계임을 알아보는 유일한 피조물이다. 그렇다면 우리 인간은 "그 누구도 그 무엇도 제외되지"[92] 않는 우주적 형제 공동체 건설의 소명이라는 우리의 생태적 소명을 기꺼이 받아들여야 한다.

프란치스코 교황은 회칙 『모든 형제들』에서도 이러한 보편적 형제애를 강조하면서 인류를 '한 배에 올라탄 공동 운명체'로 규정한다.[93] "이 공동의 집에 거주하는 하나인 '우리'를 이루어야"[94] 한다고 역설한다. 피조물과 인류가 긴밀하게 서로 결합하고 연결되어 있음을 보지 못한다면, 우리가 맺어야 할 관계가 한 배에 올라탄 공동 운명체로서 그렇게 서로가 서로를 돌보고 보호하는 형제자매 가족임을 보지 못한다면, 프란치스코 교황이 다음과 같이 말하는 대로 그 누구

---

91 참조: 일리아 델리오 외, 『우리의 형제자매 피조물』, 117-118.
92 『찬미받으소서』, 92항.
93 『모든 형제들』, 32항.
94 『모든 형제들』, 17항.

도, 그 무엇도 완성되지 못하는 현실을 피할 수 없을 것이다. "오늘날 우리는 모두 함께 구원받거나 어느 누구도 구원받지 못한다는 인식을 키워야 합니다."[95]

8. 결론을 대신하여: 호모 에코노미쿠스(Homo Oeconomicus)에서 호모 오이코노미쿠스(Homo Oikonomikus)로의 전환

지금까지의 논의를 종합하면서 호모 오이코노미쿠스로의 전환을 결론으로 제안하고자 한다. 지금 한국 등 선진국의 삶의 형태는 호모 에코노미쿠스의 상태라고 판단된다. 호모 에코노미쿠스는 "물질적 풍요의 한가운데서 살아가는 소비자와 사실상 통제 불가능한 인간 목적에 지구를 굴복시키는 생산자를 의미한다."[96] 즉, "나는 구매한다. 고로 존재한다."[97]는 형태의 삶을 조장하고 살아가는 이들을 의미한다. 이러한 관계성을 살아가는 이들은 모든 것을 파괴한다. 이 행성과 인간을 포함한 이 행성 위에 존재하는 모든 것을 소비재로 보기 때문이다. 고립과 파괴와 무관심을 조장하며 본래 거룩하고 선해야 할 모든 관계성도 파괴한다. 이런 사람은 결국 타인과 피조물뿐만 아니라 자기 자신마저도 파괴한다. 이러한 인간 삶의 형태에서 돌아서서 '집의 인간', 즉 '호모 오이코노미쿠스'로의 전환이 필요하다.[98]

---

95 『모든 형제들』, 137항.
96 일리아 델리오 외, 『우리의 형제자매 피조물』, 249.
97 일리아 델리오 외, 『우리의 형제자매 피조물』, 250.
98 참조: 일리아 델리오 외, 『우리의 형제자매 피조물』, 261-262.

아시시의 성 프란치스코는 회개 초기 "가서 나의 집(oikos)을 고치라."는 명령을 듣고 일생을 통하여 그 작업에 임하였다. 프란치스코는 그렇게 호모 오이코노미쿠스였다. 지금까지의 논의를 요약하여 호모 오이코노미쿠스를 논한다면 다음과 같을 것이다. 우선 호모 오이코노미쿠스는 모든 피조물에 새겨진 하느님의 글자와 삼위일체의 흔적을 관조(Contuitio)하는 사람이다. 그래서 피조물의 의미가 무엇인지를 제대로 간파하고 그에 걸맞게 행동하는 사람이다. 호모 오이코노미쿠스는 우리 모두가 하느님이 설계한 거룩한 관계망 안에서 서로에게 긴밀하게 연결되어 있음을 알아보는 사람이다. 또한, 이 관계망의 회복을 위한 회개의 여정에 있는 사람이다. 그리고 모든 것을 하느님의 거룩하고 자애로운 선물로 여기는 가난의 사람이며, 이 가난 안에서 서로 간의 상호 의존성을 기쁘게 살아가는 사람이다. 나아가 이 가난을 통하여 피조물이 마땅히 누려야 할 것을 감사로이 돌려주는 정의의 사람이다. 당연히 우리 공동의 집에 속한 모든 존재를 형제자매로 알아보고 귀 기울이는 사람이며, 따라서 피조물의 울부짖음과 가난한 이들의 울부짖음을 향해 전환하는 사람이다. 마지막으로 그 어떤 피조물이나 사람이 탈락하거나 배제되거나 소외되지 않는 공동체를 꿈꾸고 만드는 사람일 것이다.

지금 이 시간에도 십자가에 못 박히신 예수 그리스도는 우리에게 이렇게 명하시고 있을 것이다. "형제자매들이여! 그대들도 나의 집(oikos)이 허물어져 가는 것을 보고 있지 않느냐? 그러니 가서 나의 집을 수리해다오!"[99]

---

99 참조: 『세 동료』, 13.

참고문헌

1. 교회 문헌

교황 프란치스코, 『복음의 기쁨(Evangelii Gaudium)』 (서울: 한국천주교중앙협의회, 2014).

_____ , 『찬미받으소서(Laudato Si')』 (서울: 한국천주교중앙협의회, 2015).

_____ , 『모든 형제들(Fratelli Tutti)』 (서울: 한국천주교중앙협의회, 2020).

2. 프란치스칸 원천사료

작은형제회(프란치스코회) 한국 관구 엮음, 『프란치스코와 클라라의 글』 (서울: 프란치스코 출판사, 2014).

프란치스코회 한국 관구 엮음, 『아씨시 성 프란치스꼬의 생애』 (왜관: 분도 출판사, 1986).

대전기

전기모음

Bonaventure, "Soliloquim", 2.12(VIII, 49), vol. 2. Zachary Hayes, trans. Bonaventure: Mystical Writings (New York: Crossroad, 1999).

3. 서적과 아티클

델리오, 일리아(Delio, Ilia), 워너, 키쓰 더글라스(Warner, Keith Douglass), 우드, 파멜라(Wood, Pamela), 『우리의 형제자매 피조물: 프란치스칸 지구 영성』, 김일득 옮김(서울: 프란치스코 출판사, 2022).

쇼트, 윌리엄(Short, William), 『가난과 기쁨: 프란치스칸 전통』, 김일득 옮김(서울: 프란치스코 출판사, 2016).

Cross, Richard, *Duns Scotus: Great Medieval Thinkers* (New York: Oxford University Press, 1999).

Delio, Ilia, *A Franciscan View of Creation*, (NY: St. Bonaventure University, 2003).

_____, *Clare of Assisi: A Full of Love* (Cincinnati, Ohio: St. Anthony Messenger Press, 2007).

_____, *Simply Bonaventure: An Introduction to His Life, Thought, and Writings* (NY: New City Press, 2001).

Hayes, Zachary, "Bonaventure: Mystery of the Triune God", The History *of Franciscan Theology*, ed. Kenan B. Osborne (New York: The Franciscan Institute, 1994), 39-125.

Ingham, Mary Beth, *Scotus for Dunces: An Introduction to the Subtle Doctor* (New York: Franciscan Institute Publication, 2003).

Matura, Thaddee, "Francis of Assisi-Theologian?", *A Pilgrimage Through the Franciscan Intellectual Tradition*, eds. Andre Cirino and Josef Rascal (Canterbury, U.K: Franciscan Internation Study Centre, 2008), 11-22.

Nothwehr, Dawn M., *Ecological Footprints: An Essential Franciscan Guide for Faith and Sustainable Living* (Collegeville, Minnesota: Liturgical Press, 2012), Kindle Electronic Edition.

Osborne, Kenan B., "Incarnation, Individuality and Diversity", *The Cord* 45 (3, 1995), 19-26.

_____, "The Center of the Spiritual Vision", *The Franciscan Moral Vision: Responding to God's Love*, ed. Thomas A. Nairn (New York: Franciscan Institute Publication, 2013), 23-50.

Warner, Keith Douglass, "Taking Nature Seriously: Nature Mysticism, Environmental Advocacy and the Franciscan Tradition", *Franciscans and Creation: What is Our Responsibility?* (Washington Theological Union Symposium Papers 2003, NY, The Franciscan Institute, 2003), 53-82.

Wolter, Allan Bernard, "Duns Scotus on the Predestination of Christ", *The Cord* 5 (1955), 366-372.

_____, "John Duns Scotus on the Primacy and Personality of Christ", *Franciscan Christology: Selected Texts, Translations, and Introductory Essay*s, ed. Damian McElrath (New York: Franciscan Institute of St. Bonaventure University, 1980), 139-182.

셋째날

프란치스칸 전망에 대한 논평

김종화 알로이시오
(작은형제회)

1. 인사

　제23차 프란치스칸 영성 학술 발표회의 셋째 날 마지막 시간 논평을 맡은 작은형제회 김종화 알로이시오 형제입니다. 이번 발표회의 전체 주제는 "생태 영성-우리 어머니요 그리스도의 몸인 지구"입니다. 우리는 첫째 날, 생태 영성에 대한 성경 및 종교적 전망을 살펴보았고, 둘째 날에는 그리스도교적 전망 안에서 생태 영성을 바라보았습니다. 그리고 오늘 마지막 세 번째 날에는 프란치스칸 시각 안에서 그리스도교의 생태 영성을 재조명하려고 시도하고 있습니다.

　이번 프란치스칸 영성 학술 발표회의 전체적인 구성을 들여다볼 때, 프란치스칸 전망 안에서 살펴본 생태 영성 부분이 개인적으로는 가장 중요한 부분으로 다가옵니다. 특히 오늘 세 번째 주제인 '프란치스칸 생태 영성'은 앞서 발제한 '프란치스칸 사상 안에서의 생태 영성'과 "찬미받으소서"에 나타난 생태 영성을 연결하고 통합시키면서 오늘날 기후 위기 시대를 살아가는 우리 그리스도인들에게 작은 희망의 빛을 제안했다고 보입니다. 세 번째 발제를 맡아주신 김일득 모세 형제님께 감사의 인사를 전하고 싶습니다.

2. 전체 내용

— 서론

　먼저 오늘 세 번째 주제인 '프란치스칸 생태 영성'에 대한 전체적인 내용을 다시 한번 살펴보고 싶습니다. 발제자는 가장 먼저 교황 프란치스코의 회칙 〈모든 형제들〉 32항을 인용하면서 그리스도교의 보편 구원에 대해서 언급합니다. "우리는 그 누구도 혼자 구원받을 수 없고 오로지 함께라야 구원받을 수 있습니다"(32항). 그리스도교의 신앙인 보편 구원은 인류 공동체라는 피조물 전체의 구원을 말하는 것이기에, 어머니인 땅(지구) 자매를 찬미한 프란치스코의 영성과 자연스럽게 연결됩니다.

또한 발제자는 그리스어 집(oikos)과 생태학(eco-logy)의 어원을 언급하면서, 우리 공동의 집에서 살아가는 인류 모두가 "그저 그냥 살아가는 관계가 아니라, 우리가 사랑하는 곳에서 더 참으로 존재"(성 보나벤투라)하는 관계임을 강조합니다. 하지만 하느님께서 창조하신 인류 공동체의 창조 질서가 오늘날 급속히 파괴되고 있는 상황 속에서 발제자는 현대인들의 생태적 전환의 소명으로 Homo Oikonomicus(집의 인간)를 제안합니다.

― 본론

발제자는 서론에서 언급한 내용을 토대로 본격적으로 '프란치스칸 생태 영성'에 대한 이해를 심화시켜 나갑니다. 특히 이번 발제에서는 프란치스칸 영성과 관련된 7개의 주제를 열거하면서 프란치스칸 생태 영성을 설명하고 있습니다.

1) 프란치스코와 피조물의 관계

- 프란치스코 시대의 주류 피조물관: 카타리 이단과 신 플라토니즘에 대한 설명
- 프란치스코의 피조물관: 권고 5번과 비인준규칙 23,1절 인용, 둔

스스코투스의 창조관(예수 그리스도가 창조계의 주제와 설계도이다)

　- 프란치스코의 피조물관: 태양 형제의 노래를 설명한다. 피조물의 다양성을 통한 거룩한 상호의존성과 상호연결성의 노래, 가난의 노래, 선과 사랑의 하느님으로부터 나온 가족 피조물의 노래이다.

　2) 회칙 <찬미받으소서>에서 인용되는 프란치스칸 원천 사료

　- 각주 19: 1첼라노 81항 인용, "꽃이 마치 이성을 지닌 듯 주님을 찬미하도록 초대"
　프란치스코는 피조물 안에 새겨진 주님의 글자를 발견한다. 피조물의 성사성을 말한다.
　- 각주 20: 대전기(보나벤투라) 8장 6항 인용, "모든 사물의 공통 원천에 관한 성찰로 더욱 커다란 측은지심에 찬 성인께서는 아무리 하찮은 피조물이라도 '형제'나 '누이'로 부르셨습니다."
　- 각주 21: 2첼라노 165항 인용, "수도원 정원의 일부를 언제나 손대지 않은 상태로 놔두어라."
　찬미받으소서 12항: 피조물은 하느님의 무언가를 반사하는 책이다.
　2첼라노 165항: 프란치스코가 어떻게 피조물 안에서 하느님의 말씀을 읽었는지를 묘사한다.
　- 각주 40: 대전기 8장 1항 인용, "보나벤투라 성인께서는 프란치스코 성인께서 모든 피조물과 맺으신 보편적 화해를 통하여 어느 모로 본디의 순수 상태로 돌아가려 하셨다고 주장하셨습니다."
　찬미받으소서 66항: 하느님과 이웃, 그리고 지구와의 조화로워야 할 관계성이 인간의 이기적인 갈망으로 파괴되었고, 조화로운 관계의 회복을 통하여 "본디의 순수 상태"로 돌아가는 치유가 이루어짐

을 이야기한다.

- 각주 64: 태양 형제의 노래 (피조물의 찬가)

찬미받으소서 84항부터 88항까지 태양 형제의 노래를 각 피조물이 가족적인 조화 안에서 각각의 독특함을 표현하는 탁월한 모델로 제시한다.

3) 프란치스코와 동물과의 만남 이야기, 4) 피조물의 역선교, 5) "딴 세계"로 이끈 피조물, 6) 프란치스칸 피조물 전통의 신학적 요점, 7) 모래 알갱이에 대한 비유를 통해 모래 알갱이의 상태에 집중하는 전통적인 묵상 방법이 아닌, 모래 알갱이 자체에 집중하는 프란치스칸 방식을 제안한다. 그 어떤 사소한 피조물이든, 심지어는 의미 없어 보이는 피조물에서조차 그 자체로 그리스도를 '직관'한다.

― 결론

1) 생태 위기는 환경위기인가? 그리스도인에게 생태환경 위기는 단순한 환경만의 "문제"가 아닌 말씀의 위기, 의미의 위기, 종교의 위기, 관계의 위기를 모두 포함하는 복합적이고 다층적인 문제라고 말합니다. 이러한 복합적인 위기를 해결하기 위해 세 가지 해법을 제안합니다.

2) 생태 위기 극복의 해법 세 가지를 제안한다.

- 프란치스칸 복음적 가난의 회복: LS 11항, 돌려드림, 모든 것이 그분의 것, 모든 선에 감사를 드립니다.

- 관상적 시각의 회복: 숨겨진 하느님의 심연을 관상함, 이 시각을 통해 올바른 관계를 회복합니다.

- "인간"이라는 생물 종의 생태적 지위 회복

3) Homo economicus에서 Homo oikonomikus로: oikos(집)의 인간으로 전환하자고 마지막 제안을 합니다.

3. 평가 및 질문

1) 평가 및 질문: 발제문의 전개 과정

처음에는 발제문에 대한 구조를 쉽게 이해하기 위해 논평자가 임의로 발제자의 내용을 서론과 본론, 결론으로 나누어서 설명해 드렸습니다. 발제자가 서론 부분에서 (집)의 인간 Homo Oikonomicus를 잠시 언급하고 결론에서 또다시 강조하고 있는 것을 봤을 때, 발제자가 이번 발표에서 가장 강조하고 싶은 프란치스칸 생태 영성의 핵심은 Homo Economicus에서 Homo Oikonomicus로의 전환이라 보입니다. 발제자는 발제문에서 다양한 프란치스칸 영성의 시각을 제시해 주셨는데요. 그 가운데서도 오늘날 심각한 생태 위기 극복을 위해서 프란치스칸 생태 영성의 핵심이 무엇이라 생각하는지 하나의 단어나 문장으로 표현해주시면 좋겠습니다.

2) 질문: 해법 2, 관상적 시각의 회복

저는 이번 프란치스칸 학술 발표회에서 가장 핵심이 되는 부분이 바로 "관상적 시각의 회복"이라고 생각합니다. 발제자 또한 오늘날 기후 위기와 생태 위기 극복을 위한 해결책으로 관상적 시각의 회복을 제안했습니다. 이를 위해 보나벤투라 성인이 언급한 Contuitio(영적 직관)라는 단어를 언급하면서 하느님의 창조업적(창조물) 안에 숨겨진 하느님의 심연을 바라보자고 말합니다. 영적 직관에 대해서 보다 구체적인 설명이 가능하다면 부탁드리고 싶습니다. 영적 직관이라고 말할 때, 피조물 안에 있는 하느님의 현존을 인간의 지성을 통해 인식하는 차원만을 말한다고는 볼 수 없을 것 같습니다. 인간과 피조물, 인간과 하느님과의 일치나 합일의 차원까지 포함하는 신비적인 시각도 포함한다고 생각됩니다.

제가 개인적으로 생각하기에 보나벤투라 성인이 언급한 영적 직관은 "하느님께 나아가는 정신의 여정"이라는 그의 신학적이고 신비적인 글에서 잘 표현되는 것으로 보입니다. 그는 이 글에서 전치사 통하여(PER)와 안에서(IN)를 사용하여 하느님과 인간 그리고 자연을 7단계로 나누어 통합적으로 설명하고 있는데, 한국의 작은형제회 소속의 고계영 바오로 형제는 보나벤투라 성인의 글에서 영감을 받아 『관상의 길』이라는 책을 집필했습니다. 여기에서 그는 유비적 관상과 일의적 관상으로 보나벤투라의 글을 해석해내고 있습니다. 철학적인 사고에서 표현된 단어들이 영성적인 차원에서 적용될 때 그 뜻을 온전히 전달할 수 있는지 염려가 앞섭니다. 유비적 관상과 일의적 관상이 프란치스칸 생태 영성으로 나아가는 영적 직관과 연결될 수 있는지 궁금합니다.

3) 질문: 해법 3, "인간"이라는 생물 종의 생태적 지위를 회복

발제자는 모든 생물 종의 생태적 지위를 설명하면서 인간의 생태적 지위를 회복해야 한다고 해결책을 제안합니다. 이러한 주장은 관계성을 파악할 수 있는 인간만이 하느님과 피조물의 관계성을 회복할 수 있다고 말하는 것인지 궁금합니다. 이러한 관계성을 간파하는 것이 과연 인간의 생태적 지위와 어떤 연관성이 있는 것인지 궁금합니다.

예를 들어, 우리와 함께 살아가는 다양한 생물 종들은 피조물 상호 간의 관계성을 인간만큼은 아니더라도 이미 지니며 살아가고 있습니다. 꽃들은 자기 자리에서 섞여서 살아가고, 식물도 나무도 새들도 치열한 먹이사슬 속에 있지만, 서로의 삶을 근본적으로 해치지는 않습니다. 오히려 지성적 존재라고 인식하는 인간은 생태적인 관계성을 파악하더라도 함께 사는 창조 세계를 혼돈으로 이끌 가능성이 있다고 보입니다. 인간의 관계 파악 능력이 인간의 생태적 지위를 회복시켜 줄 수 있는 것일까요? 오히려 창조주 하느님 안에서 만들어진 인간이 다른 생물 종과 마찬가지로 똑같은 피조물의 한 부분임을 수용할 때 생태적 지위를 회복할 수 있는 것은 아닐까? 생각합니다.

이와 더불어서 생태적 지위라는 단어보다는 프란치스칸 지구 영성이라는 책,『우리의 형제자매, 피조물』Care for Creation에서 파멜라 우드가 언급하듯이 '생태적 자아'로 표현하면 좋지 않을까 생각됩니다. "생태적 자아란 이 세상의 모든 생명과 밀접하게 연결되어 있다는 사실에 뿌리박은 더 넓은 의미의 상호 연결적 의미의 자아의식을 의미합니다. 프란치스코의 정체성은 '외적 조건 중심의 자아'에 머물지 않았고, 창조된 이 세계의 일부분으로, 창조주의 피조물 중 하나로 포함하는 데까지 확장되었습니다"(『우리의 형제자매, 피조물』Care for Creation, 86쪽).